总主编 曾宪义 王利明

21世纪法学系列教材

消费者权益保护法

主编 吴宏伟

撰稿人（以撰写章节先后为序）
吴宏伟 金善明 谭 袁
王辉霞 吴长军 董笃笃

中国人民大学出版社
·北京·

编审委员会

总　序

曾宪義

在人类文明与文化的发展中，中华民族曾作出过伟大的贡献，不仅最早开启了世界东方文明的大门，而且对人类法治、法学及法学教育的生成与发展进行了积极的探索与光辉的实践。

在我们祖先生存繁衍的土地上，自从摆脱动物生活、开始用双手去进行创造性的劳动、用人类特有的灵性去思考以后，我们人类在不断改造客观世界、创造辉煌的物质文明的同时，也在不断地探索人类的主观世界，逐渐形成了哲学思想、伦理道德、宗教信仰、风俗习惯等一系列维系道德人心、维持一定社会秩序的精神规范，更创造了博大精深、义理精微的法律制度。应该说，在人类所创造的诸种精神文化成果中，法律制度是一种极为奇特的社会现象。因为作为一项人类的精神成果，法律制度往往集中而突出地反映了人类在认识自身、调节社会、谋求发展的各个重要进程中的思想和行动。法律是现实社会的调节器，是人民权利的保障书，是通过国家的强制力来确认人的不同社会地位的有力杠杆，它来源于现实生活，而且真实地反映现实的要求。因而透过一个国家、一个民族、一个时代的法律制度，我们可以清楚地观察到当时人们关于人、社会、人与人的关系、社会组织以及哲学、宗教等诸多方面的思想与观点。同时，法律是一种具有国家强制力、约束力的社会规范，它以一种最明确的方式，对当时社会成员的言论或行动作出规范与要求，因而也清楚地反映了人类在各个历史发展阶段中对于不同的人所作出的种种具体要求和限制。因此，从法律制度的发展变迁中，同样可以看到人类自身不断发展、不断完善的历史轨迹。人类社会几千年的国家文明发展历史已经无可争辩地证明，法律制度乃是维系社会、调整各种社会关系、保持社会稳定的重要的工具。同时，法律制度的不断完善，也是人类社会文明进步的显著体现。

由于发展路径的不同、文化背景的差异，东方社会与西方世界对于法律的意义、底蕴的理解、阐释存有很大的差异，但是，在各自的发展过程中，都曾比较注重法律的制定与完善。中国古代虽然被看成是“礼治”的社会、“人治”的世界，被认为是“只有刑，没有法”的时代，但从《法经》到《唐律疏议》、《大清律例》等数十部优秀成文法典的存在，充分说明了成文制定法在中国古代社会中的突出地位，唯这些成文法制所体现出的精神旨趣与现代法律文明有较大不同而已。时至20世纪初叶，随着西风东渐、东西文化交流加快，中国社会开始由古代的、传统的社会体制向近现代文明过渡，建立健全的、符合现代理性精神的法律文明体系方成为现代社会的共识。正因为如此，近代以来的数百年间，在西方、东方各主要国家里，伴随着社会变革的潮起潮落，法律改革运动也一直呈方兴未艾之势。

从历史上看，法律的文明、进步，取决于诸多的社会因素。东西方法律发展的历史均充分证明，推动法律文明进步的动力，是现实的社会生活，是政治、经济和社会文化的变迁；同时，法律内容、法律技术的发展，往往依赖于一大批法律专家以及更多的受过法律教育的社会成员的研究和推动。从这个角度看，法学教育、法学研究的发展，对于法律文明的发展进步，也有着异常重要的意义。正因为如此，法学教育和法学研究在现代国家的国民教育体系和科学研究体系中，开始占有越来越重要的位置。

中国近代意义上的法学教育和法学研究，肇始于19世纪末的晚清时代。清光绪二十一年（公元1895年）开办的天津中西学堂，首次开设法科并招收学生，虽然规模较小，但仍可以视为中国最早的近代法学教育机构（天津中西学堂后改名为北洋大学，又发展为天津大学）。三年后，中国近代著名的思想家、有“维新骄子”之称的梁启超先生即在湖南《湘报》上发表题为《论中国宜讲求法律之学》的文章，用他惯有的富有感染力的激情文字，呼唤国人重视法学，发明法学，讲求法学。梁先生是清代末年一位开风气之先的思想巨子，在他的辉煌的学术生涯中，法学并非其专攻，但他仍以敏锐的眼光，预见到了新世纪中国法学研究和法学教育的发展。数年以后，清廷在内外压力之下，被迫宣布实施“新政”，推动变法修律。以修订法律大臣沈家本为代表的一批有识之士，在近十年的变法修律过程中，在大量翻译西方法学著作，引进西方法律观念，有限度地改造中国传统的法律体制的同时，也开始推动中国早期的法学教育和法学研究。20世纪初，中国最早设立的三所大学——北洋大学、京师大学堂、山西大学堂均设有法科或法律学科目，以期“端正方向，培养通才”。1906年，应修订法律大臣沈家本、伍廷芳等人的奏请，清政府在京师正式设立中国第一所专门的法政教育机构——京师法律学堂。次年，另一所法政学堂——直属清政府学部的京师法政学堂也正式招生。这些大学法科及法律、法政学堂的设立，应该是中国历史上近代意义上的正规、专门法学教育的滥觞。

自清末以来，中国的法学教育作为法律事业的一个重要组成部分，随着中国社会的曲折发展，经历了极不平坦的发展历程。在20世纪的大部分时间里，中国社会一直充斥着各种矛盾和斗争。在外敌入侵、民族危亡的沉重压力之下，中国人民为寻找适合中国国情的发展道路而花费了无穷的心力，付出过沉重的代价。从客观上看，长期的社会骚动和频繁的政治变迁曾给中国的法治与法学带来过极大的消极影响。直至70年代末期，以“文化大革命”宣告结束为标志，中国社会从政治阵痛中清醒过来，开始用理性的目光重新审视中国的过去，规划国家和社会的未来，中国由此进入长期稳定、和平发展的大好时期，以这种大的社会环境为背景，中国的法学教育也获得了前所未有的发展机遇。

从宏观上看，实行改革开放以来，经过二十多年的努力，中国的法学教育事业所取得的成就是辉煌的。首先，经过“解放思想，实事求是”思想解放运动的洗礼，在中国法学界迅速清除了极左思潮及苏联法学模式的一些消极影响，根据本国国情建设社会主义法治国家已经成为国家民族的共识，这为中国法学教育和法学研究的发展奠定了稳固的思想基础。其次，随着法学禁区的不断被打破、法学研究的逐步深入，一个较为完善的法学学科体系已经建立起来。理论法学、部门法学各学科基本形成了比较系统和成熟的理论体系和学术框架，一些随着法学研究逐渐深入而出现的法学子学科、法学边缘学科也渐次成型。1997年，国家教育主管部门和教育部高校法学学科教学指导委员会对原有专业目录进行了又一次大幅度调整，决定自1999年起法学类本科只设一个单一的法学专业，按照一个专业招生，从而使法学学科的布局更加科学和合理。同时，在充分论证的基础上，确定了法学专业本科教学的14门核心课程，加上其他必修、选修课程的配合，由此形成了一个传统与更新并重、能够适应国家和社会发展需要的教学体系。法学硕士和博士研究生及法律硕士专业学位研究生的专业设置、课程教学和培养体系也日臻完善。再次，法学教育的规模迅速扩大，层次日趋齐全，结构日臻合理。目前中国有六百余所普通高等院校设置了法律院系或法律本科专业，在校本科学生和研究生已达二十余万人。除本科生外，在一些全国知名的法律院校，法学硕士研究生、法律硕士专业学位研究生、法学博士研究生已经逐步成为培养的重点。

众所周知，法律的进步、法治的完善，是一项综合性的社会工程。一方面，现实社会关系的发展，国家政治、经济和社会生活的变化，为法律的进步、变迁提供动力，提供社会的土壤。另一方面，法学教育、法学研究的发展，直接推动法律进步的进程。同时，全民法律意识、法律素质的提高，则是实现法治国理想的关键的、决定性的因素。在社会发展、法学教育、法学研究等几个攸关法律进步的重要环节中，法学教育无疑处于核心的、基础的地位。中国法学教育过去二十多年所走过的历程令人激动，所取得的成就也足资我们自豪。随着国家的发展、社会的进步，在21世纪，我们面临着更严峻的挑战和更灿烂的前景。“建设世界一流法学教育”，任重道远。

首先，法律是建立在经济基础之上的上层建筑，以法治为研究对象的法学也就成为一门实践性很强的学科。社会生活的发展变化，势必要对法学教育、法学研究不断提出新的要求。经过二十多年的奋斗，中国改革开放的前期目标已顺利实现。但随着改革开放的逐步深入，国家和社会的一些深层次问题，比如说社会主义市场经济秩序的真正建立、国有企业制度的改革、政治体制的完善、全民道德价值的重建、环境保护和自然资源的合理利用等等，也已经开始浮现出来。这些复杂问题的解决，无疑最终都会归结到法律制度的完善上来。建立一套完善、合理的法律制度，构建理想的和谐社会，乃一项持久而庞大的社会工程，需要全民族的智慧和努力。其中的基础性工作，如理论的论证、框架的设计、具体规范的拟订、法律实施中的纠偏等等，则有赖于法学研究的不断深入，以及高素质人才特别是法律人才的养成，而培养法律人才的任务，则是法学教育的直接责任。

其次，21世纪是一个多元化的世纪。20世纪中叶发生的信息技术革命，正在极大地改变着我们的世界。现代科学技术，特别是计算机网络信息技术的发展，使传统的生活方式、思想观念发生了根本的改变，并由此引发许多人类从未面对过的问题。就法学教育而言，在21世纪所要面临的，不仅是教学内容、研究对象的多元化问题，而且还有培养对象、培养目标的多元化、教学方式的多元化等一系列问题，这些问题都需要法学界去思考、去探索。

中国人民大学法学院建立于1950年，是新中国诞生后创办的第一所正规高等法学教育机构。在半个多世纪的岁月中，中国人民大学法学院以其雄厚的学术力量、严谨求实的学风、高水平的教学质量以及丰硕的学术研究成果，在全国法学教育领域处于领先地位，并开始跻身于世界著名法学院之林。据初步统计，中国人民大学法学院已经为国家培养法学专业本科生、硕士生、博士生一万余人，培养各类成人法科学生三十余万人。经过多年的努力，中国人民大学法学院形成了较为明显的学术优势，在现职教师中，既有一批资深望重、在国内外享有盛誉的法学前辈，更有一大批在改革开放后成长起来的优秀中青年法学家。这些老中青法学专家多年来在勤奋研究法学理论的同时，也积极投身于国家的立法、司法实践，对国家法制建设贡献良多。

有鉴于此，中国人民大学法学院与中国人民大学出版社经过研究协商，决定结合中国人民大学法学院的学术优势和中国人民大学出版社的出版力量，出版一套“21世纪法学系列教材”。自1998年开始编写出版本科教材，包括按照国家教育部所确定的法学专业核心课程和其所颁布印发的《全国高等学校法学专业核心课程基本要求》而编写的14门核心课程教材，也包括法学各领域、各新兴学科教材及教学参考书和案例分析在内，到2000年12月3日在人民大会堂大礼堂召开举世瞩目的“21世纪世界百所著名大学法学院院长论坛暨中国人民大学法学院成立五十周年庆祝大会”之时，业已出版了50本作为50周年院庆献礼，到现在总共出版了80本。为了进一步适应高等法学教育发展的形势和教学改革的需要，最近中国人民大学法学院与中国人民大学出版社决定将这套教材扩大为四个系列，即：“本科生用书”、“法学研究生用书”、“法律硕士研究生用书”以及“司法考试用书”，总数将达二百多本。我们设想，本套教材的编写，将更加注意“高水准”与“适用性”的合理结合。首先，本套教材将由中国人民大学法学院具有全国影响的各学科的学术带头人领衔，约请全国高校优秀学者参加，形成学术实力强大的编写阵容。同时，在编写教材时，将注意吸收中国法学研究的最新的学术成果，注意国际学术发展的最新动向，力求使教材内容能够站在21世纪的学术前沿，反映各学科成熟的理论，体现中国法学的水平。其次，本套教材在编写时，将针对新时期学生特点，将思想性、学术性、新颖性、可读性有机结合起来，注意运用典型生动的案例、简明流畅的语言去阐释法律理论与法律制度。

我们期望并且相信，经过组织者、编写者、出版者的共同努力，这套法学教材将以其质量效应、规模效应，力求成为奉献给新世纪的精品教材，我们诚挚地祈望得到方家和广大读者的教正。

2006年7月1日

序 言

法学教育是高等教育的重要组成部分，是建设社会主义法治国家、构建社会主义和谐社会的重要基础，并居于先导性的战略地位。在我国社会转型的新世纪、新阶段，法学教育不仅要为建设高素质的法律职业共同体服务，而且要面向全社会培养大批治理国家、管理社会、发展经济的高层次法律人才。近年来，法学教育取得了长足的进步，法科数量增长很快，教育质量稳步提高，培养层次日渐完善，目前已经形成了涵盖本科生、第二学士学位生、法学硕士研究生、法律硕士研究生、法学博士研究生的完整的法学人才培养体系，接受法科教育已经成为莘莘学子的优先选择之一。随着中国法治事业的迅速发展，我们有理由相信，中国法学教育的事业大有可为，中国法学教育的前途充满光明。

教育的基本功能在于育人，在于塑造德才兼备的高素质人才。法学教育的宗旨并非培养只会机械适用法律的“工匠”，而承载着培养追求正义、知法懂法、忠于法律、廉洁自律的法律人的任务。要完成法学教育的使命，首先必须认真抓好教材建设。我始终认为，教材是实现教育功能的重要工具和媒介，法学教材不仅仅是法学知识传承的载体，而且是规范教学内容、提高教学质量的关键，对法学教育的发展有着不可估量的作用。

第一，法学教材是传授法学基本知识的工具。初学法律，既要有好的老师，又要有好的教材。正如冯友兰先生所言：“学哲学的目的，是使人作为人能够成为人，而不是成为某种人。其他的学习（不是学哲学）是使人能够成为某种人，即有一定职业的人。”一套好的教材，能够高屋建瓴地展示法律的体系，能够准确简明地阐释法律的逻辑，能够深入浅出地叙述法律的精要，能够生动贴切地表达深奥的法理。所以，法学教材是学生学习法律的向导，是学生步入法律殿堂的阶梯。如果在入门之初教材就有偏颇之处，就可能误人子弟，学生日后还要花费大量时间与精力来修正已经形成的错误观念。

第二，法学教材是传播法律价值理念的载体。好的法学教材不仅要传授法学知识，更要传播法律的精神和法治的理念，例如对公平、正义的追求，尊重权利的观念。本科、研究生阶段的青年学子，正处在人生观、价值观形成的阶段，一套优秀的法学教材，对于他们价值观的塑造和健全人格的培养具有重要意义。

第三，法学教材是形成职业共同体的主要条件。建设社会主义法治国家，有赖于法律职业共同体的生成。一套好的法学教材，向法律研习者传授共同的知识，这对于培养一个接受共同的价值理念、共同的法律思维、共同的话语体系的法律共同体，具有重要的作用。

第四，法学教材是所有法律研习者的良师益友。没有好的教材，一个好的教师或可弥补教材的欠缺和不足，但对那些没有老师指导的自学者而言，教材就是老师，其重要作用是显而易见的。

长期以来，在我们的评价体系中，教材并没有获得应有的注重，对学术成果的形式优先考虑的往往是专著而非教材。在不少人的观念中，教材与创新、与学术精品甚至与学术无缘。其实，要真正写出一部好的教材，其难度之大、工作之艰辛、影响之深远，绝不低于一部优秀的专著，它甚至可以成为在几百年甚至更长的时间内发挥作用的传世之作。以查士丁尼的《法学阶梯》为例，所谓法学阶梯，即法学入门之义，就是一部教材。但它概括了罗马法的精髓，千百年来，一直是人们研习罗马法最基本的著述。日本著名学者我妻荣说过，大学教授有两大任务：一是写出自己熟悉的专业及学术领域的讲义乃至教科书；二是选择自己最有兴趣、最看重的题目，集中精力进行终生的研究。实际上，这两者是相辅相成的。写出一部好教材，必须要对相关领域形成一个完整的知识体系，还要能以深入浅出的语言将问题讲清楚、讲明白。没有编写教材的基本功，实际上也很难写出优秀的专著。当然，也只有对每一个专题都有一定研究，才能形成对这个学术领域的完整把握。

虽然近几年我国法学教育发展迅速，成绩显著，但是法学教育也面临许多挑战。各个学校的师资队伍和教学质量参差不齐，这就更需要推出更多的结构严谨、内容全面、角度各有侧重、能够适应不同需求的法学教材，为提高法学教学和人才培养质量、保障法学教育健康发展提供前提条件。

长期以来，中国人民大学法学院始终高度重视教材建设。作为新中国成立后建立的第一所正规的法学教育机构，中国人民大学法律系最早开设了社会主义法学教学课堂，编写了第一套社会主义法学讲义，培养了新中国第一批法学本科生和各学科的硕士生、博士生，产生了新中国最早的一批法学家和法律工作者。中国人民大学法律系因此被誉为“新中国法学教育的工作母机”。半个多世纪以来，中国人民大学法学院为社会主义法制建设培养了大批优秀的法律人才，并为法学事业的振兴和繁荣作出了卓越贡献，也因此成为引领中国法学教育的重镇、凝聚国内法律人才的平台和沟通中外法学交流的窗口，并在世界知名法学院行列中崭露头角。为了对中国法学教育事业作出更大的贡献，我们有义务也有责任出版一套体现我们最新研究成果的法学教材。

承蒙中国人民大学出版社的大力支持，我们组织编写了本套教材，其中包括本科生用书、法律硕士研究生用书、法学研究生用书和司法考试用书四大系列，分别面向不同层次法科教育需求。编写人员以中国人民大学法学院教师为主，反映了中国人民大学法学院整体的研究实力和学术视野。相信本套教材的出版，一定能够为新时期法学教育的繁荣发展发挥应有的作用。

是为序。

2006年7月10日

前　言

消费者作为市场经济中的重要主体，一方面构成了社会再生产的重要环节，是推进生产的决定性力量；另一方面也代表了社会中每个个人，没有任何人能够脱离消费而生存。市场经济发展的重要使命就在于满足人们日益增长的物质、文化需要，但市场本身固有的缺陷与这一使命存在重大冲突。经营者的逐利本性在提升经济效率的同时会忽视对消费者利益的尊重、对竞争规则的遵守、对环境的保护以及对资源的节约，这毫无疑问会对消费者的合法权益造成根本性的损害。消费者权益保护法作为保护消费者合法权益的专门法律，是保护消费者法律机制的核心内容。

我国于1992年确立了社会主义市场经济体制建设目标，并于次年出台《消费者权益保护法》。应该说，消费者保护与市场经济建设在我国是同步的，我国在市场经济建设伊始就重视依法解决消费者问题、保护消费者合法权益，这是值得称赞的。这说明，在市场经济条件下消费决定生产、消费拉动经济，而消费者是消费活动的核心要素，消费者的权益能否得到合理、有效的保护关乎能否促进消费。因此，凡实施市场经济模式的国家，皆以保护消费者为法治构建的出发点和归宿，强调对消费者权益保护的重要性，而诞生于现代消费者运动之中的消费者权益保护法即是实现这一使命的基础性工具。

缘于消费者问题、肇始于消费者运动的消费者权益保护法，将保护消费者作为自身的天然职责，这是现代市场经济国家孜孜以求的经济法治之梦。现代经济发展的原动力在于消费者与经营者之间的利益博弈和相互转化，消费者的需求恰是经营者生产经营的指针，因为经营者能否在市场竞争中获胜，关键在于其产品或服务能否赢得消费者的货币投票。从理论上说，经营者受制于消费者，消费者能够决定经营者的成败。然而，在具体经济生活中，消费者因其特有属性而难以避免其固有缺陷，从宏观理论概念上来说消费者重要，但落实到消费实践中消费者却是微不足道的个体，难以与体系化、规模化的经营者形成有效抗衡，更难以在传统私法制度下获得有效保障或救济。这在客观上便形成了以超越传统私法之手救济和保护消费者的主张，这种主张在现代社会化经济、人权等运动中得以升华、落实。

消费者权益保护法是现代经济发展到高级阶段的特定产物，突破了既有私法思维与方式，强调对消费者的特别保护。具体来说，在权义设置方面，消费者权益保护法突出对消费者权利、经营者义务的规定，这是对消费者权益保护立法宗旨的有效回应与制度落实。消费者权益保护立法宗旨的实现，不仅需要有效地保护消费者的合法权益，更需要以消费者的积极消费促进经济运行与增长，因而需对处于弱势地位的消费者从制度设计角度予以人文关怀。随着经济社会的发展变化，对消费者的特别保护不仅体现在实体权义方面的制度构建上，更突出体现在程序机制方面的型构方面，如仲裁机制的引进、公益诉讼的导入等，无不彰显国家对消费者的倾斜保护与人文关怀。

消费者权益保护法在消费领域践行着“以人为本”的理念，以消费者为本位构建并日渐完善了各项规范制度与保护机制。它在从微观层面保护消费者个体利益的同时，还在宏观层面理顺了社会再生产的进程，两个层面相互配合、相互促进，从根本上实现了对消费者的全面保护。因此，学习和研究消费权益保护法，以法治思维和法治手段解决消费者问题、保护消费者合法权益，不论是对消费者个人还是对整个市场经济体制，都具有十分重要的意义。

编者

目 录

第一章
消费者权益保护法原理

内容摘要

消费者权益保护法的天然使命在于保护消费者，但并非与消费者同日而生，其源自于现代经济生活中消解消费者问题的诉求，成长于消费者运动，而成就于现代法治成熟与发展。我国消费者权益保护法是伴随着我国经济体制改革的推进而逐渐走向历史舞台的，内含着保护消费者合法权益、维护社会经济秩序和促进我国市场经济健康发展之要旨，因而明确消费者的内涵与外延、确立合理的消费者权益保护原则是实现上述目标的理论基础和关键环节。本章从历史的角度梳理并分析了消费者权益保护法生成的逻辑基础，并从规范角度构筑消费者权益保护法的制度框架与基本原则，继而将其置于市场经济法律体系之中考量其地位，以科学、合理地构筑消费者保护体系，维护市场经济健康发展。

第一节　消费者权益保护法的理论范畴

一、消费者权益保护的社会诉求

消费者权益保护法的天然使命在于保护消费者，但并非与消费者同日而生，其源自于对消费者保护的诉求，而成就于现代法治的成熟与发展。消费者权益保护法是国家消解消费者问题、维护消费者权益的现实回应与具体体现，在消费者运动中不断健全和完善。

1. 消费者问题

消费者问题即消费者的利益受到损害的问题，是指消费者自身以外的组织或个人出售商品或提供服务时，通过自身优势对消费者的财产或人身健康造成损害，侵犯消费者的合法权益的问题。消费者购买和使用商品或服务的生活消费活动的直接目的在于维持自身生存与发展，但正是消费者的生活消费活动推动了整个社会经济活动的有序运行，在市场经济的运行与发展中发挥着重要作用，因而消费者的生活消费活动不仅关系到消费者个人的生存发展问题，更攸关社会生产目标、方向与市场经济正常运行、发展。但在现实的市场经济运行中，诸多经营者仅看到消费者个体购买、使用商品或服务的具体消费活动，而未能看到消费者整体的地位和作用，因而时常基于自身利益最大化目标的驱动采取减少消费者利益甚至侵害消费者利益的方式开展经营活动，从而在社会经济生活中诱发和产生各种各样的消费者问题。

市场经济条件下，随时随地都可能会出现消费者问题。它是市场经济发展到一定程度，生产与消费高度分化，消费者相对于经营者处于弱势地位的条件下产生的，是市场经济的必然产物。市场运行中，经营者与消费者是不同的经济利益实体，二者紧密相连，但又利益相对且相互制约：经营者经营的动机、目的和价值目标是以最小的成本获取最大的利润，因而会想方设法采取各种手段和方式推销自身的商品或服务，以从消费者手中赚取尽可能多的利润，甚至不惜侵害消费者的利益；而消费者则期望以最低的价格获得优质的商品或服务。可见，两者之间的利益存在你消我长、你多我少的紧张关系，因而两者在具体交易中难免发生冲突。作为分散、孤立的个体，消费者时常处于弱势地位，其人身或财产容易受到侵害或威胁。当然，各种消费者问题的直接受害人是消费者，但消费者问题最终将影响到市场经济的正常运行与发展，一旦出现这样的后果，各类市场主体的经济利益都将受到损失。基于此，便产生消费者问题和对消费者保护的问题。

我国市场经济建设和运行中同样面临着消费者问题。我国市场经济体制系由原苏联模式的计划经济体制转型而来，但因当时不存在自由交易和市场因素，加之消费水平不高，故消费者问题并不突出。我国实行市场经济后，由于利益主体日趋多元化、分散化，以及商品或服务日趋多样化、复杂化，消费者在得到日益丰富供给的同时，越来越多地受到诸如产品质量低劣、商品假冒、掺杂掺假、以次充好、缺斤少两、价格欺诈、虚假宣传以及侵犯消费者人格尊严等人身权利和自由等消费者问题的困扰。但现代社会中，消费者问题已不仅仅是消费者个人的问题，而是日益成为严重的社会问题，具体表现为：（1）消费者的人身、健康得不到安全保障；（2）造成消费者的财产和利益的损失；（3）危害其他经营者的经营活动和利益；（4）影响社会经济秩序和社会安全；（5）影响国家声誉。①

与此同时，消费者由于势单力薄，缺少维权的专业知识和能力，通常难以靠自身力量寻找实施侵权行为的经营者；且由于诉讼耗时费力、费用高昂，消费者通常望而却步。在此情形下，便引发了消费者运动的出现和高涨，呼唤国家通过法律对消费者予以切实的保护。

2. 消费者运动

消费者运动是在消费者问题出现过程中，消费者为了维护自身的权益，争取社会公正，而同损害消费者利益的行为进行斗争的抗议和维权运动。就世界范围来看，消费者保护经由消费者个人自发地自我保护，到由一定组织自觉地保护，再到由国家进行更有组织和更有力的多手段、全方位的保护，即经历了由自发到自觉、由分散的个人保护到有组织的保护的发展过程。这实际也是现代国家职能在消费领域内转化和完善的体现：现代国家应保障其全体国民能够有尊严地生活。就消费领域来说，国家须一方面有效地预防或救济此类消费者损害；另一方面，则须充分利用高度发展的物质生产力来实现提高社会整体福

---

① 参见刘文华主编：《经济法》，4版，193页，北京，中国人民大学出版社，2012。

利、满足国民的精神需求的目的。因此，自 20 世纪 60 年代以后，消费者运动成为市场经济国家普遍存在的政策性问题。

随着消费者运动的风起云涌，作为超越于消费者和经营者的主体，国家基于实质公平价值追求的考虑对此作出了积极回应，最具代表性的是，1962 年 3 月 15 日美国总统肯尼迪在美国国会发表《关于保护消费者利益的总统特别国情咨文》时首次提出了消费者权利概念并概括了其应当享有的 4 项权利：（1）有权获得安全保障；（2）有权正确了解商品；（3）有权自由选择商品；（4）有权提出消费意见。1969 年，美国总统尼克松在此基础上增加了消费者“求偿权”，从而使消费者权利变为 5 项。消费者权利的提出，使消费者运动进入了新的阶段，美国联邦和各州政府都设立了消费者保护机构。欧洲的消费者运动也使消费者进一步团结起来争取权利，德国、英国、荷兰、法国于 20 世纪 50 年代相继成立了全国性消费者团体；1962 年成立了欧洲消费者同盟；1973 年，欧盟《消费者保护宪章》就消费者保护提出了 5 项权利，即：（1）得到保护、援助的权利；（2）要求损害赔偿的权利；（3）得到信息的权利；（4）接受教育的权利；（5）成立代表机构和获得咨询的权利。

此外，国际组织也积极关注消费者运动并予以回应。1960 年，美国、英国、荷兰、澳大利亚、比利时 5 国消费者组织在海牙发起、成立了国际消费者组织联盟（IOCU），并指出消费者享有 8 项权利，即：（1）有权得到必要的物品和服务借以生存；（2）有权得到公平的价格和选择；（3）有权得到安全；（4）有权获得充足资料；（5）有权寻求咨询；（6）有得到公平赔偿和法律援助的权利；（7）有权得到消费者教育；（8）有权享受一个健康的环境。随着消费者权利的提出和完善，消费者运动和消费者保护也引起了联合国的关注与重视。1985 年，联合国大会第 39/248 号决议通过了《保护消费者准则》，对各国保护消费者权益提出了要求和建议，其中包含消费者所应享有的 6 项权利：（1）健康、生命安全；（2）经济利益；（3）充分的信息和自由的选择；（4）消费者教育；（5）损害赔偿；（6）组织团体和表达意见。

随着经济体制改革的推进，我国经济发展得到长足进步，生产力不断增强，人民生活水平也得以提高，与此同时，也出现了消费者问题。20 世纪 80 年代初，各种假冒伪劣现象开始出现并不断蔓延，并且层出不穷、花样百出。1985 年，我国首次出现了甲醇毒酒事件，随后接二连三发生了相应的损害消费者事件，甚至造成了重大伤亡。但其中值得注意的是，我国没有经历自发而有组织的消费者对抗阶段，我国消费者运动自始就是在各级政府的主导和支持下进行的。如 1983 年，河北省新乐县消费者协会成立，其初衷是由工商局牵头成立一个“不收费的”、“维护老百姓利益”的群众组织，新乐县消费者协会成为中国大陆第一个消费者协会。1984 年，广州市消费者委员会、哈尔滨市消费者协会和中国消费者协会先后成立。此后，各地、各级消费者协会相继挂牌成立，并开展保护消费者的宣传和维权活动。消费者运动的高涨，客观上要求国家寻求和完善消费者保护之道，同时也催生了消费者保护法制的建立和健全。

二、消费者权益保护机制的表现

在消费者问题日益加剧和消费者保护的呼声愈来愈高的情形下，消费者保护问题亦逐渐成为现代经济生活关注的焦点，国家便逐渐介入市场运行并运用多样化的手段和方式对消费者权益予以关注和保护。

1. 立法保护

由于消费者问题是在现代市场经济条件下因消费者处于弱势地位而产生的，所以调整平等主体之间人身、财产关系的私法无法为消费者提供有效的救济途径和保障。例如，市场经济生活中，当经营者具有市场支配地位时，消费者可能无法拒绝其过高的销售价格等不公平交易条件；消费者对于经营者提供的格式条款，即便对消费者不利，有时也很难拒绝；在缺陷产品导致消费者的生命、健康受到损害时，消费者可能无法举证证明经营者存有故意或过失而不能获得相应的救济，等等。此类问题超越了传统私法调整范畴，仅靠既有的民法等私法制度无法向消费者提供有效救济，因而，为合理、有效解决现代经济生活中消费者与经营者地位失衡的问题，积极保护处于弱势地位的消费者，客观上要求超脱于经营者和消费者利益的国家寻求能积极预防和救济消费者所受损害的立法措施。

2. 行政保护

政府在我国经济转型和发展中一直扮演着极其重要的角色，这不仅我国计划经济体制下政府积极介入市场的惯性影响，亦是我国尚处于转型中的经济发展的现实需求。政府无论对经济规划抑或市场运行中消费者保护等方面都有所触及，并以行政手段从宏观和微观两方面对经济生活予以介入和干预，以达到市场运行中社会整体利益与个体利益的协调发展。市场经济生活中，对于相较于经营者来说处于弱势地位的消费者，政府自然予以较多关注并力求在法制范畴内进行特别保护。因此，消费者保护中，不仅体现了政府的介入和干预，更体现了政府对消费者合法权益的特别关照，即政府突破传统私法制度的设置而主动、积极地对消费者问题进行关照和解决，甚至对经济运行中侵害或威胁消费者合法权益的行为或现象予以打击或制裁，这反映到制度层面则是消费者权益保护的行政措施和行政制裁。

3. 司法保护

司法保护是国家以保护具体交易中被侵害的消费者为目的，通过法院裁判的方式而对加害的经营者课以相应的民事责任或者刑事责任，从而达到定纷止争、保障交易安全和保护消费者合法权益的目的。实践中，基于加害人所应承担责任的不同，司法保护可分为民事保护和刑事保护：(1) 民事保护，通过预防或救济消费者受到的损害、否定不公平格式条款的效力、禁止不公平交易行为等方式予以实现。民事保护发挥作用依赖于法院作出的裁判及其执行，因而其前提是当事人向法院提起诉讼。但大部分消费者缺乏一定的诉讼能力以及存在诉讼费用、复杂的诉讼程序等因素，使得消费者诉讼难、不敢诉讼。除了遭受较大的财产损失或人身侵害外，消费者几乎不会轻易提起民事诉讼；此外，现实中存在大量的小额损害无法通过司法程序得到有效救济。为此，各国针对本国消费者问题的实际情况创设以小额、多数人损害等为特征的消费者损害救济制度和机制，如美国的集团诉讼或特定领域中的“三倍赔偿制度”等。(2) 刑事保护，即为有力打击侵害消费者合法权益的行为，有效保护消费者的权利，国家在消费者权益保护法和刑法中设置相应的保护消费者权益的刑事责任条款。但由于刑法的附属性，刑事保护通常针对的是经济生活中严重威胁或损害消费者合法权益、扰乱市场经济秩序的行为，其魅力在于通过刑事责任的威慑力预防和打击各类危害或者侵害消费者权益的违法行为或活动。当然，刑事保护与民事保护并不矛盾，即国家追诉加害消费者的侵害行为并不影响消费者因该行为而向法院提起民事诉讼，以恢复或弥补自身的损失。

4. 经营者的自律行为

为有效规范自身的市场行为，保护消费者的合法权益，经营者在经济生活中也自觉提高自身的经营水平和法治意识，即经营者改变以往简单、被动地满足国家、地方自治团体或消费者团体等机构或组织的要求的做法，转而主动寻求规约自身的经营行为、尊重和保护消费者的权利的对策行为。这较过往经营者站在消费者对立面而仅考虑自身利益的做法来说，具有重大进步。

5. 消费者自身的维权行为

随着消费者运动的展开和推进，消费者自身的维权意识不断增强：不仅在遭受损害后通过民事保护机制向法院起诉请求赔偿，抑或通过向有关执法机关举报等方式维护自身权益；更在遭受损失前通过成立相应的消费者组织来增强消费者自身的权利意识，提高维权水平，从而力求积极预防自身权益遭受不法侵害或威胁。应该说，这是一种有益的探索和做法，也是与现代权益保护思维紧密相扣的，由事后责任追究转向事前预防，能将消费者的损失降到最低。

当然，消费者保护的有效落实，不仅仅局限于上述有限机制的创设和实施，更在于国家通过立法、执法、司法以及守法等现实活动营造良好的秩序环境，以消费者权利为中心，建立、健全消费者权益保护的制度体系和法治机制。

三、消费者权益保护法的概念

消费者权益保护法是市场经济条件下国家对处于弱势地位的消费者予以特别保护的法律，亦是消费者维护自身合法权益的得力武器。但消费者权益保护法如何界定、为何生成，则攸关其实践中能否发挥有效作用，因而有待梳理和分析。

1. 消费者权益保护法的概念

消费者权益保护法的概念有广义、狭义之分：广义上的消费者权益保护法，又称为实质意义上的消费者权益保护法，是指一国有关保护消费者权益的法律、法规的总和，不仅体现在消费者权益保护法典之中，亦广泛分布于产品质量法、竞争法、卫生法、食品安全法等法律之中，并以保护消费者权益的条款予以体现；狭义上的消费者权益保护法，又称为形式意义上的消费者权益保护法，通常仅指国家保护消费者权益的专门立法，即各国法律体系中消费者权益保护法典，如我国的《消费者权益保护法》、韩国的《消费者基本法》等。但各国对消费者权益保护立法的称谓不尽相同，有的称为“消费者权利保护法”、“消费者利益保护法”、“消费者权益保护法”，有的称为“消费者保护法”，也有的称为“保护消费者法”等。这里所要分析、研讨的仅是狭义上的消费者权益保护法。就其定义来说，消费者权益保护法具有以下特征：

（1）保护对象的特定性。消费者权益保护法以消费者作为保护对象，这是消费者权益保护法最基本的特征。在市场经济条件下，消费者权益保护法源自于消费者问题而成就于消费者合法权益的保障，其核心要旨在于消费者保护。这是因为消费者作为现代经济生活中实力较弱的一方，其利益极易受到侵害。与此同时，消费者利益与每个人的利益息息相关，在宏观层面上影响着国家经济的发展和社会的稳定。因此，国家制定并实施消费者权益保护法，从而对消费者的合法权益加以特别保护。

（2）制度设置的倾斜性。消费者在现代经济生活中天然地处于弱势地位，传统法律制度难以为其提供有效救济，因而应势而生的消费者权益保护法在内容上体现出了向消费者倾斜的特征。与民法对民事关系进行平等调整不同，消费者权益保护法在具体制度设置上突出了对消费者权益的保护：对消费者只规定权利而不规定义务，对经营者则明确其义务而没有详列其权利。可见，从双方利益的规范和保护来看，消费者权益保护法更倾向于对消费者予以保护。当然，这并不意味着消费者无须担责或履行相应的义务，只是从消费者保护角度来说没有将消费者的义务纳入该法。

(3) 调整方法的多元化。消费者权益保护法不囿于既有的部门法划分理论，而是运用综合的调整方法保护消费者的合法权益。为有效保护消费者，各国消费者权益保护法通常要求经营者基于不同的消费者问题而承担相应的责任，包括民事责任、行政责任和刑事责任。同时，在消费者的权益保障方面，消费者权益保护法既鼓励消费者进行自我保护和自力救济，也鼓励国家对消费者采取法律保护和公力救济。总之，只要是有益于消费者权益保障的方法，都会为消费者权益保护法所采用。这是一种与民法、刑法、行政法等法律所采取的单一调整方法不同的方法，这也说明消费者权益保护法所运用的调整方法、调整手段的多元化与综合性。

2. 消费者权益保护法的生成逻辑

消费者权益保护法在现代经济生活中承载着保障消费者合法权益的重要使命，但其并非与消费者同日而生，而是在经济发展到特定阶段，消费者作为经济运行中时常饱受消费者问题困扰而难以获得有效救济的情况下应势产生的。综而述之，消费者权益保护法的产生和发展是下列因素综合作用的结果：

(1) 消费者的弱势地位。在市场经济条件下，相比于经营者，消费者在技术与信息、负担转嫁、组织结构能力等方面均处于弱势地位：一是信息不对称。由于现代交易日趋复杂、产品或服务本身技术含量高，消费者往往难以自行判断其质量、价格或其他交易条件，而只能依据经营者的标示或广告所提供的信息进行判断。但经营者向消费者提供信息时并非提供所有信息，而是选择性地提供对己方有利的信息，甚至夸大有利信息、隐匿不利信息，从而造成消费者的损失。二是消费者负担转嫁能力弱。经营者可将上升的成本或因其他因素导致的负担转嫁到商品价格之中，继而让消费者承担。而消费者因处于流通环节的终端，无法将负担转移于他人的。三是消费者在组织结构能力方面处于弱势。经营者通常为实现规模经济而不断扩大自身的经济实力、组织结构，而相较于此的消费者则显得力量单薄、结构分散，很少能相互联合。综上，消费者在信息、经济、组织结构等方面处于弱势地位，在消解消费者问题时仅靠消费者自身力量不足以有效解决和弥补因此而造成的损失，需要外力的帮助和救济。

(2) 国家经济职能的转变。当社会经济进入工业化、社会化阶段后，消费者问题也逐渐演变成社会性问题。当然，这种问题根源于现代社会的经济结构，在此经济结构之下，国家一改过往的“守夜人”角色，转而主动介入市场并对经济运行中交易各方的利益平衡予以把握。国家将“无形之手”和“有形之手”协同并用，在发挥市场的积极作用的同时更加注重消费对经济的牵引和带动作用，因而从制度设计上导入国家对消费者保护的倾斜和关注。这实际上是现代经济生活中国家对市场经济条件下消费者诉求的积极回应，亦是国家职能的转变在消费者领域的反映。在传统私法的领域内，也逐渐渗入国家公权力因素，以确保公私因素的平衡，国家超越交易双方之利益而介入消费领域，以解决和协调好消费者问题。

(3) 既有法制不彰。消费者问题虽源于平等的交易关系，但也可归因于传统私法难以为消费者提供有效救济。既有私法制度基于形式平等和公平之价值理念和追求，对交易双方进行抽象式的预先制度设计，但现实交易中所发生的消费者问题与此设想并不相符。形式平等引发实质不公平，消费者的弱势地位致其难以对抗强大的经营者，加之维权过程中举证责任、诉讼机制等制度障碍的客观存在，消费者问题的解决、消费者维权举步维艰。私法自治作为近代法的基本原则之一，要求个人之间形成的法律关系由当事人自己决定，国家或法律并不直接介入。作为自己决定和自己责任原则的表现，私法自治是实现人的尊严和价值不可或缺的条件，同时也是解决当事人之间利害关系的一种正当法律手段，因为每个人均是自身需求和利害关系的最好判断者，若将个人生活关系交由其自己决定，不仅能更好地实现个人利益，而且能够实现社会整体利益的最大化。但在实际市场中，不仅经营者之间不能自由或公平地竞争，而且交易主体相互间地位的平等性和身份的可互换性不能得到有效保障，因而消费者遭遇人身侵害或财产损失时依靠既有调整平等主体之间关系的私法难以得到有效救济或救济成本非常高。因此，为确保市场交易的安全和消费型经济的可持续性，国家须基于自身经济管理职能的转变而以法治方式回应消费者现实的需求，突破既有法律机制而创设倾向于消费者的消费者权益保护法，以恢复和保障消费者的权益。

当然，除上述条件外，消费者自觉意识的提升、社会法治观念的增强等因素作为不可忽视的生成要件，对于消费者权益保护法的生成和发展发挥着重要作用。但消费者权益保护法在借由国家公权力创设后能够得以有效实施，则离不开消费者权利意识的觉醒与作用，亦离不开国家保护消费者的决心。

3. 消费者权益保护法的制定与完善

随着经济社会的发展，日益突出的消费者问题、消费者与经营者之间不断激化的矛盾催生了消费者运动，消费者运动则日渐唤醒了消费者的维权意识。在消费者运动产生与风起云涌之前，消费者大多默默地接受形式上平等、实质上不公平的待遇。面对大量不合格产品的侵害和交易中受到的不公正对待，消费者开始团结起来同经营者作斗争。传统上，消费者与经营者之间的纠纷通常被视为普通民事纠纷，只有民法对其进行调整和救济，但在此情形之下消费者往往难以得到有效救济和合理补偿。因此，无论是大陆法系还是英美法系，都试图通过扩张传统民法的方式加强对消费者的保护——大陆法系致力于扩张卖方的瑕疵担保责任，英美法系则由曼斯菲尔德法官于1756年针对当时奉行的“小心选购，出门不换”的做法，提出了“买受人给付完整的价金即应获得完美商品”的名言。但在以亚当·斯密经济学理论为代表的自由主义思想的影响下，遵循当事人平等和契约自由原则的民法对于处于弱势地位的消费者仍难以进行有效的保护。伴随着消费者问题的日益严重，消费者运动的席卷之势促使各国纷纷在民法之外制定专门保护消费者权益的消费者权益保护法。

作为判例法体系国家的美国和英国相继制定了有关消费者保护的成文法，其中：美国制定有《联邦食品、药品、化妆品法》、《易燃性纤维品法》、《良好包装及标签法》、《消费者产品安全法》等。英国则在《货物买卖法》中，应广大消费者的要求，给予购买质量低劣和不适于预定用途商品的消费者以法律上的索赔权，并对欺骗消费者的行为给予严厉处罚，从而改变了“小心选购，出门不换”的传统做法。1987年，英国制定了《消费者保护法》，该法成为了英国消费者保护的基本法。

大陆法系国家中，日本于1968年制定了《消费者保护基本法》，韩国也在1980年制定了《消费者保护法》。在国际法层面出现了联合国通过的《保护消费者准则》和欧盟制定的《欧盟产品责任指令》。

我国有关消费者权益保护的立法最早见于《民法通则》第122条的规定，即：因产品质量不合格造成他人财产、人身损害的，产品制造者、销售者应当依法承担民事责任。运输者、仓储者对此负有责任的，产品制造者、销售者有权要求赔偿损失。此后，国务院于1986年出台了《工业产品质量责任条例》，该条例主要涉及产品生产企业的质量责任、产品储运企业的质量责任、产品经销企业的质量责任、产品质量的监督管理、产品质量责任争议的处理以及罚则等内容，从保护消费者的角度对经营者的产品质量提出相关要求。1993年，全国人民代表大会通过了《产品质量法》，该法强调了经营者对产品质量所应承担的义务和责任，从而要求经营者为消费者提供合格的产品，确保消费者人身、财产安全。当然，最引人注目的当属1993年全国人民代表大会常务委员会通过的《消费权益保护法》，这是我国有史以来颁布、施行的第一部专门用于保护消费者权益的法律规范，标志着我国保护消费者权益的法律意识以及法律手段趋于成熟。

《消费者权益保护法》实施20年来，在唤醒我们的消费维权意识，保护广大消费者的合法权益，规范经营者的行为，促进整个市场秩序规范方面发挥了重大的作用。但同时也应看到，随着国家经济的发展，我国公民的消费理念、消费结构、消费方式发生了巨大变化，涌现出了诸多新型的消费方式，如网络购物等消费方式已成为消费者选择的重要渠道。《消费者权益保护法》在这些方面渐渐地不能适应现实变化的需要，因而亟须通过修法予以完善。为此，全国人大常委会于2013年对该法予以及时修改，这次修法是对我国市场经济发展中消费者保护的积极回应，也适应了社会各界尤其是广大消费者的诉求。综观此次修法及新法的规定，其主要体现了现代经济生活中对消费者保护的理念与机制：(1) 加强社会诚信建设；(2) 进一步充实、细化消费者的权益；(3) 强化了经营者的义务和责任；(4) 规范了网络购物等新型消费方式；(5) 明确了行政部门的监管责任；(6) 进一步发挥了消费者协会等组织的作用；(7) 规定了虚假广告等行为的法律责任；(8) 加大惩罚性赔偿力度。

此外，此次修法使得消费者所应享有的权利得到更加充分的保障，如：安全保障权，不管是消费者的个人信息的安全、生命健康的安全还是消费者在消费场所的人身和财产的安全，都得到了体现；精神损害的赔偿权，在修法中得以明确；网络购物7天的后悔权，或者叫无理由退货权，虽然未包括在上述8项权利之内，但也被赋予了消费者。2013年《消费者权益保护法》也吸纳并创设了公益诉讼权，尽管只能由消费者协会代为行使；此外还有优先权，即当经营者承担民事赔偿责任的时候还有各种债务和赔偿责任，那么民事赔偿优先，即消费者优先享受赔偿等。

总的来说，2013年修法中，新增条款11条，合并和删减条款3条，实际增加8条。新增的11个条款中，其中4条是有关经营者义务的规定，3条是有关争议解决的规定，3条是有关法律责任方面的规定，还有1条是有关对商品进行抽查、检验的责任的规定。可见，2013年修法进一步提升了消费者的地位、增强了经营者的义务，将对消费者负责作为经营者所应承担的义务和责任中的第一责任，要求经营者把消费者的利益放在第一位，力图维护好消费者的合法权益，进而促进企业和经营者健康、持续地发展。

第二节　消费者权益保护法的制度体系

一、消费者权益保护法的立法宗旨

立法宗旨是立法所要达到的政策目标，是法律制度设计的指导思想。立法宗旨不仅对于理解法律的具体条文有重要意义，而且对于执法过程中对不同案件的处理也有指导意义。综观各国的消费者权益保护立法，将个人即自然人作为消费者权益保护法的保护对象，对其加以特别保护是各国通行的做法，也是制定消费者权益保护法的宗旨。消费是现代社会中的每个人都要面临的社会现象，有效地保障消费者的基本权利自然成为消费者权益保护立法的首要目标。因此，自消费者权益保护立法在各国出现以来，各国消费者权益保护立法无不将个人作为权利主体。这种做法取决于人们对消费者个人在交易中所处的弱势地位的普遍认同和深切关注。在缺乏专门知识和经验的普通消费者同追求利润最大化的经营者进行博弈的过程中，仅要求消费者保持高度警惕是不够的，因而把消费者视为特殊的保护对象是维护公平、实现正义的必然要求。

我国的《消费者权益保护法》也不例外，其第 1 条便开宗明义地明确了自身的立法宗旨，即“保护消费者的合法权益，维护社会经济秩序，促进社会主义市场经济健康发展”。这是我国市场经济建设进程中经济立法趋势与关注点的体现：现代经济立法随着经济社会化已不再仅仅局限于以个人为本位、单纯地保护个人利益，而是将对个人利益的保护与社会整体利益结合起来，将两者予以平衡和协调，以实现消费者保护和经济健康发展。这也决定了我国消费者权益保护的模式：市场经济是以生产者和消费者之间的自由选择、自由缔约为基础的，自由竞争是市场经济的基础；国家消费者权益保护立法仅是针对市场失灵的情况进行调控和管理。所以，国家通过立法尽力保护的是公平的市场环境、符合安全标准的产品、经营者诚信的行为等最为基本的交易条件，以弥补单纯的市场机制对消费者所造成的损害。具体而言，我国消费者权益保护法的立法宗旨包含以下三方面：

1. 保护消费者权益。这是消费者权益保护法的直接目的，也是国家通过立法保护消费者权益之核心和要旨所在。虽然其他法律、法规也在其立法宗旨中提及保护消费者利益，但与此不同的是，消费者权益保护法将保护消费者合法权益作为首要任务，从权利与义务的设置、举证责任的配置以及救济措施的创制等方面都以便于消费者维权、保护自身合法权益为原则，而不若其他法律、法规保护消费者权益仅是该法得以有效实施的结果体现。

2. 维护经济秩序。在市场经济条件下，市场对资源配置起决定性作用，这体现在具体交易中则是，经营者通过改善技术水平、提高管理能力而竞相向消费者提供物美价廉的产品或服务，消费者则通过货币投票选举自己中意的产品或服务，从而使得经营者的产品或服务在市场交易中优胜劣汰。这是现代经济发展动力转型的体现，即由投资拉动型增长方式向消费促进型发展模式转变，日渐体现消费决定经济的发展方向。质言之，消费者的选择攸关经营者的生死存亡，因而经营者在经营活动中为了获利取胜而往往置基本商业道德和消费者利益于不顾，侵害消费者利益、扰乱经济秩序的行为屡见不鲜。由于既有的私法制度难以有效扼制此类行为，所以亟待国家通过以保护消费者合法权益为目的的特别立法来予以规制，在维护宏观经济秩序稳定的同时为消费者提供有效的救济和保障。

3. 促进社会主义市场经济发展。在日渐成熟的消费型经济社会中，消费成为经济增长的关键，甚至决定着经济的发展方向和步伐。在我国社会主义市场经济建设进程中，有效保护消费者的合法权益、拉动消费是不容忽视的动力和因素。消费者的权益保护攸关消费的可持续性，即消费者问题的解决从微观上看是个人侵权问题，但从宏观上看则是关涉经济健康发展的问题。只有消费者问题得到有效解决，消费者的合法权益受到有力保护，才有益于促进市场经济的健康发展。因为依法保护消费者的合法权益，实际是加强对经营者的经济活动的监督，以预防和制止其违法或违约行为，促使其改善管理、提高技术，从而引导和刺激消费，进而促进经济发展；与此同时，加强对消费者的合法权益的保护，事实上增强了国家对经济生活的切实监督与管理，加强了国家对消费者的责任感，从而促使国家尽力协调和解决好消费者问题，保护消费者合法权益并促进国民经济的健康发展。

消费者权益保护法通过立法宗旨明确了自身的价值和功能，在实际经济生活中对于提高消费者的权利意识、维护市场的公平竞争秩序、保护消费者的合法权益以及惩处经营者的不端行为发挥了积极作用。但自我国《消费者权益保护法》颁布、实施20年间，经济发展迅猛，消费内容、消费方式等都发生了翻天覆地的变化，其20年前的立法宗旨是否仍契合当前的经济发展形势和消费者保护的现实要求，在2013年修法中众说纷纭：有学者提出"以消费者为本，构建和谐消费关系"的主张[①]；也有学者提出，此次修法应全面体现以人为本的科学发展观，加大消费者保护力度，全面构建消费者友好型社会，充分体现向消费者适度倾斜的立法谨慎。[②] 对于学界的理论探讨，2013年修法时也作出了相应的回应，如《消费者权益保护法（修订送审稿）》就曾在第1条中增有"促进……社会和谐稳定，制定本法"字样，只是在全国人大常委会审议稿以及最终修改稿中未能体现这一主张。当然，最终的修法并没有涉及立法宗旨，但并不影响修法须从制度与机制的修订和完善方面进一步落实"保护消费者合法权益"这一直接而核心的指导思想，从而力争构建更加健全的消费者权益保护法律体系，使得消费者问题能够得到及时、有效的解决、消费者合法权益得到有力的保护。

二、消费者权益保护法的适用范围

法律是社会关系的调节器，任何法律必定以特定的社会关系作为其调整对象。我国《消费者权益保护法》第2条指出，消费者为生活消费需要购买、使用商品或者接受服务，其权益受本法保护。这是我国《消费者权益保护法》关于其适用范围的规定，即消费者权益保护法主要调整为生活消费需要购买、使用商品或接受服务而产生的关系，或者说是一种生活消费关系。但该规定无论在理论上还是在实践中皆引发了不少争议，主要体现在两方面：一是何谓消费者，消费者是仅限于自然人还是包括法人和其他组织。二是如何界定"生活消费"，是否有必要作出这样的限定。

我国《消费者权益保护法》并没有对消费者概念作明确的界定，但该法第2条隐含着对消费者的定义，即消费者是指为生活消费需要而购买、使用商品或者接受服务的人。严格说，这一概念与其他立法例并无二致，如我国台湾地区"消费者保护法"将消费者定义为"以消费为目的而为交易、使用商品或者接受服务者"。英国1977年的《货物买卖法》明确指出，作为消费者的交易是指一方当事人在与另一方从事交易时不是专门从事商业，

① 参见王新红、李清萍：《以消费者为本，构建和谐消费关系》，载《消费经济》，2011（6）。
② 参见刘俊海：《修订〈消费者权益保护法〉消费者友好型社会的构建》，载《中国法律》，2010（5）。

也不能使人认为其是专门从事商业的人。澳大利亚1923年的《货物买卖法》就消费者交易也作出了相似的规定。此外，《布莱克法律词典》对消费者概念也作出了界定，即指“从事消费之人，亦即购买、使用、持有以及处理物品或服务之人”，“消费者是指最终产品或服务的使用人。因此，其地位有别于生产者、批发商、零售商”。《牛津法律词典》对消费者概念也作了类似的界定，即消费者是指“那些购买、获得、使用各种商品和服务（包括住房）的人”。

当然，与上述概念相比较，我国的《消费者权益保护法》在其定义中突出了“生活”一词，也正是因为此，我国学术界或实务界认为消费者权益保护法对消费者的定义不准确或者未明确规定其适用范围。不难看出，其中的问题在于如何理解“生活消费”。我国消费者保护实践中通常将“生活消费”作狭义理解，即用于满足个人的基本生活需要，如购买食品、修理电器等日常生活需求。但若交易对象为价格较高的物品或奢侈品，不同法院或执法机构则会有不同的理解，甚至不认为此类交易属于生活消费。这种理解或认识，于现代经济社会中对消费者的保护并不妥，无法有效保护消费者合法权益，因而不准确，也不合理。事实上，消费者权益保护法中所规定的“生活消费”就是指购买、使用商品或接受服务的目的不是营利或职业需求，而是纯粹的个人需要，而不管其使用方式或交易对象如何。基于此，对消费的理解应当关注和考察其目的性，即无论是维持个人基本生活需要的日用品，还是用于提高生活品质、获得精神享受的各种商品和服务，都可以，也应该成为消费法律关系的标的。因此，我们认为，消费者是指不以营利为目的而购买、使用商品或者接受服务的自然人。消费者是人类社会发展到一定阶段所提出的具有特定含义的概念，即在人类社会市场经济阶段出现的具有特定经济和法律特质的概念，其包含以下几层意思：

1. 消费者购买、使用商品或者接受服务不以营利为目的。消费者购买、使用商品或者接受服务，并不是为了将这些商品或服务转售而营利，而是旨在满足个人或家庭的需要。消费是由需要引起的，消费者购买、使用商品或者接受服务的目的是满足自身需要，而购买、使用商品或接受服务体现着消费者一定的利益追求。因此，任何人只要购买、使用商品或接受服务的目的不是将商品或服务转售，不是专门从事商品交易活动，他便是消费者。

2. 消费者是自然人。消费者作为市场经济条件下特定的法律用语，强调的是作为个体的自然人而不是法人或其他经济组织，也不包括政府。所谓消费行为不是指法人或其他经济组织的消费，而是指自然人的消费。消费者权益保护法始终是与对消费者个人权益的保护联系在一起的，这是因为消费者权益保护法的立法宗旨就是保护消费型社会中于消费法律关系中居于弱势地位的消费者。基于消费的强烈目的性，消费者只能为自然人，即商品和服务的最终利用者。之所以要对消费者进行特别保护，是由于在消费法律关系中，经营者与作为其交易对象的自然人之间在经济实力、信息获取能力以及法律救济能力等方面存有巨大差异。当然，经营者之间也存在差异，甚至差异悬殊，但其皆属于经营者，国家通过法律在交易领域内为商事主体设置相应的市场经营规则以规制其相互之间的关系、维护彼此之间的利益平衡。

3. 消费者是购买、使用或者接受服务的人。消费者是社会经济生活中购买、使用商品或接受服务的人，但值得注意的是，消费者并不局限于市场交易中的买受人。所谓买受人，通常指买卖合同中给付价款并受领交易标的物的一方当事人，而消费者是指以消费为目的而进行交易并取得商品或接受服务的人。消费者的范畴显然要比买受人广泛，这是因为：一方面，依据我国合同法的规定，买卖合同只限于对实物的买卖，因而买受人只能是商品交易中购买商品的一方当事人，并不包括提供服务合同中接受服务的一方当事人，而消费者显然包括提供服务合同中的接受服务者；另一方面，买受人是买卖合同的一方当事人，即亲自缔结和履行买卖合同的当事人，而消费者并不局限于买卖合同的当事人，也包括他人购买商品后实际使用该商品的人。因此，消费者既可能是亲自缔结和履行买卖合同的当事人，也可能是使用和消费他人购买的商品的人；既可能是有关服务合同中接受服务（如宾馆、运输、酒店、食品、劳务等各类服务）的一方当事人，也可能是接受服务的非合同当事人。

综上，消费者是指不以营利为目的而购买、使用商品或者接受服务的自然人，其购买、使用商品或接受服务的目的在于广义上的生活消费。但为了避免实务中对“生活消费”一词的理解偏差，更有效地保护消费者的合法权益，我们建议将《消费者权益保护法》中的“生活消费”修改为“消费”。不过，令人惋惜的是，在2013年修法中《消费者权益保护法（修订送审稿）》曾在借鉴域外制度经验的基础上将消费者明确界定为“不以生产经营为目的的购买、使用商品或者接受服务的自然人”，但后来在全国人大常委会审议过程中不知何故又恢复至20年前的条款。既然如此，在消费者保护实践中就应从广义上去理解生活消费，从而为消费者提供有效的保护机制和救济途径。

三、消费者权益保护法的制度框架

各国的消费者权益保护立法无不以对处于弱势地位的消费者予以特别保护、对作为强者的经营者加以规制为主要使命，因此在法制层面上形成单纯强调消费者的权利、经营者的法定义务的局面，因而在消费者权益保护法律制度体系构建上呈现出狭义和广义之分：

1. 狭义上的消费者权益保护法制度框架，就是形式意义上的消费者权益保护法所应包含的规范内容与制度反映。具体来说，其主要内容包括：

（1）消费者的权利。消费者的权利是指消费者在购买、使用商品或者接受服务时能够作出或者不作出一定行为，以及要求经营者作出或者不作出一定行为的资格。我国消费者权益保护法明确赋予消费者安全权、知情权、选择权、公平交易权、求偿权、结社权、受教育权、受尊重权、监督管理权等权利，这些权利是我国宪法中规定的公民所享有的基本权利在消费领域的具体化，保障消费者权利的充分实现和不受侵犯，是经营者的义务，也是全社会的共同责任。

（2）经营者的义务。与消费者的权利所对应的就是经营者的义务。我国消费者权益保护法规定了经营者负有履行法律义务、接受消费者监督、商品和服务安全保证、信息提供、身份标明、出具凭证和单据、品质担保、承担售后服务、不得不当免责、尊重消费者人格等义务。

（3）消费者权益保护机制。消费者权益保护法为消费者构建了一个由国家、社会和个人共同构成的权利保护体系：国家通过立法、行政、司法等手段来落实消费者权益保护工作，切实维护消费者的合法权益。在社会层面则通过消费者组织来对商品和服务进行社会监督。消费者个人也可以通过行使法律所赋予的权利来维护自身权益。

（4）消费者争议的解决途径。我国消费者权益保护法明确规定，消费者和经营者发生消费者权益争议的，可以通过与经营者协商和解、请求消费者协会调解、向有关行政主管部门申诉、根据与经营者达成的仲裁协议提请仲裁机构仲裁、向人民法院提起诉讼等途径解决。

2. 广义上的消费者权益保护法制度框架，则是实质意义上的消费者权益保护法所应容纳的规范机制与制度设计，因而可以称为消费者保护制度（法）。一般来说，其核心制度主要包括：

（1）消费者保护基本法。消费者保护基本法着重强调和规定消费者保护立法的宗旨、基本原则和核心要点，同时，明确消费者权益保护的政策和消费者保护立法与执法的基本准则。

（2）消费合同法。消费合同法在民事合同相关原则和制度的基础上，针对涉及消费者权益特别保护的基本原则和制度作出具体规定，如格式条款、免责条款、无理由退回权以及解除权等相关规定。

（3）消费者保障法。消费者保障法则在消费者保护基本法和消费合同法规范的基础上，为确保消费者的人身及财产安全、交易公平以及获得有效救济，通过特别立法强调商品或服务的质量、交易公平和秩序、法律责任和追究等方面的规范设置，维护消费活动的有序进行，保障消费者的合法权益。

第三节 消费者权益保护法的基本原则

法的原则是指反映法律制度的根本性质，促进法律体系的协调、统一，为其他法律要素提供指导，保障法律运作的动态平衡并证成其法治理念的基础性原理和价值准则。[①] 消费者权益保护法的基本原则是有关消费者权益保护立法、执法、司法及理论研究的指导思想，明确消费者权益保护法的基本原则，有利于消费者保护法律体系的建立和完善，有利于消费者权益保护的立法、执法和司法水平的提高。我国消费者权益保护法的基本原则具体包括：

一、特别保护原则

对消费者进行特别保护是消费者权益保护法的重要特征，也是其基本原则之一。特别保护原则就是消费者权益保护法对于处于弱势地位的消费者给予特别保护的原则。对消费者给予特别保护是由消费者利益的特殊性所决定的。消费者购买商品或接受服务是以满足其个人或家庭的生活需要为目的的，其在消费过程中既涉及经济利益，同时又直接关乎生存、生命安全与健康等利益，而生命权、健康权等作为人权的重要的内容理应得到法律的特别保护。此外，在消费品交易中，经营者的利益可以得到即时的满足，而消费者的需求只有在交易完成、获得并使用消费品后才能得到满足，消费者实际上承担了较经营者更大的风险。

消费者与经营者在交易时形式上的平等地位不能掩盖二者在实质上的不平等。现实中，经营者大多是具有较强经济实力的企业，有些企业甚至在市场上具有支配地位，而规模不大的企业彼此之间也可能达成联合协议来对付消费者。消费者面对由经营者提出的格

① 参见朱景文主编：《法理学》，148页，北京，中国人民大学出版社，2008。

式合同根本没有讨价还价的能力，只能被动地接受。此外，在消费品的科技含量越来越高，消费品的成分也日趋复杂的背景下，消费者由于缺乏辨别消费品的技术知识，很容易被虚假广告、标签或假商标欺骗。而且消费者个人的经济实力较低，普遍经不起长时间的人力、物力、财力消耗，面对高成本的维权之路，绝大多数的情况下只得自认倒霉；即使少数消费者坚持到最后维权成功，经营者的赔偿往往也不能完全弥补消费者的维权成本。面对这样一种情况，经营者在经营活动中更加有恃无恐，偶然付出的赔偿对他们来说只是“九牛一毛”，侵害消费者利益仍然具有强大的吸引力。

因此，消费者权益保护法必须对消费者予以特殊的保护。在消费者权益保护法中，对消费者只规定其权利，对经营者则只规定义务；消费者是权利主体，经营者是义务主体。消费者权益保护法给予消费者特别保护并不有违公平理念，而是恰好维护了公平、正义。当然，对消费者的特别保护不能超出合理的限度，不能超越我国经济社会发展及法制状况的实际。

二、全面保护原则

消费者权益保护攸关每个人的福祉，影响整个国民经济的平稳、健康运行，保护消费者的合法权益是全社会的共同责任。全面保护原则是指消费者权益保护法为消费者提供立法、行政、司法、社会监督全方位的保护。我国消费者权益保护法设置的国家保护消费者机制便体现了对消费者的全面保护：

（1）立法方面，国家制定有关消费者权益的法律、法规、规章和强制性标准时，应当听取消费者和消费者协会等组织的意见与要求。国家采取措施，保障消费者依法行使权利、维护其自身的合法权益，同时依法维护经营者的合法权益。

（2）行政方面，各级人民政府应当加强领导，组织、协调、督促有关行政主管部门做好保护消费者合法权益的工作，落实保护消费者合法权益的职责。各级人民政府应当加强监督，预防危害消费者人身、财产安全行为的发生，及时制止危害消费者人身、财产安全的行为。各级人民政府工商行政管理部门和其他有关行政主管部门应当依据法律、法规的规定，在各自的职责范围内积极采取措施，保护消费者的合法权益。有关行政主管部门应当听取消费者及其组织对经营者的交易行为、商品和服务质量问题的意见，及时调查处理。有关国家机关应当依照法律、法规的规定，惩处经营者在提供商品和服务时侵害消费者合法权益的违法犯罪行为。

（3）司法方面，人民法院应当采取措施，方便消费者提起诉讼。对于符合我国民事诉讼法起诉条件的消费者权益争议，必须受理，并及时审理。此外，对于侵害消费者合法权益的行为，中国消费者协会以及省、自治区、直辖市设立的消费者协会可以向人民法院提起诉讼。

（4）社会监督方面，消费者享有对商品、服务以及保护消费者权益工作进行监督的权利。消费者有权检举、控告侵害消费者权益的行为和国家机关及其工作人员在保护消费者权益工作中的违法失职行为，有权对保护消费者权益工作提出批评、建议。在此基础之上，消费者权益保护法支持消费者协会和其他消费者组织对商品和服务进行社会监督。大众传媒也应当做好维护消费者合法权益的宣传，对损害消费者合法权益的行为进行舆论监督。

三、社会本位原则

社会本位原则强调对消费者权益的保护应以社会公共利益为出发点，目标在于社会利益的最大化。消费者权益保护法虽着眼于对消费者的保护，但其根本立足点实为维护社会公共利益。

伴随着垄断资本主义的出现，各种社会矛盾在世界范围内日渐激化，许多社会问题逐渐暴露，消费者问题便是其中之一。严峻的形势要求国家摒弃“守夜人”的角色而积极介入经济和社会生活的管理，法律手段无疑是国家解决各种社会问题的最优选择。于是，劳工法、社会保障法、环境保护法、消费者权益保护法等社会立法不断被制定出来，“法律的社会化”成为时代的潮流，法律社会化以把个人利益与社会利益有机联结、保障消费者和社会弱者为特征。①

消费者保护立法的产生正是以社会利益为出发点，它在一定程度上限制经营者的权利，对消费者的弱者地位进行弥补。这突破了传统民法“所有权绝对、主体平等、契约自由、过错责任”的基本原则，体现了国家对社会经济生活的干预。干预的目的不仅在于矫正消费者与经营者之间的失衡状态，更是为了维护安定的社会经济秩序，促进社会的稳定发展。

市场经济需要一个良好的消费环境，没有消费就没有生产。我国消费者权益保护法的核心和要旨便在于“维护社会经济秩序，促进社会主义市场经济健康发展”。因此，在对消费者进行保护的同时，我们也要注意不能让经营者承担过重的负担，因为：毕竟经营者是市场经济发展的重要主体，是社会再生产的组织者，培育大量优质的经营者对于国民经济的健康发展同样意义重大。此外，消费者保护要和环境资源相协调，国家应鼓励和支持科学、文明、可持续消费，提倡节约能源资源和保护生态环境的消费模式，对于铺张、浪费等不理性、不环保的消费行为不应保护。国家鼓励开展国民消费教育，普及科学、合理的消费观念、消费知识和消费者权益保护的法律知识。

第四节 消费者权益保护法的地位

一、消费者权益保护法的地位

消费者权益保护法产生于国家开始运用“有形之手”调控市场经济的大背景之下，天然具有经济法的属性。经济法是调整经济管理关系、维护公平竞争关系、组织管理性的流转和协作关系的法。② 经济法诞生于经济集中和垄断的社会化导致深度变革，原有法律体系已无法在新的历史条件下继续担当维护社会经济秩序的重任之际。在自由资本主义时期，社会经济生活主要是由民法来调整的，民法以所有权绝对、契约自由和过错原则为基石，保障民事交易的自由、平等。在这个时期，国家对社会经济生活采取自由放任的态度，在民事交易中只扮演“仲裁人”的角色。

到了垄断资本主义阶段，情况发生了变化：在自由竞争的经济中出现了大规模的垄

---

① 参见张文显：《二十世纪西方法哲学思潮研究》，114页，北京，法律出版社，1996。

② 参见潘静成，刘文华：《经济法》，3版，49页，北京，中国人民大学出版社，2008。

断，许多原料和市场为少数垄断资本家独占，大量的中小企业被排斥和控制，市场良性竞争的秩序荡然无存，人民的生活和社会的稳定受到了严重的威胁。垄断是市场经济本身的弊端，要解决它不能依靠市场，而只能借助于政府的力量，必须由国家出面，通过颁布法律来化解社会中的矛盾。经济法作为国家以积极姿态参与调整经济社会发展的法律形式由此诞生。

消费者问题是伴随垄断而激化的重大社会问题之一。消费者问题日益严重所带来的社会动荡和消费者运动在全世界的蓬勃发展，使得在消费领域保护消费者的合法权益成为了国家干预、管理经济生活的重要目标。消费者权益保护法一改传统民法对于契约自由的信奉，将国家意志贯彻进消费者与经营者的交易之中，改变了市场造成的二者之间力量的失衡，实现了实质的公平正义。虽然消费者权益保护法保护的对象是广大消费者，但对广大消费者的保护在宏观上关乎社会公共利益。消费者保护对于国民经济和社会发展的重要意义是国家对消费者进行特别保护的重要原因。国家通过消费者权益保护法保护消费、刺激消费、引导消费，使得国民经济运行顺畅、发展迅速，避免了资源配置的浪费，保护了环境，符合国家和社会的公共利益。

国家对于消费者问题的干预并不会干扰市场经济的发展，而是能够保障市场主体的自由，使市场机制更好地发挥功效。消费者权益保护法赋予了消费者广泛的权利，保护了消费者的自由。同时，它通过规范经营者的活动，维护了有序的市场秩序，保障了经营者在市场中公平、自由竞争的权利。由此，消费者权益保护法实现了市场经济所必需的良性的竞争秩序，经济自由与经济秩序之间达成了一致。

二、与其他相关法律的关系

1. 与民法的关系

民法是调整平等主体的公民之间、法人之间、公民和法人之间的财产关系和人身关系的法律规范的总和。民法是调整市场经济关系的基本法，消费者与经营者之间基于市场的交易关系传统上一直是由民法调整的，直到消费者问题日渐严重和消费者运动广泛开展才改变了这一局面。进入20世纪之后，各种社会矛盾日益尖锐，社会贫富差距日益悬殊，劳资矛盾加剧，民事活动当事人的经济地位在实质上已不再平等，近代民法力求维护的形式公平已不能够保证实质公平结果的实现，必须有法律为弱者提供关怀，实现社会的实质公平。

传统民法秉承的平等理念以及其自身任意性规范的属性决定了其难以承担保护消费者权益的重任。消费者权益保护法对消费者给予特殊的保护，赋予消费者权利，规定经营者的义务，并明确了国家负有保护消费者权益的职责，由此消费者权益保护法的内容多是强制性规范，经营者必须遵守相应的义务，而不能以其他方式逃避。此外，为了对消费者进行全面的保护，消费者权益保护法还规定了保护消费者权益的机构，如我国工商行政管理部门就承担着保护消费者合法权益的职能。相比于民法为受害人提供单一的民事救济，消费者权益保护法对经营者设置了民事责任、行政责任和刑事责任，民事责任中更包含惩罚性赔偿的内容。这种综合调整的做法是民法所不具备的，它能够更好地补偿受害人的损失，并且对违法的经营者具有更大的威慑力。

总的来看，消费者权益保护虽然在历史上与民法存在着密切的联系，但是由于国家意志对民事交往的介入，消费者权益保护法已经具备了与民法不同的属性。民法中有关民事交易和侵权的规定虽然与消费者权益保护法在调整范围上存在交叉，但其并非专为保护消费者而制定，并不是严格意义上的消费者权益保护法。

2. 与行政法的关系

消费者权益保护法是国家意志参与经济交易的产物，其内容多为强制性规范，其中还对国家机关在消费者保护方面的职责有明确的规定，这些特点都与行政法相似，但消费者权益保护法并不是行政法。

按照我国的通说，行政法是“规定国家各个方面行政管理的行政法规的总称”，是“关于国家行政组织及其行为，以及对行政组织及其行为进行监督的法律规范的总称”。据此概念，国家行政机关对消费者进行保护的活动应当属于行政法的调整范围。但如果我们把行政法的范围扩展到全部的政府管理或公共权力，那么行政法就会漫无边际，从而失去其核心目的。随着法律对社会关系调整的不断精细和技术化，行政法中对“事”管理的内容已经、正在或将要分化出去，成为专门的法律部门或者其他法律门类的组成部分，行政法最终将“纯化”为政府的组织人事和行政救济法，其基本宗旨是法治行政和廉洁高效。①

消费者权益保护法调整社会经济交往中涉及的消费者保护问题，该问题并不属于传统行政法的调整范围。传统行政法强调对国家行政权力的制约，使国家主要关注社会秩序的安定和国家的国防与外交事务。消费者权益保护法的出台体现着行政权力的扩张，但这种扩张并非是行政权力直接介入经济生活。国家通过对消费者权益的保护，间接地影响社会再生产进程，最终借由良好的社会经济秩序而实现维护消费者合法权益、促进经济社会发展的价值和目标。消费者权益保护法并不是行政权力的简单运用，其依然重视市场作用的发挥，充分尊重和保障市场自由。消费者权益保护法中除规定了行政责任外，民事责任和刑事责任也具有十分重要的地位。而且，行政法中的救济途径依赖行政机制，如行政监察、行政处分、行政复议、行政诉讼等，而消费者权益保护法为消费者提供了协商、调解、仲裁等多种充分尊重消费者自由的救济途径。

3. 与刑法的关系

刑法是规定犯罪、刑事责任和刑罚的法律。经营者侵害消费者合法权益的行为具有社会危害性，触犯刑法的，就应当承担相应的刑事责任。我国《刑法》第三章“破坏社会主义市场经济秩序罪”的第一节“生产、销售伪劣商品罪”中规定的“生产、销售伪劣产品罪”、“生产、销售假药罪”、“生产、销售有毒、有害食品罪”等所惩处的行为都是侵害消费者合法权益的行为。针对社会中大量存在的假冒伪劣商品和虚假宣传行为，仅靠民事责任和行政责任难以对其有效地加以遏制，对于情节恶劣、后果严重的侵犯消费者合法权益的行为必须使经营者承担刑事责任。在消费者消极行使权利和行政机关怠于行使职权的情况下，必要的刑事手段是消费者权益保护法顺利实施的保证。所以，消费者权益保护法中有关刑事责任的内容是消费者权益保护法的重要组成部分，在此方面其与刑法存在交叉。

4. 与竞争法的关系

竞争法是指为维护公平竞争秩序、落实国家竞争政策而调整经营者之间的竞争关系和管理者与经营者之间的竞争管理关系的法律规范的总称，一般包括反不正当竞争法和反垄断法。不正当竞争行为和垄断是市场经济的固有缺陷，竞争法是国家为医治“市场失灵”

---

① 参见史济春、邓峰：《经济法总论》，128页，北京，法律出版社，2008。

而动用“有形的手”调节市场运行的法律手段。消费者问题中的假冒伪劣商品、虚假宣传、欺诈、强迫交易、企业联合行动、经营者滥用市场支配地位等，都是扰乱市场竞争秩序的不正当竞争行为和垄断行为，该类行为在受消费者权益保护法调整的同时也受竞争法规制。

然而，竞争法和消费者权益保护法对此类行为的调整角度存在差异：竞争法调整竞争关系和竞争管理关系，着眼于竞争秩序的维护和竞争秩序的落实，通过保护市场中的竞争者不受反竞争行为的侵害而使市场机制正常运行。消费者权益保护法调整消费关系，从消费者在经济生活中的弱势地位出发，体现对弱势群体的关怀、对人权的尊重，通过恢复市场交易中消费者与经营者的平等地位来修复市场机制。此外，竞争法对于竞争者仍然奉行平等保护的原则，而消费者权益保护法则对消费者采取特别保护。

消费者权益保护法与竞争法之间的差异并不妨碍二者之间的互补关系：通过消费者权益保护法的实施，可以有效地规范经营者的活动，促进诚实经营、合法竞争环境的形成。通过竞争法的实施，良好的竞争秩序得以建立，促使经营者都通过合法、良性的竞争从事经营，从而使得消费者的权利自然也能够获得保障。

【经典书目】

1. 全国人大常委会编著．消费者权益保护法立法背景与观点全集．北京：法律出版社，2013

2. 李昌麒，许明月编著．消费者保护法．3版．北京：法律出版社，2012：第一章“消费者问题与消费者保护立法”、第二章“消费者保护法基本理论”

【思考题】

1. 简述消费者权益保护法产生的一般规律。
2. 简述消费者权益保护法的立法宗旨。
3. 简述消费者权益保护法的基本原则。
4. 简述消费者权益保护法的地位。
5. 案例分析：

王某在某汽车销售公司订购了某款手动挡轿车一辆，约定了价款并支付了定金。但在提车时，王某发现所购车辆已被加装导航仪及进口脚垫，且该汽车销售公司要求其必须支付相应对价，否则不能提车。王某经再三交涉未果，为了能够提车，无奈支付了导航仪和进口脚垫的对价。此后，王某向当地“消协”和新闻媒体反映了该公司强迫交易的行为，并诉至法院，要求退还加装导航仪及进口脚垫的对价并对车辆恢复原状。法院认为：某汽车销售公司未经王某同意在其订购的车辆上自行加装了导航仪和进口脚垫，该行为剥夺了王某的自主交易权。王某支付了相应对价的行为并非其真实意思。故法院判决撤销某汽车销售公司的强迫交易行为，并判令其返还相应价款、恢复车辆原状。

请思考： 消费者权益保护与消费者权益保护法的关系，以及反垄断法、合同法、侵权责任法等法律对消费者权益保护的作用。

第二章 消费者权利

内容摘要

消费者权利是指消费者在从事消费活动的过程中所享有的、为法律所保护的正当利益，主体是不以生产经营为目的购买、使用商品或者接受服务的自然人。消费者权利的发展趋势是范围越来越广泛，而且法律保护体系也在不断完备，消费者权利保护已成为全球范围内的共同问题。本章重点阐述了消费者权利的概念及发展趋势，安全保障权、知情权、自主选择权、公平交易权、依法求偿权、结社权等消费者权利的性质与内涵等内容。消费者权利的具体内涵有待经营者义务、消费纠纷处理机制、法律责任制度、相关行业规制制度的不断充实与完善。随着保护消费者理念的地位不断上升，消费者权利的影响范围将扩展至《消费者权益保护法》之外，相应地也将出现新的消费者权利。

第一节 消费者权利概述

一、消费者权利的概念与特征

权利和义务是法律规范的核心内容。对于权利的概念，学者们有不同的理解。有人持客观说，或称为利益说，如德国法学家耶林认为权利的本质就是法律保护的利益；有人持主观说，认为权利的本质是意思自由；有人持法力说，认为权利的本质是法律上之力，等等。我们认为，以利益说的观点来理解消费者权利更为恰当：消费者权利就是消费者在从事消费活动的过程中所享有的、为法律所保护的正当利益。消费者权利通常具有以下几方面特征：

1. 权利主体是消费者。消费者应当是不以生产经营为目的而购买、使用商品或者接受服务的自然人。因此，企业不以生产经营为目的而购买、使用商品或者接受服务，或者自然人以生产经营为目的而购买、使用商品或者接受服务，都不能算作是此处的消费者，当然也就不享有消费者权利。应当注意的是，虽然不能以消费者的身份享有相关权利，但并不妨碍其根据如《产品质量法》等其他法律享有相应的权利。

2. 消费者权利的现实享有要求其从事消费活动。虽然人人都是消费者，但就特定的消费活动而言，如果人们不购买商品或接受服务，就不能成为该特定消费活动的主体之一，也就不能向经营者主张相关的权利。在从事特定的消费活动之前，人们在该领域中所享有的消费者权利仅是一种理论上的、潜在的权利，一旦人们进行了消费活动，这种权利就立即转化为一种现实的权利。

3. 消费者权利必须是法律所保护的权利。如果没有得到法律的认可与保护，就不能认为是消费者权利。如消费者享有的受教育权，是指其享有的获得有关消费和消费者权益保护方面的知识的权利，如果消费者要求相关主体提供的知识与消费和消费者权益保护无关，则这种要求就不会得到法律的支持，至少不会得到消费者权益保护法的支持。

二、部分国家（地区）消费者权利的概况

1. 美国

美国是世界上消费者权益保护思想萌发最早、消费者权益保护措施及实践较为完备的国家之一。消费者权利最早是由肯尼迪总统于1962年3月15日提出的。肯尼迪总统在《关于保护消费者利益的总统特别国情咨文》中主张，消费者应享有4项权利，即获得安全保障的权利、获得正确资料的权利、自由决定选择商品的权利，以及提出消费意见的权利。1969年尼克松总统补充了另外一项权利，即当消费者在消费的过程中人身或财产受到损害时，享有获得赔偿的权利。

但是，美国并没有保护消费者权益的基本法，对于消费者所享有的权利也没有统一的体系性规定。消费者权益保护的相关制度，分散在大量与保护消费者权益有关的制定法和判例中，如《联邦食品、药品、化妆品法》、《商品安全法》、《食品卫生法》、《汽车安全法》、《汽车信息披露法》、《儿童保护及玩具安全法》、《消费者信贷保护法》、《多德-弗兰克华尔街改革与消费者保护法案》等等。

2. 日本

日本于1968年5月制定了《消费者保护基本法》，其宗旨是维护消费者的利益，综合性地推进消费者保护政策，进而确保国民消费生活的安定及提高。但该法并没有对消费者所享有的权利作出具体的规定，而是规定了国家、地方公共团体及经营者在保护消费者权益方面的责任与义务，将消费者看作是国家保护的对象。日本于2004年对《消费者保护基本法》进行了修改，更名为《消费者基本法》，该法明确规定了消费者所享有的6种权利，即安全保障权、选择权、获取必要信息权、接受教育权、将自身的意见在政策中予以反映的权利以及获得救济的权利。

3. 韩国

韩国于1986年12月制定了《消费者保护法》，并分别在2006年9月、2008年3月对其进行了修订。修订后的《消费者保护法》第4条“消费者基本权利”规定了消费者享有的8项权利：（1）生命、身体及财产不受损害的权利；（2）获取选择物品及劳务所需知识及相关信息的权利；（3）自由选择交易的对象、场所、价格、交易条件等的权利；（4）对于影响到消费生活之国家及地方自治团体的政策和事业者的事业活动等反映自身意见的权利；（5）对于因使用或利用物品及劳务所受到的损害，按照迅速而公正的程序得到切实补

偿的权利；（6）为作出消费选择而受到必要的教育之权利；（7）成立相关团体，并通过该团体提升自身权益的权利；（8）在安全、愉悦的环境下享受消费的权利。

4. 俄罗斯

俄罗斯于1992年2月7日制定了《消费者权利保护法》，并分别于1993年、1996年、1999年、2001年、2004年、2006年、2007年、2008年和2009年进行了修订。该法共计46条，内容非常丰富，具有很强的操作性，其中，总则对消费者、执行辅助人（the executor）、商品瑕疵（the flaw of goods）、严重商品瑕疵（the significant flaw in goods）等基本概念予以明确界定。第一章“一般性规定”、第二章“消费者在销售商品时所享有的权利”、第三章“消费者在履行合约或接受服务时所享有的权利”分别详细地规定了消费者权益保护所适用的法律、商品质量、商品有效期、消费者权利、生产商义务、生产商侵害消费者权利的责任、消费者权利的司法保护等问题。消费者所享有的权利大致可梳理为如下几项：（1）消费教育权；（2）商品质量获得保障的权利；（3）商品有效期获得固定与保障的权利；（4）获得维修与技术服务的权利；（5）商品安全权；（6）获得有关经营者信息和商品信息的权利；（7）要求经营者承担侵害消费者权益相应责任的权利；（8）获得精神损害赔偿的权利，等等。

5. 我国澳门特别行政区

我国澳门地区于1988年制定了保护消费者的法律，即第12/88/M号法律，不过该法律已经在1995年6月被第4/95/M号法律进行了修改。根据相关法律，凡接受由具有职业性质从事经济活动的个人或团体供给之物品或提供为其私人使用之服务的人士被视为消费者，并且消费者享有的权利包括：（1）获得健康的保护及安全，防止物品或服务的宣传或供应的不忠实或不规则行为；（2）获得指导及取得资料；（3）要求对抗损害其利益的危险；（4）要求预防个人或团体的损失及获得赔偿；（5）接受可获得之公平；（6）参与在法律或行政上订定其权利。[①] 除了上述一般性规定外，该法律还对消费者享有的其他权利进行了详细规定，如第7条规定，消费者在订立合约时有要求同等及忠实之权。

三、消费者权利的发展趋势

如上所述，消费者权利是消费者在从事消费活动的过程中所享有的、为法律所保护的正当利益。消费者权利的内涵受不同国家、不同时期经济、政治、文化和法律秩序的影响，消费者权利是一个不断变化并独具特色的权利束。目前，消费者权利的发展趋势呈现出如下四方面特征：

1. 消费者权利的范围越来越广。消费的发展程度直接受制于经济生活的广度和深度，消费者权利的范围也受此制约和影响。经济欠发展时期，消费者所能实际进行的消费是有限的，往往是一些最为基本的消费活动，如食品消费。随着经济社会的发展，一些新的消费活动逐渐进入人们的生活，如汽车消费、房地产消费、旅游消费、金融消费，等等。新的消费活动的出现推动着消费者权利的发展，使得消费者权利的范围越来越大，如消费者受教育权、消费者个人消费信息应受到保护等也成为消费者权利的重要内容。当然，尽管出现了新的消费活动，但在这些新的消费活动中，消费者所享有的基本权利并没有实质性

① 参见澳门地区第12/88/M号法律第3条。

地改变。如果说早期的消费者权利是粗线条的规定的话，那么今后的消费者权利会更趋细化，而且会出现更多的新型的权利。

2. 消费者权利的法律保护越来越完备。运用法律手段来保护消费者的正当权益，是消费者权益保护的一个质的飞跃。最初的与消费者保护有关的法律、法规并不完备，随着消费者保护执法工作的不断深入，以及消费者保护立法经验的不断成熟，许多国家对于消费者保护方面的法律、法规作出了修改，有的国家还针对新的领域中的消费者保护制定了专门的法律。总之，消费者保护法律不仅在质的方面，而且在量的方面都有了很大的提高。可以预见，未来消费者保护的法律、法规也将随着消费者保护实践的发展而日趋完备。

3. 消费者的权利意识日益增强。消费者的权利在日常消费活动中能否得到实现，直接关系到其切身利益，因而消费者对自身所享有的权利必定十分关心。因权利得到维护而带来的利益，以及因权利受抑而招致的损失，都使得消费者的权利意识被唤醒并逐渐增强。国家机关为保护消费者利益所进行的立法、执法及司法活动，消费者组织开展的保护消费者利益的活动，等等，对于增强消费者的权利意识也起到了很大的推动作用。在未来，消费者的权利意识必将随着一次次的执法活动、维权活动的开展而继续增强。

4. 消费者权利已超出一国范围而成为全球范围内的共同问题之一。随着国际交流的不断深入、经济全球化趋势的进一步增强，消费者权利的保护已经不仅仅是一国之事，它往往需要国家间展开广泛的合作。一国消费者的范围也不仅仅限于本国公民，他国公民在本国范围内从事消费活动时也应当受到该国法律的保护，而不得被歧视。虽然消费者权利的具体内容在各国各不相同，但仍存在着许多共同点，这既是各国间进行合作的基础，也可以看作是各国展开交流，互相学习、借鉴的结果。因此，消费者权利的国际化趋势也将日趋明显。

【小常识 2—1】 国际消费者联盟组织简介①

“作为消费者，我们是在这个星球上的每一笔交易的一部分。虽然我们支付了对价，但我们的声音却经常未受到重视。”（As consumers, we’re part of every transaction on the planet. But while our money speaks, our voice is often not heard.）

国际消费者联盟组织（International Organization of Consumers Unions）成立于1960年，是独立、不以营利为目的、无任何政治倾向的全世界消费者的联合，现有115个国家和地区的二百二十多个消费者组织成员。1987年9月，中国消费者协会被接纳为该组织的正式成员。该组织力图在世界范围内协助并积极推动各国消费者组织及政府努力做好保护消费者利益工作；促进对消费服务进行比较、试验的国际合作；与联合国的机构及其他国际团体保持有效的联系，以起到能在国际范围内代表消费者利益的作用。

第二节 消费者权利的具体内容

一、安全保障权

安全保障权，是消费者在消费过程中享有的最重要的权利。消费者购买商品、接受服务都是为了提高自己的生活质量、满足自己的一定需求，而这首先是建立在安全的基础之

① 资料来源：http://www.consumersinternational.org/，访问时间：2013-10-30。

上的，如果安全都难以保障，那么消费者不仅不能通过消费活动达到一定的目的，反而会使自己的利益受到巨大的损害。所以，保障安全是前提，只有在此前提下，才有探讨消费者权利的空间，消费者应当享有的其他权利也才有保障。我国《消费者权益保护法》对消费者安全权作了明确规定：消费者在购买、使用商品和接受服务时享有人身、财产安全不受损害的权利。这说明，我国消费者享有的安全权包括两个方面：

1. 人身安全权，即消费者享有不因消费行为而身体受到伤害或遭受其他危险的权利。其中，最为重要的是生命安全的保障，不能使消费者的生命受到威胁。消费者人身安全权的另一个重要方面就是身体健康权，身体健康权是消费者享有的基本权利，是消费者从事其他活动的前提。

2. 财产安全权，即消费者享有不因商品的消费或接受服务而使得自己的其他财产受到任何损失的权利。财产是个人发展、从事其他活动的物质基础，一旦消费者的财产权受到损害，往往会影响到人身权等各个方面权益的实现。此处的财产，是指消费者购买的商品以外的财产或者所接受的服务以外的其他财产性权利，而不包括该商品或服务本身。

消费者有权要求经营者提供的商品和服务，符合保障人身、财产安全的要求。同时，经营者应当保证其提供的商品或者服务符合保障人身、财产安全的要求，对于可能危及人身、财产安全的商品和服务，应当向消费者作出真实的说明和明确的警示，并说明和标明正确使用商品或者接受服务的方法以及防止危害发生的方法。宾馆、商场、餐馆、银行、机场、车站、港口、影剧院等经营场所的经营者，应当对消费者尽到安全保障义务。因此，经营者作为商品和服务的提供者，应当保证自己提供的商品和服务的安全，不能因此而给消费者带来任何危险。经营者同样具有保证经营场所和服务设施的安全的义务，这更有利于保护消费者的利益。经营者应当保证自己的经营场所符合有关的安全标准，如消防设施的齐备，等等。另外，经营者也应当保证服务设施的质量，经常进行检修，以避免可能的危害。

此外，《食品安全法》、《药品管理法》、《产品质量法》、《刑法》、《缺陷汽车产品召回管理规定》等其他法律、法规，也对消费者的安全权也作了相应规定，这些法律、法规同《消费者权益保护法》一起，编织成一个保障消费者安全权的安全网。

二、知情权

知情权，就是消费者在购买、使用商品或接受服务时享有获悉有关商品或服务的全面、真实信息的权利。信息已经成为一个决定竞争力的重要因素。消费者在选购商品、接受服务时只有掌握相关信息，才能作出理性的消费决策。然而，现实中存在着严重的信息不对称问题，许多消费者的利益受到损害在很大程度上都可以归结为消费者信息的缺乏。经营者由于种种原因而怠于提供相关信息，消费者也往往止于了解如价格、产地等最肤浅的信息，而未能，有时也不可能对商品、服务进行全面的了解。即使消费者要求经营者予以详细说明，经营者也可能找各种借口予以搪塞。总的来说，消费者处于信息弱势方的地位，因而要求经营者向消费者提供全面而真实的信息：

1. 所谓全面，就是要提供所有与商品、服务有关的重要信息，这些信息的获得与否将直接影响到消费者能否有效地利用商品或接受服务，经营者不能只提供部分信息而隐藏其他信息。

2. 所谓真实，就是消费者有权获取有关商品、服务的准确、客观的信息，这些信息不含有任何欺诈性的内容。真实的信息是消费者作出理性判断的前提，通常包括：（1）商品的产地；（2）商品本身的性质，包括商品的规格、性能、等级、主要成分等；（3）商品的有效期限；（4）商品的使用方法及售后的服务等；（5）商品的价格，因为消费者经济承受能力不尽相同，经营者明码标价、真实标价，就能使消费者根据自身的情况作出决定。

我国《消费者权益保护法》明确规定：消费者享有知悉其购买、使用的商品或者接受的服务的真实情况的权利。消费者有权根据商品或者服务的不同情况，要求经营者提供商品的价格、产地、生产者、用途、性能、规格、等级、主要成分、生产日期、有效期限、检验合格证明、使用方法说明书、售后服务，或者服务的内容、规格、费用等有关情况。消费者获取有关商品和服务的信息，包括两种情况：（1）被动地接受信息，即消费者在难以和生产者、销售者接触时，通过商品包装上的信息来了解商品的具体情况。事实上，这也是消费者了解商品最主要的一种方式。这就要求生产者应当尽可能地对商品作出详细的说明，以保障消费者的信息获取权。（2）主动获取信息权，即消费者主动向生产者、销售商等直接询问，以获取在商品上所未显示的相关信息。服务具有无形性，消费者获取有关信息需要通过服务者提供的相关资料或者直接询问服务者来实现。

三、自主选择权

自主选择权，就是指消费者所享有的在消费过程中根据自己内心的真实意愿决定进行何种消费行为的自由。不同消费者的需求是不相同的，大多数商品都是根据一般消费者的需求来进行生产的，因而也就难以完全满足每一个消费者的个性化需要。消费者通过对同种类不同品牌的商品、服务进行比较，才能决定何种商品、服务是最符合自身需要的。作为经营者，就是要尽可能地提供更多的选择机会，消费行为的决定权在于消费者自身。

我国《消费者权益保护法》明确规定，消费者享有自主选择商品和服务的权利。其中，“自主”强调的是消费者自己做主，不允许他人的干涉。消费过程中，禁止经营者对消费者的意志施加任何强制力，阻碍消费者自行作出选择。消费者的自主选择权具体体现在以下几个方面：

1. 选择交易对象的自由。消费者有权选择提供商品或服务的经营者，选择和谁进行交易。经营者之间的竞争主要就是对交易机会的竞争，消费者由于有自身的偏好，所以有权在不同的经营者之间进行选择。

2. 选择商品、服务的自由。经营者提供的商品或服务是多种多样的，不同商品、服务的性能、特点又不尽相同，因此，消费者有权根据自身的需求在不同的商品、服务之间作出选择。这既包括在不同经营者提供的商品、服务之间进行选择，也包括在同一经营者提供的不同商品、服务之间进行选择。事实上，前一种选择可以归入对交易对象的选择，所以在此主要是指后一种情形。经营者应当为消费者的比较、鉴别和挑选提供便利，不得设置种种障碍。

3. 选择是否进行交易的自由。消费者有权决定是否进行最终的交易，有权进行比较、鉴别和挑选。这也是消费者行使自主选择权的最高表现。此外，还应当注意的是，《消费者权益保护法》中提到的是消费者有权“自主决定购买或者不购买任何一种商品、接受或者不接受任何一项服务”所使用的“任何”一词，更加扩大了消费者的权利，从而有利于保护消费者的利益。这实际上暗指消费者有权对经营者搭售的一些商品或服务予以拒绝。

针对诸如网络销售、电视销售、电话销售、邮售、上门销售等新兴交易方式或领域，为了实现利益的平衡，适当向消费者倾斜，我国《消费者权益保护法》借鉴并部分吸收了冷静期制度，从而给予消费者一定的时间，让其经过冷静、理性的思考后再作出决定。也即对于通过网络销售、电视销售、电话销售、邮售等销售方式购买的商品，消费者有权在收到商品之日起 7 日内予以退货，但影响商品再次销售的除外，如消费者定作的商品、鲜活易腐的商品，在线下载或者消费者拆封的音像制品、计算机软件等数字化商品，交付的报纸、期刊。

四、公平交易权

公平交易权是公平的要求在消费者进行消费活动时的具体体现，是消费者所享有的、在购买商品或接受服务时有从经营者那里获得公平的交易条件，从而达到公平交易结果的权利。消费活动既要实现交易过程的公平，也要实现交易结果的公平。我国《消费者权益保护法》明确规定：消费者享有公平交易的权利。消费者在购买商品或者接受服务时，有权获得质量保障、价格合理、计量正确等公平交易条件，有权拒绝经营者的强制交易行为。具体来说，可以从以下几个方面来理解和把握公平交易权：

1. 质量方面。消费者有权获得质量有保障的商品或服务，商品或服务的质量直接决定了其能否满足消费者的需要。经营者应当健全质量管理制度，严把质量关，对于应当检验的商品必须依法进行检验，不得以不合格产品冒充合格产品。如果有关商品、服务有国家标准、行业标准，经营者应当保证达到这些标准，确保自己的商品、服务符合保障人身、财产安全的要求。商品应当具有正常的使用性能，不得生产、销售有缺陷的商品，对于有瑕疵的商品，经营者应当向消费者予以说明。

2. 价格方面。经营者应当使商品和服务的价格与其价值相符，遵循公平、合法和诚实信用的原则来定价，不得出现过大的偏差，为消费者提供价格合理的商品和服务；不得在标价以外收取其他未予标明的费用。经营者不得利用虚假的或使人误解的价格手段，诱骗消费者与其进行交易，不得进行价格歧视。

3. 计量方面。消费者享有要求商品计量正确的权利，经营者应当采取法定的计量单位，使用标准的计量器具，不得因计量错误而损害消费者的利益。计量上较小的误差是允许的，但存在较大的偏差则是对消费者的不公。

4. 自愿交易。消费者有权根据自身的需求自愿选择是否购买商品或接受服务，拒绝经营者的强制交易行为。经营者的强制，既包括身体上的强制，也包括精神上的强制。前者是指经营者用暴力、殴打等方式强迫消费者购买商品、接受服务；后者是指经营者通过辱骂、嘲讽等方式，对消费者形成一种精神上的压力，从而迫使消费者购买商品、接受服务。

《消费者权益保护法》第 4 条要求经营者与消费者进行交易，应当遵循自愿、平等、公平、诚实信用的原则。公平交易权实际上就是这一基本原则的体现与具体化。当然，除此之外，我国《产品质量法》、《价格法》、《计量法》等法律、法规分别对产品质量、价格、计量等方面作了规定，这些规定有利于规范经营者的经营行为，从而加强对消费者的保护。

五、依法求偿权

依法求偿权是维护消费者利益的一项重要权利，它是在经营者对消费者的利益造成损害之后产生的一项权利，是一种事后的救济性权利。消费者在购买、使用商品或接受服务的过程中，可能会受到人身、财产方面的损害，作为商品、服务的提供者，经营者当然有义务对消费者的损害进行赔偿。消费者与经营者相比，明显处于弱势的地位，这不仅仅表现在经济实力、获取信息的能力等方面，还表现在风险的承担上，消费者在购买、使用商品或接受服务的过程中，需要承担自己的身体、财产受到损害的风险。如果此项权利难以得到保障的话，消费者利益的保护就会成为一句空话。

我国《消费者权益保护法》明确规定，消费者因购买、使用商品或者接受服务受到人身、财产损害的，享有依法获得赔偿的权利。这表明，法律对于受到损害的消费者支持通过法律的途径向经营者寻求赔偿，鼓励消费者积极进行维权，维护自身的合法权益。消费者依法求偿，通常包括以下几种情形：（1）对消费者的身体造成了伤害，损害了消费者的健康权。这包括造成了轻微的损害，也包括造成消费者残疾等严重损害消费者健康权的行为。（2）侵害了消费者人格权等利益。例如，违法拘禁消费者、限制消费者的人身自由，因怀疑消费者偷拿物品而对消费者的身体及随身物品进行非法搜查，对相同的消费者进行歧视性的待遇，非法收集或使用消费者个人信息，等等。对于经营者侵害消费者人格利益的违法行为，消费者可以要求经营者予以精神损害赔偿。（3）对消费者的财产造成了损害。这主要是指在消费者购买、使用商品或者接受服务的过程中，因经营者的行为或者经营者提供的商品、服务本身有缺陷等而造成消费者原本所有的财产的损害。财产上的损害包括直接损失与间接损失。直接损失是现有财产的减少，如财物被毁损；间接损失是可得到的利益而没有得到，如伤残后丧失劳动能力而无法得到劳动报酬。

消费者行使依法求偿权，不仅可以要求经营者赔偿损失，还可以要求经营者修理、重作、退货、补足商品数量、退还货款、停止侵害、恢复名誉、赔礼道歉，等等。在有些情形下，消费者还可以要求经营者进行惩罚性赔偿。例如，经营者提供商品或服务有欺诈行为的，应按照消费者的要求增加赔偿其受到的损失，增加赔偿的金额为消费者购买商品的价款或者接受服务的费用的3倍。

六、结社权

结社权，就是指消费者享有依法成立维护自身合法权益的社会组织的权利，是消费者享有的一项基本权利。消费者只有通过某种形式结合起来，才能形成一股合力，获得话语权，更好地保护自身的合法权益。结社则是其中重要的途径之一，我国《消费者权益保护法》明确规定并赋予了消费者这一权利。

消费者自身利益得到有效保护，离不开消费者的参与，更离不开消费者通过组成自己的团体，将分散的利益集合起来这种方式。消费者组织的成立，不仅是维护消费者合法利益的手段，也有助于提高消费者的自我维权意识和能力。

但消费者结社权的真正实现却需要政府的大力支持，政府应当为消费者行使该权利提供便利，对各消费者组织的活动进行指导，防止任何非法干涉消费者组织活动的行为。消费者也应当积极行使自己的结社权，发挥消费者组织的群体性优势，不断提高自身的素质，增强自我维权的意识和能力。消费者要善于通过结社来同经营者的各种损害行为作斗争，增强自身的话语权。当然，消费者也应当依法行使结社权，不得通过结社来从事各种与维护自身合法权益无关的活动，更不得从事各种违法活动。消费者结社权是社会政治文明的体现，它不仅有助于提高消费者的政治意识水平，也能够推动消费者借此来维护自身的经济利益。

七、受教育权

受教育权，就是指消费者所享有的为了维护自身利益而获得与消费有关的知识的权利。它不仅是消费者的一项权利，同时也是消费者的一项义务。我国《消费者权益保护法》明确规定，消费者享有获得有关消费和消费者权益保护方面的知识的权利。同时，消费者应当努力掌握所需商品或者服务的知识和使用技能，正确使用商品，提高自我保护意识。可见，消费者受教育权主要包括两方面：

1. 有关消费的理念和知识。当前，我国消费者的消费观念还存在一些问题，如盲目攀比、铺张浪费、过度消费等落后的、不科学的消费观念。为此，《消费者权益保护法》第5条第3款规定，国家倡导文明、健康、节约资源和保护环境的消费方式，反对浪费。就有关识别假冒伪劣商品、正确使用商品的知识等而言，有关政府部门、消费者组织、经营者应当通过各种方式向消费者进行宣传，以增强消费者对有关消费知识的了解，提高消费者消费活动的自主性。

2. 有关消费者权益保护方面的知识。国家为消费者提供了各种保护的途径，但有的消费者不知道自己享有哪些权利，在面对消费损害时不知如何维护自身的合法权益。相关政府机关及消费者团体应当通过举办各种讲座、宣传会、新闻媒介等方式向消费者宣传这方面的知识，使消费者做到事前能预防、事后能寻求各种救济来保护自身的合法利益。

因此，消费者为了更好地维护自身的合法权益，需要通过接受各种形式的消费者教育来提高自己的素质。加强消费者教育是实现消费者与经营者之间的平衡、消除或减少消费者问题的一种途径，是消费者保护工作中的重要一环。

八、受尊重权与隐私权

受尊重权与隐私权是指消费者个人的人格尊严、民族风俗习惯得到尊重及个人信息得到保护的权利。对此，《消费者权益保护法》明确规定，消费者在购买、使用商品和接受服务时，享有其人格尊严、民族风俗习惯得到尊重的权利，享有个人信息依法得到保护的权利。

1. 人格尊严受到尊重。保护消费者人格尊严，要求在消费过程中，消费者不分性别、年龄、职业、民族、宗教信仰、财产状况、文化程度等，在基本业务平等权基础上享受经营者及其从业人员的基本尊重，其内容随社会经济的进步而不断发展、完善。消费者在购买、使用商品和接受服务时，时常会遭遇缺乏应有的尊重，侮辱、诽谤、嘲讽等现象，对消费者的人格尊严造成严重的损害。一般而言，侵犯消费者人格尊严大多表现为侮辱消费者、搜查消费者的身体及携带的物品、限制消费者人身自由，等等。在特定行业中，也存在侵犯消费者人格尊严的具体行为，如金融领域中拒绝为小散业务的金融消费者提供服务、允许VIP金融客户排队加塞，等等。

2. 民族风俗习惯受到应有的尊重。消费者的民族风俗习惯受到尊重，要求在饮食、服饰、居住、婚葬、节庆、礼节、禁忌等方面，消费者应受到经营者及其从业人员的基本尊重，其具体内容依据不同地域、不同时期而不断发展、变化。我国是多民族的国家，各民族的风俗习惯各不相同，对于不同民族的消费者，应当给予应有的尊重，而不能有所歧视。实践中也存在不尊重消费者民族风俗习惯的情形，例如，商场、超市按习惯做法归类和陈列商品，造成清真食品和非清真食品混放；在清真食品生产、运输、经营等环节中，由于管理不严，出现了“清真不清”的情况；没有清真饮食营业执照的企业非法生产和经营清真食品，等等。

3. 个人信息受到保护。保护消费者个人信息，要求经营者收集个人信息，应遵循合法、正当、必要的原则，不得泄露、出售或非法向他人提供消费者个人信息，不得未经消费者同意而向其发送商业性信息。消费者在消费过程中，可能需要向经营者提交相关的个人信息，如姓名、性别、年龄、职业、联系方式、健康状况、家庭状况、财产状况、消费记录等与消费者个人及其家庭密切相关的信息，这些都是消费者个人的隐私，经营者应当对这些信息进行保护，不得违法收集、使用、披露、出租、出售、转让。

九、监督权

消费者监督权，就是消费者依法享有的对经营者和保护消费者利益的机构的行为以及经营者提供的商品、服务进行监督的权利。消费者在消费过程中，有权对涉及自身利益的一切行为进行监督。保护消费者的利益，不仅是有关国家机关及消费者组织的事情，更是消费者自己的事情。由于消费者在消费的过程中，对自身的利益会更为关注，较之其他主体更为敏感，因此，如果消费者能够有效地行使监督权，积极同各种损害自身利益的行为作斗争，及时向有关机关反映存在的种种违法行为，就能更好地保护自身的利益。

我国《消费者权益保护法》明确规定：消费者享有对商品和服务以及保护消费者利益工作进行监督的权利。消费者有权检举、控告侵害消费者权益的行为和国家机关及其工作人员在保护消费者权益工作中的违法、失职行为，有权对保护消费者权益工作提出批评、建议。由此可见，我国消费者所享有的监督权包括两方面内容：

1. 对商品和服务进行监督。消费者在购买商品或接受服务的过程中，有权对商品和服务进行监督。商品和服务直接关系到消费者的消费目的能否得到实现，消费者有权对商品和服务的质量、等级等进行检查，向经营者进行询问，要求经营者进行解释。当消费者发现商品质量存在问题时，可以向质量监督检验检疫部门、工商行政管理部门等反映，请求这些机关进行查处。消费者对于自己不购买的商品或者不接受的服务，如果发现存在问题，也应当积极行使监督权，以保障其他消费者的利益。

2. 对保护消费者利益的各种机构的监督。这些机构包括保护消费者利益的有关国家机关及其工作人员，也包括保护消费者利益的消费者组织。有的国家机关不仅不积极保护消费者的利益，反而对经营者侵害消费者利益的行为视而不见，进行包庇，甚至同经营者进行勾结，从事种种损害消费者利益的行为。对此，消费者有权进行检举、控告，提出自己的批评和建议。对于消费者的检举和控告，有关行政机关应当及时依法予以处理。消费者也可以针对相关行政机构及其工作人员以及消费者组织的工作提出批评、建议。上述机构和工作人员对于消费者的批评，应当虚心接受，如存在此方面的问题，应当及时予以改正。对于消费者的建议，相关机构认为具有价值的，应当积极予以采纳。消费者也应当注意不能对这些机构及其工作人员进行诽谤，从而影响这些机构的正常工作。

以上几项消费者的基本权利，为消费者权益保护制度提供了原则性指引，具体内容及保障方式有待经营者义务、消费者纠纷处理制度、法律责任制度等予以细化和充实，还有待于其他相关法律、法规的具体化和补充。随着保护消费者理念逐步成为当代国家最基本的法益目标，消费者权利的影响范围将扩展至消费者权益保护法之外，其具体内涵也将与行业规制制度紧密结合。随着消费者权益保护制度的不断发展与完善，还将在这些基本权利的基础上，发展出新型的消费者权利，如公平信贷权、征信权和可持续消费权。这些新型消费者权利的内涵及性质，有待法学界的进一步反思以及立法政策的逐步考量。

【经典书目】

1. 李昌麒，许明月编著．消费者保护法．3版．北京：法律出版社，2012：第三章“消费者及其权利”

2. 金福海．消费者法论．北京：北京大学出版社，2005：第二章“消费政策法”

【思考题】

1. 简述消费者权利的概念与特征。
2. 简述消费者权利的发展趋势。
3. 思考侵害消费者安全权的具体类型。
4. 简述消费者公平交易权的内容。
5. 思考消费观念作为消费教育权之内容的必要性。
6. 案例分析：

2009年年底，邹某通过电话联系甲公司某市分公司人员办理了某套餐。2011年1月，邹某发现其使用的手机话费异常，查询后发现其手机自2010年8月至2011年1月，每月均被收取上网费合计181.32元，遂至甲公司某市分公司营业厅申请取消GPRS功能，后诉至法院，请求判决甲公司某市分公司双倍退还已收取的上网使用费计362.64元。经查，邹某使用的某套餐必须由用户在甲公司某市分公司的实体营业厅办理，该套餐中包含GPRS功能，按照实际上网流量收费；甲公司某市分公司未能提供邹某开通某套餐的业务受理单。法院认为，甲公司某分公司不能提供业务受理单等证据证实邹某知晓其手机开通了GPRS功能，且使用该功能会产生相应费用，侵犯了邹某作为消费者接受服务时的知情权，并造成了邹某的财产损失，应当承担相应的赔偿责任。

请思考：本案法院认定邹某的知情权遭到侵害，该认定是否合理？

第三章 经营者义务

内容摘要

经营者所承担的义务既是对消费者的一种义务，也是对国家、社会的一种义务。相对于消费者而言，经营者往往处于强势的地位，因此，各国消费者保护法大多对弱势的消费者提供倾斜性的保护，表现在经营者义务的设定上即是对其作出全面的规定，以求借助于法律的力量实现消费者与经营者之间的大致平衡。本章主要介绍经营者义务的一般理论、主要国家（地区）经营者义务的规定以及经营者义务的具体内容。我国2013年修订的《消费者权益保护法》结合社会实践的发展对经营者义务也作出了新的规定，增加了一些新的内容。这为消费者提供了更为全面的保护。经营者应当严格依照《消费者权益保护法》及其他相关法律、法规的规定履行自己的义务，切实保护消费者的合法权益。

第一节　经营者义务概述

一、经营者义务的概念

经营者义务，是指经营者在向消费者提供商品或服务的过程中，为了保护消费者的合法权益、维护市场经济秩序依法应当为或不为一定行为的约束。经营者义务是与消费者权利相对应的，经营者所负有的义务也就是消费者所享有的权利。经营者的义务通常包括法定义务与约定义务：

1. 法定义务，即指相关法律、法规明确规定的经营者必须为或不为一定的行为，以保障消费者的合法权益。经营者向消费者提供商品或者服务，应当依照法律、法规的规定履行义务。经营者所负有的法定义务既包括《消费者权益保护法》中所规定的义务，也包括如《产品质量法》等其他与消费者权益有关的法律、法规中所规定的义务。

2. 约定义务，即指消费者与经营者经过协商后确定的各自的义务，这是双方当事人意思自治的结果，经营者所承担的约定义务既可以是消费者提出的要求，也可以是经营者主动作出的承诺，其产生方式并不影响其效力，但这种约定必须符合法律、法规的规定，违反相关法律的约定是无效的。经营者和消费者有约定或者经营者向消费者作出承诺的，应当按照约定或者承诺履行，但约定或者承诺不得违背法律、法规的规定。

鉴于经营者因其与消费者的约定或对消费者的承诺所负有的义务形形色色、种类繁多，不可能对其逐一进行分析，我们在此所探讨的经营者的义务仅限于经营者的法定义务。

二、部分国家（地区）的经营者义务

1. 美国。美国并没有统一的保护消费者法律，而是由不同的法律承担起保护消费者权益的职能。这些法律从不同的方面提供了对消费者的保护，可以据此对其进行粗略的归类，而经营者的义务，也就相应地规定在这些具体的法律之中。保护消费者安全方面的法律、法规大致包括：《联邦食品、药品、化妆品法》、《放射线安全法》、《商品安全法》、《联邦危险物法》、《食品卫生法》、《汽车安全法》、《儿童保护及玩具安全法》等。维护自由、公平竞争的法律包括《谢尔曼法》、《联邦贸易委员会法》、《克莱顿法》等，这些法律构成了美国竞争法的基础，并确保了美国市场竞争的活力，消费者将从这种充分的、自由的竞争中获益。在商品标示及标准方面，包括《正确包装和标示法》、《毛制品标示法》、《酒类管理法》、《香烟标示法》、《汽车信息披露法》等。

2. 韩国。韩国于1980年1月制定了《消费者保护法》，这是保护消费者权益的基本法律，之后于1986年12月对《消费者保护法》进行了修订，根据修订的《消费者保护法》设立了保护消费者利益的机构，即消费者保护院。2008年，韩国又重新修订了《消费者保护法》，在消费者保护理念以及具体的制度设计方面都作出了较大的调整，从而使其更为完善。根据2008年修订的《消费者保护法》，经营者的义务大致包括以下内容：对于保护消费者权益的政策和措施予以协作的义务；遵守与商品、服务有关的标准的义务；防止危害的义务，主要是指防止对消费者的人身、财产安全造成危害；设置补偿机构的义务，负责处理消费者的投诉以及补偿消费者所受到的损失。

3. 俄罗斯。俄罗斯在1992年制定了《消费者权利保护法》，其后又经过多次修改。俄罗斯《消费者权利保护法》对经营者的义务作出了详细的规定，如：第6条规定了制造者在保证商品维修和技术服务方面的义务：制造者必须保证在商品服务期内消费者能够使用商品。为此，制造者必须保证商品的维修和技术服务，以及在生产商品的期间内和商品从生产线搬下来到商品的服务期内，向贸易机构和维修机构授权并提供为维修和技术服务所必需数量和种类的备用零件。第9、10条分别规定的是制造者（供应者、销售者）必须向消费者提供有关其自身信息以及商品（工作、服务）方面信息的义务。第20条、第21条分别规定了制造者（销售者）负有的消除商品缺陷的义务以及更换质量不合格商品的义务。在第三章关于完成工作（提供服务）时的消费者权利的保护中，经营者也负有一系列的义务，如：第27条规定，经营者应当在规定的期间内完成工作（提供服务）；第36条规定了供应者的告知义务，即向消费者告知关于能够影响完成的工作（提供的服务）的质量因素或者导致不能按期完成工作（提供服务）的因素。除了这些明确规定的经营者所负有的义务外，《消费者权利保护法》还对消费者所享有的权利进行了全面的规定，而这些权利也就是经营者所负有的义务。

4. 我国澳门特别行政区。澳门地区长官办公室于1988年6月制定了保护消费者的法律，即第12/88/M号法律。该法律中对经营者的义务作出了规定，如：第4条规定，禁止供应在正常或可预见情况下使用时危及消费者的健康或安全的物品或者服务。第5条规定，为了消费者之健康或安全，对正常或可预见使用有危险的物品或服务，应于订立供应合约前，由供应者通知消费者。这实际上都是关于经营者安全保障的义务。另外，第12/88/M号法律第7条至第11条分别规定了消费者享有在订立合约时要求同等及忠实之权、取得资料之权、接受可获得公平之权、参与权等，消费者的这些权利的实现离不开经营者积极地履行义务，因此也是经营者的义务。

三、经营者义务的发展

随着消费者问题不断突出，各国对消费者的保护日益重视，并且加大了保护力度；消费者权益保护工作也面临着更大的挑战。为了更好地保护消费者的合法权益，不仅需要在消费者权益保护法中对经营者的义务进行一般性的规定，也必须加强特殊领域的立法，以具体规定经营者的义务。经营者义务的发展呈现如下趋势：

1. 更加重视经营者的传统义务。经营者的传统义务，也可以称作是经营者的基本义务。美国前总统肯尼迪提出了消费者应当享有的4项权利——安全权、知情权、选择权以及表达意见权，这得到了世界各国的普遍认同。一般而言，经营者的基本义务包括安全保障的义务、真实标识的义务、公平交易的义务以及质量保障的义务等。消费者利益受损，往往是由于经营者未能履行这些义务引起的。尽管许多国家的消费者权益保护法或者与消费者保护有关的法律、法规经过了多次修改，但对于经营者的这些基本义务的规定并未改变，并且将其置于越来越重要的地位。

2. 经营者义务的范围不断扩大。由于消费者权利受损的情形日益严重，各国都加大了对消费者的保护，如冷静期制度的规定就是为了更好地保护消费者的利益，使经营者对消费者承担更多的义务。随着一些新兴消费领域的出现，对于经营者在这些领域中的特殊义务也进行了规定，而这些特殊的义务，也可以看作是经营者义务范围的扩张。

3. 经营者义务的规定越来越具体。在早期，对于经营者义务的规定一般都较为原则，这与当时的立法技术以及消费者保护经验的不足有关。这种原则性的规定虽然留下了自由裁量的空间，但不利于明确消费者与经营者之间的权利义务关系，这也是引起消费纠纷的重要原因。随着消费者权益保护工作的不断深入，立法者对于消费者与经营者之间的关系把握得更为透彻，因此对于经营者义务的规定也就越来越完备。

第二节　经营者义务的具体内容

消费者的权益能否得到保护，在很大程度上取决于经营者是否能够切实履行自身的义务。在2013年修订过程中，《消费者权益保护法》对于经营者义务作出了更全面的规定。

一、依法、依约履行义务

经营者依法、依约履行义务，就是指经营者在向消费者提供商品或者服务时，应当依照《消费者权益保护法》，其他相关法律、法规，或者与消费者之间的约定履行义务。

1. 依法履行义务。经营者向消费者提供商品或者服务，应当依照《消费者权益保护法》和其他有关法律、法规的规定履行义务。1993 年颁布的《消费者权益保护法》曾规定，“经营者向消费者提供商品或者服务，应当依照《中华人民共和国产品质量法》和其他有关法律、法规的规定履行义务”。当时作这样规定有其时代背景：我国于 1993 年 2 月 22 日颁布了《产品质量法》，1993 年 10 月 31 日颁布了《消费者权益保护法》，可见，《产品质量法》先于《消费者权益保护法》颁布，为了突出《产品质量法》的重要性，在《消费者权益保护法》中特别对《产品质量法》予以点明。但这样做在立法技术上还是存在一定的问题：毕竟《消费者权益保护法》明确规定了经营者应当履行的义务，所以应当重点、明确地指出经营者遵守《消费者权益保护法》的义务。另外，当时的商品经济关系相对较为简单，因此，侵害消费者利益的现象主要集中在商品质量方面。随着商品经济的不断发展，如今，损害消费者利益的原因虽然主要还是商品、服务的质量方面，但也出现了一些新的原因，如经营者侵犯消费者的个人隐私等，因而再在此处突出《产品质量法》就显得不合时宜了。故 2013 年《消费者权益保护法》在修订时对此作出了修改。

2. 依约履行义务。经营者和消费者在进行交易的过程中，也可以就有关事项进行约定，如商品的数量、等级、交付时间等。经营者和消费者应当遵循自愿、平等、公平和诚实信用的原则，进行有关事项的约定，不得采取强迫的方式，并且消费者和经营者的约定不得违背法律、法规的规定。例如，经营者同消费者作出约定，如果经营者的产品造成消费者人身损害，经营者不承担责任，这种约定即是无效的。

经营者向消费者提供商品或者服务，应当恪守社会公德并诚信经营，保障消费者的合法权益；不得设定不公平、不合理的交易条件，不得强制交易。

二、接受监督的义务

现实中出现的种种损害消费者利益的行为通常是缺乏监督所致。经营者应当听取消费者和消费者组织对其提供的商品或者服务的意见，接受消费者和消费者组织的监督。消费者和消费者组织对经营者的监督权主要表现为：

1. 对经营者提供的商品和服务本身的监督。商品和服务的质量、等级、标准等直接关系到消费者的利益，关系到消费者消费目的能否实现。消费者在购买商品、接受服务的过程中，可以进行检查，要求经营者予以说明。消费者组织也可以对商品、服务进行检查，发现有问题的，应当向经营者提出意见，要求经营者予以说明并改正。消费者组织也可以同其他部门一起，共同开展对市场的检查。

2. 对经营者的服务态度等进行监督。有的经营者对消费者实行歧视性待遇，辱骂、诽谤消费者的现象时有发生。对此消费者可以向经营者提出意见，要求经营者改正。消费者组织也可以对经营者的服务态度等方面的事项进行监督，并依法进行揭露。

3. 对与经营者有关的其他事项进行监督。如消费者可以对消费环境和经营场所的安全设施等进行监督。消费者可以就店面的布局向经营者提出意见，以更方便消费者选购商品等；也可以要求经营者对消防设施进行改造，以保障消费者的人身、财产安全。

经营者应当认真对待消费者和消费者组织提出的意见，针对消费者和消费者组织提出的问题，及时进行调查；问题确实存在的，应当及时进行改正，并向消费者和消费者组织就相关情况进行说明。经营者应当采取相关措施，方便消费者和消费者组织提出意见和进行监督。有条件的经营者，应当在内部设立专门的机构，听取消费者的意见，或者通过设立消费者意见箱等形式来听取消费者的意见。

三、安全保障的义务

经营者应当保证其提供的商品或者服务符合保障人身、财产安全的要求。商品和服务是满足消费者需求的，但其自身也可能存在着各种潜在的危险。经营者应当严把质量关，切实保障商品和服务的安全，实现消费者的消费安全。

1. 符合一定的标准。为了保护消费者的安全，国家制定了相关的标准，一些行业也制定了相关的行业标准，经营者必须确保自己的商品或服务达到规定的标准。我国目前的标准可以分为国家标准、行业标准、地方标准和企业标准，其中，标准又可以分为强制性标准和推荐性标准两类。凡是商品或者服务应当符合有关保障人身、财产安全的强制性国家标准、行业标准和地方标准的，经营者应当保证所提供的商品、服务符合该标准；没有相应标准的，经营者应当保证商品、服务符合安全的要求。

2. 进行说明或警示。对于可能危及人身、财产安全的商品和服务，经营者应当向消费者作出真实的说明和明确的警示，并说明和标明正确使用商品或者接受服务的方法以及防止危害发生的方法。经营者既可以在消费者购买商品或接受服务的时候进行口头说明，也可以在商品上进行警示性标明。

3. 保障经营场所的安全。宾馆、商场、餐馆、银行、机场、车站、港口、影剧院等经营场所的经营者，应当对消费者尽到安全保障义务。上述经营场所的经营者对其经营场所、服务设施，应当采取相应的保障措施，确保其安全。根据受益与风险相一致原理，上述场所可能成为危险源，而经营者从危险源获取经济利益，因此应当被视为具有制止危险义务的人。①

【案例3—1】 商场因电梯故障承担赔偿责任②

据新华网报道，2012年9月，顾先生与妻子邵女士到某商场购物，不料在上楼时，运行中的自动扶梯骤停并发生抖动，夫妻俩双双滚落造成骨折。据顾先生回忆，当他和妻子乘坐商场的自动扶梯从二楼前往三楼时，电梯先是突然停顿，再剧烈抖动，顾先生和妻子顿时从电梯上滚落。事发后，商场紧急将顾先生夫妇送往医院抢救。经检查，顾先生左侧2根肋骨骨折，头皮挫裂伤，而妻子的伤势则更为严重：不仅右桡骨粉碎性骨折，而且原本就有的胸腔积液越发严重。经鉴定，顾先生妻子的伤已构成十级伤残。2013年3月，顾先生夫妇向法院提起诉讼，除商场先行垫付的费用外，索赔近25万元。9月，法院开庭对这起因电梯事故所引发的索赔案作出一审判决，商场被判赔偿顾先生夫妇总计10万余元。法院经审理后认为，商场未尽到合理限度范围内的安全保障义务致他人遭受损害，应当承担侵权责任。顾先生夫妇在商场内乘坐自动扶梯时，扶梯发生故障，致两人受伤，理应由商场承担赔偿责任。虽然商场辩称事发时顾先生未扶扶手，但现有证据并不能证明顾先生夫妇自身存在过失。据此，法院根据证据材料、鉴定结论、相关标准等酌情确定了赔偿金额。

四、产品召回的义务

经营者发现其提供的商品或者服务存在缺陷，有危及人身、财产安全危险的，应当立

---

① 参见张新宝、唐青林：《经营者对服务场所的安全保障义务》，载《法学研究》，2003（3）。

② 参见新华网：http：//www.sh.xinhuanet.com/2013－09/25/c_132748309.htm。

即向有关行政主管部门报告和告知消费者，并采取停止销售、警示、召回、无害化处理、销毁、停止生产或者服务等措施。

商品和服务的缺陷，是指商品和服务中所存在的不合理的危险。这种风险是商品和服务所固有的，因此，即使是消费者正确使用商品或接受服务，并尽到一个理性人所应当具备的谨慎、注意义务，仍然无法避免。

从广义上讲，产品召回的义务也是经营者的一种安全保障义务。经营者对于自己提供的商品和服务的安全保障义务并非止于经营者向消费者交付商品之时，在消费者购买商品或服务以后，在使用商品或者接受服务的过程中，经营者也必须保障自己提供的商品或服务在正确使用的情况下不会损害消费者的人身、财产安全，或者具有这种危险，否则，应当立即采取相关产品召回措施。

采取召回措施的，经营者应当承担消费者因商品被召回而支出的必要费用。由于缺陷产品是经营者提供的，它不仅给消费者带来了潜在的和现实的危险，也使得消费者遭受了一定的损失。这都是由于产品缺陷造成的，因此理应由经营者支付消费者为此而支出的必要费用。但需要注意的是，消费者为此支出的必须是必要的费用，如果费用超出了一定的范围，经营者有权拒绝支付。

【知识链接】　美国的产品召回制度①

美国的产品召回制度始于1966年。当时，美国汽车行业根据《国家交通与机动车安全法》，明确规定汽车制造商有义务召回缺陷汽车。1972年，美国颁布《消费品安全法》，授权美国消费品安全委员会对有缺陷的产品实施召回，这标志着缺陷产品召回制度的正式确立。此后，美国陆续在多项产品安全和公众健康的立法中引入了缺陷产品召回制度，召回范围也扩展到包括几乎所有可能对消费者造成伤害的产品。缺陷产品召回制度已经成为美国产品质量管理和政府进行经济调控的常用手段。

目前，美国主管产品召回的政府机构共有6个，分别负责不同领域的产品：（1）消费品安全委员会，主要负责一般消费品的召回；（2）食品与药品管理局，主要负责除肉、禽和蛋类制品之外的食品、药品、化妆品、医疗设备等的召回；（3）农业部食品安全检验局，主要负责肉、禽和蛋类产品的召回；（4）环保署，主要负责可能对环境造成破坏或污染的产品如机动车辆、农药等的召回；（5）国家公路交通安全管理局，主要负责监管汽车、儿童安全座椅、摩托车及相关设备、轮胎等产品的召回；（6）海防警卫队，主要负责监管娱乐船、艇及其配套产品的召回。

五、提供真实、全面信息的义务

消费领域中存在信息不对称这一固有问题。一般而言，作为商品、服务提供方的经营者，对于有关自身商品、服务的信息有着全面而真实的了解，而消费者对于这类信息的了解主要依靠于经营者的披露。经营者应确保自身所提供信息的真实性和全面性，其中既包括主动披露，也包括被动提供：前者是指经营者依据有关法律、法规的规定主动披露有关商品、服务的价格、质量等信息，后者是指经营者对消费者的有关询问作真实、明确的答复。

---

①　参见中国广播网：http：//www.cnr.cn/gundong/200904/t20090409_505298201.html。

1. 提供真实、全面的信息。经营者向消费者提供的信息的真实、全面程度，直接关系到消费者能否作出正确的消费选择。经营者向消费者提供的有关商品或者服务的质量、性能、用途、有效期限等信息，应当真实、全面，不得作虚假或引人误解的宣传。这是诚实信用原则的要求。1993年颁布的《消费者权益保护法》曾规定，经营者“不得作引人误解的虚假宣传”，强调经营者的宣传不仅是引人误解的，更须是虚假的。2013年修订时改为“不得作虚假或者引人误解的宣传”，强化了经营者的义务，更有利于保护消费者的利益。

2. 作真实、明确的答复。消费者在选购商品或者接受服务的过程中，对有关商品和服务有问题，如对商品的质量、等级、性能等方面有疑惑，可以向经营者进行询问。经营者对于消费者就其提供的商品或者服务的质量和使用方法等问题提出的询问，应当作出真实、明确的答复。

3. 明码标价。价格是消费者在决定是否购买商品或接受服务时考虑的一个重要因素，消费者有权知道商品或服务的真实价格。许多消费纠纷是由于商品、服务的价格未准确标明而引起的。经营者不得在标价之外再收取任何没有标明的费用。

【案例3—2】 家乐福等超市从事价格欺诈行为①

根据国家发改委2011年1月27日的披露，家乐福等超市涉嫌价格欺诈，严重损害了消费者的利益。

上海市家乐福南翔店销售“弓箭”球形茶壶，价签标示每个36.80元，实际结算价每个49.00元；销售时尚衣架，价签标示每排9.90元，实际结算价每排20.50元；销售“丁香”玻璃茶壶，价签标示每个16.80元，实际结算价每个31.40元；销售“丁香”吉祥茶壶，价签标示每套36.90元，实际结算价每套66元。昆明市家乐福世纪城店销售“粳冠”绿色盘锦大米，标价为每袋64.6元，实际结算价为每袋69.7元；销售“好彩头”散装豆干，标价为每公斤27.8元，实际结算价为每公斤33.6元。武汉市汉福超市洪山广场店销售“意邦”多功能清洁巾，价签标价每件16.9元，实际结算价格为每件18.8元。重庆市沃尔玛北城天街店销售“良平”铁观音，价签标示零售价每袋29元，实际结算价为每袋39.8元。长沙市家乐福芙蓉广场店销售“奥妙”全自动洗衣液，价签标示现价每瓶20元，实际结算价为每瓶26.5元；家乐福韶山路店销售男士手套，价签标示每双6.9元，实际结算价为每双21.9元。

国家发展改革委已责成相关地方价格主管部门依法予以严肃处理，责令改正，没收违法所得，并处违法所得5倍罚款；没有违法所得或无法计算违法所得的，最高处以50万元的罚款。

4. 特殊交易形式中信息披露。采用网络、电视、电话、邮购等方式提供商品或者服务的经营者，以及提供证券、保险、银行等金融服务的经营者，应当向消费者提供经营地址、联系方式、商品或者服务的数量和质量、价款或者费用、履行期限和方式、安全注意事项和风险警示、售后服务、民事责任等信息。为了更好地保护消费者的知情权，2013年修订的《消费者权益保护法》新增第28条，强化了采用特殊交易形式的经营者和提供金融服务的经营者的信息披露义务。

---

① 参见国家发改委网站：http：//jjs.ndrc.gov.cn/gzdt/t20110127_392832.htm。

六、真实标示的义务

经营者应当标明其真实名称和标记。由于经营同一种商品或提供同类型服务的经营者有很多，如果经营者不准确标明其名称，则往往会引起消费者的误解，而消费者有权知道自己的交易对象。在现实生活中，一些企业冒充其他企业的名称或者故意进行混淆，造成消费者的误解，从而与其进行交易。这不仅侵害了其他经营者的商标权，损害了其他经营者的利益，而且对消费者也构成了欺诈。经营者不标明其真实名称，也使得消费者在利益受损以后难以实现救济。为了保护消费者的利益，经营者应当标明其真实名称和标记。

租赁他人柜台或者场地的经营者，应当标明其真实名称和标记。有的经营者租赁其他经营者的柜台或者场地进行经营，出租者可能是具有一定知名度的大企业，此时为了借用出租者的商业信誉等方面的优势，承租者往往不标明自己的真实名称，使消费者误认为该经营者是知名度、信誉较高的企业而与之进行交易，这事实上是一种误导，侵犯了消费者的知情权，必须予以禁止。

【案例 3—3】 扭曲的商标

在现实生活中，许多经营者通过各种方式傍名牌，以混淆视听，欺骗消费者。如市场上出现许多仿冒“康师傅”的产品，包括“庚帅傅”、“康帅博”、“廉师傅”，仿冒“脉动”的“脉劫”、“脉劲”，仿冒“营养快线”的“营养怏线”，仿冒“耐克”NIKE 的“HIKE”，仿冒“阿迪达斯”adidas 的“adibas”、“adadas”、“adidos”，仿冒“可口可乐”的“可日可乐”，仿冒“百事可乐”的“白事可乐”，仿冒“洽洽香”瓜子的“洽治香瓜子”、“治治香瓜子”，仿冒“蒙牛”的“豪牛”……层出不穷，这些仿冒他人商品的经营者采用诸如此类的混淆手段，故意误导消费者，不仅侵害了消费者的利益，而且损害了被仿冒商标持有人的利益。

七、提供票证的义务

经营者提供商品或者服务，应当按照国家有关规定或者商业惯例向消费者出具发票等购货凭证或者服务单据；消费者索要发票等购货凭证或者服务单据的，经营者必须出具。

发票等购货凭证、服务单据的作用主要表现在以下两个方面：

1. 证明作用。经营者出具这种票证，也就证明了双方成立了合同，作为合同双方当事人的经营者和消费者，都享有合同权利并履行相应的义务。由于这种票证往往是在消费者付款以后由经营者出具的，因此这种票证主要证明经营者应当向消费者承担一定的合同义务。这种票证上应写明经营者的名称、价款、商品的数量等信息。

2. 这种票证是消费者向经营者主张权利的依据。当消费者购买的商品出现质量问题时，可以向经营者要求修理、更换或者退货。但只有当消费者向经营者出示由该经营者所出具的购货凭证等单据时，才能确定该商品是由该经营者所提供的，因而该经营者才有义务承担有关的责任。

消费者在购买商品、接受服务的过程中需要注意索要相关凭证，以维护自身的利益。另外，发票还具有一定的特殊性：发票不仅是一种购物凭证，也是纳税凭证，如果经营者不向消费者出具发票，则不仅意味着消费者的利益得不到保障，而且还会使国家税源流失。

八、质量保证的义务

经营者应当保证在正常使用商品或者接受服务的情况下其提供的商品或者服务应当具有的质量、性能、用途和有效期限，但消费者在购买该商品或者接受该服务前已经知道其存在瑕疵且存在该瑕疵不违反法律强制性规定的除外。

经营者的质量保证义务包括以下几个方面的内容：

1. 经营者应当保证商品或服务应有的品质。经营者提供商品或服务，目的是通过让渡该商品或服务的使用价值来实现商品的价值，因此经营者就有义务保证商品或服务的使用价值是能够实现的。只有这样，消费者才能够通过使用商品或者接受服务来达到自己的目的。

2. 特定瑕疵除外。商品或服务的瑕疵，是指商品或者服务在质量方面存在一定的问题，但不存在不合理的危险，未完全丧失其使用价值。如果消费者在购买商品或者接受服务前明知其具有瑕疵而仍然选择购买或接受，则表明该行为是出于其真实意愿的，消费者应当为自己的选择承担一定的风险。当然，这必须是存在瑕疵而不是存在缺陷，并且这种瑕疵不得违反法律的强制性规定，否则，经营者仍然应当承担相应的责任。

3. 真实宣传。经营者以广告、产品说明、实物样品或者其他方式表明商品或者服务的质量状况的，应当保证其提供的商品或者服务的实际质量与表明的质量状况相符。

4. 特殊商品或服务的瑕疵举证责任倒置。对于经营者提供的机动车、计算机、电视机、电冰箱、空调器、洗衣机等耐用商品或者装饰装修等服务，消费者自接受商品或者服务之日起6个月内发现瑕疵，发生争议的，由经营者承担有关瑕疵的举证责任。这些商品或装饰装修等服务较为特殊，其瑕疵可能不会在短期内予以显现，因此必须延长提供这些商品或服务的经营者的质量保证义务期限。同时，这些商品或服务本身比较复杂，对于一般的消费者而言可能无法举证以证明其存在瑕疵，因此，由对这些商品或服务十分熟知的经营者承担举证责任，实行举证责任倒置，更能体现公平的要求，以更好地保护消费者的利益。

九、“三包义务”

商品和服务的质量直接关系到消费者的人身、财产安全，消费者投诉案件大多涉及商品和服务的质量。强化经营者的质量保证义务，特别是退货、更换和修理的义务，是确保商品和服务质量的有效举措。在2013年修订过程中，《消费者权益保护法》贯彻了这一理念，进一步完善了经营者的“三包义务”。

（一）一般“三包义务”

消费者在购买商品或者服务以后，在使用或享受的过程中，如果有任何质量问题，在一定的期限内可以要求经营者采取相应的补救性措施。在我国，经营者采取的这种补救性措施主要是包修、包换和包退，也即“三包”义务。

1. 有国家规定及当事人约定的

经营者提供的商品或者服务不符合质量要求的，消费者可以依照国家规定、当事人约定退货，或者要求经营者履行更换、修理等义务。

2. 无国家规定及当事人约定的

没有国家规定和当事人约定的，消费者可以自收到商品之日起7日内退货；7日后符合法定解除合同条件的，消费者可以及时退货，不符合法定解除合同条件的，可以要求经营者履行更换、修理等义务。

3. 运输等费用的承担

消费者依照《消费者权益保护法》的规定进行退货、更换、修理的，经营者应当承担运输等必要费用。

（二）特殊“三包义务”[①]

科学技术的发展使得商品的交易形式发生了深刻的变化，特别是信息产业的发展，使得消费越来越多地通过网络、电讯等方式来进行。当今出现了新的销售形式，如网络销售、电视销售、电话销售、邮购，等等，在这些交易中，消费者只能通过经营者所提供的图片或影像来了解商品，不能像传统交易方式中那样进行鉴别，因而对商品的认识难免会出现偏差，在购买商品以后，可能会发现与自己的预期存在一定的差距。因此，有必要规定特殊的“三包义务”，以切实保护消费者的利益。

1. 7日无理由退货。经营者采用网络、电视、电话、邮购等方式销售商品，消费者有权自收到商品之日起7日内退货，且无须说明理由。该规定对于通过网络、电视、电话和邮购等方式购买商品的消费者利益提供了全面的、充分的保护。通过引入“无理由退货”原则，最大限度地排除了经营者通过各种方式予以刁难的可能性，从而从根本上保障了消费者退货的权利。

2. 例外情形。一些商品由于具有某些特殊的性质，因而并不适用“无理由退货”原则，否则会损害经营者的正当利益。这些商品主要包括：（1）消费者定作的；（2）鲜活易腐的；（3）在线下载或者消费者拆封的音像制品、计算机软件等数字化商品；（4）交付的报纸、期刊。除了所列的这些商品外，其他根据商品性质并经消费者在购买时确认不宜退货的商品，不适用“无理由退货”原则。

3. 运费的承担。消费者退货的商品应当完好。经营者应当自收到退回商品之日起7日内返还消费者支付的商品价款。退回商品的运费由消费者承担；经营者和消费者另有约定的，按照约定。

【案例3—4】 他域实践[②]

在美国，《汽车保证使用法》规定，只要影响汽车使用的，如果修3次仍然修不好，消费者有权要求予以退车；如果产品质量涉及安全的，修一次修不好，就可以要求退车。此法非常严厉，能做到铁面无私。

20世纪80年代，美国《汽车保证使用法》出台时阻力非常大。汽车厂家全力抵制此法规的出台，但美国商务部抵住压力，最终予以通过。并且，美国《汽车保证使用法》规定，消费者退车不必经过复杂的程序。如果商家或厂家不予以退车，一旦消费者进入诉讼程序，并上报给美国商务部，美国商务部就会对厂家的产品进行严格的调查，如果发现问题，就要对厂家进行极其严厉的处罚。

此外，美国的消费者协会作用也非常巨大。美国消费者协会是代表消费者的公共组织，如果你是它的成员，他就要维护你的合法利益。如果美国消费者协会发现汽车质量有

---

① 严格说来尚不能称作是“三包义务”，因为在这种情形中只存在退货这样一种补救措施，并不存在保修和包换的情形，这是由这类交易情形的特殊性所决定的，但这将更有利于保护消费者的利益。

② 参见人民网：http：//www.people.com.cn/GB/paper1668/10654/968657.html。

问题，它会在其内部杂志上予以通报，建议大家不要购买，并号召大家抵制其产品，而此举将对商家产生毁灭性的打击。对于汽车质量方面的鉴定，《汽车保证使用法》还规定，在鉴定汽车质量隐患方面，是让厂家自己排除质量隐患，而不是依据“谁主张谁举证”的原则。该法律主要是维护处于弱势地位的消费者的权益。

十、依法使用格式条款的义务

在现实交易中，许多经营者面对着许多同质化的交易对象，并且与其进行类型化的交易行为。为了降低成本，提高交易的效率，经营者往往事先拟定一种类型化的合同，规定交易双方的权利与义务，以及其他的一些与交易有关的事项，而拟定类型化合同的过程中并未与交易对象进行协商。此即格式条款。所谓格式条款，是指当事人为了重复使用而预先拟定，并在订立合同时未与对方协商的条款。在消费领域中，经营者往往借助于这种合同来与消费者展开交易。经营者使用格式条款必须严格遵守一定的条件。

1. 提请消费者注意格式条款的内容。经营者在经营活动中使用格式条款的，应当以显著方式提请消费者注意商品或者服务的数量和质量、价款或者费用、履行期限和方式、安全注意事项和风险警示、售后服务、民事责任等与消费者有重大利害关系的内容，并按照消费者的要求予以说明。一般而言，消费者并不会仔细阅读经营者所提供的冗长的、复杂的格式合同，为了体现公平，经营者应当提醒消费者注意那些与其利益有重大关系的条款，并向消费者就这些条款进行解释。

2. 格式合同的内容合法。经营者不得以格式合同、通知、声明、店堂告示等方式，作出排除或者限制消费者权利、减轻或者免除经营者责任、加重消费者责任等对消费者不公平、不合理的规定，不得利用格式条款并借助技术手段强制交易。凡是经营者采取以上形式的，都不得含有下列对消费者不公平、不合理的内容：

（1）排除或限制消费者权利。消费者权利是消费者依据消费者权益保护法及其他有关法律、法规而享有的法定权利，相对于经营者，消费者往往处于弱势地位。经营者如果通过格式条款等排除消费者所享有的权利，将会使其处于极为不利的境况，因此必须予以坚决禁止。

（2）减轻或免除经营者责任。有的经营者为了减轻、免除自己的责任，往往在格式合同中规定消费者在购买商品以后因商品的质量等问题而造成损害的，经营者概不负责。这严重妨碍了消费者权利的救济，因而是无效的。

（3）加重消费者责任。有的经营者规定消费者购买商品以后，如果在一段时间内其市场价格上涨的话，则消费者应当补足差价，这实际上是将经营者应当承担的经营风险转嫁给了消费者；有的经营者规定在商品出现质量需要维修时，要求消费者承担运输费用；在网络购物中，有的经营者要求消费者先支付价款，后发货，等等，这些规定都加重了消费者的责任，损害了消费者的利益，必须予以坚决禁止。

格式合同、通知、声明、店堂告示等含有上述所列内容的，其内容无效。

3. 不得利用格式条款并借助技术手段强制交易。有的经营者在向消费者提供商品或服务时，利用格式条款和技术手段强制消费者接受其不合理的条件，否则，拒绝提供商品或服务。例如，有的餐馆设有“最低消费”标准，或者不允许消费者自带酒水，即便允许消费者自带酒水，也强制向消费者收取一定的开瓶费或服务费。这都严重损害了消费者的利益。因此，在2013年修订的《消费者权益保护法》增加了禁止经营者利用格式条款并借助技术手段强制交易的内容，这有利于更好地保护消费者的利益。

十一、尊重消费者的义务

经营者不得对消费者进行侮辱、诽谤，不得搜查消费者的身体及携带的物品，不得侵犯消费者的人身自由。

1. 不得侮辱、诽谤消费者。公民享有人格尊严不受侵犯的权利，这是我国《宪法》所赋予的基本权利，任何人不得侵犯。由于经营者的素质参差不齐，在现实生活中有一些经营者对消费者进行侮辱、谩骂，或者故意捏造并散布虚构的事实进行诽谤，公然贬低、损害消费者的人格，破坏消费者的名誉，给消费者造成了严重的身心伤害。对此必须予以坚决禁止。

2. 不得搜查消费者的身体及携带的物品。我国《宪法》第37条明确规定，"禁止非法搜查公民的身体"。在我国，只有公安机关或者人民检察院在刑事侦查中才能对公民进行搜查，其他任何机关、单位和个人都无权对公民的人身和住宅进行搜查，而且公安机关、人民检察院在进行搜查时也必须遵循严格的法律程序，《刑事诉讼法》第134条至第138条作出了严格的限定。因此，任何经营者都不得对消费者的身体进行搜查，而消费者所携带的物品也属于其个人财产，经营者亦无权进行搜查。在现实中，许多经营者，如超市，往往怀疑消费者偷窃商品而对其人身和所携带的物品进行非法搜查，这严重侵犯了消费者的人格尊严，必须坚决予以禁止。即便经营者确实有充分的理由证明消费者的偷窃行为，亦必须寻求公力救济，而不能私自进行搜查。

3. 不得侵犯消费者的人身自由。人身自由不受侵犯也是公民的一项基本权利。我国《宪法》第37条规定："中华人民共和国公民的人身自由不受侵犯。任何公民，非经人民检察院批准或者决定或者人民法院决定，并由公安机关执行，不受逮捕。禁止非法拘禁和以任何方法非法剥夺或者限制公民的人身自由……"人身自由是公民享有其他权利的基本前提，经营者不得以任何理由限制消费者的人身自由。

十二、保护消费者个人信息的义务

【案例3—5】 谁在泄露消费者的个人信息?[①]

生活中的个人信息泄露问题，早已不是个案。从推销装修到卖保险，从劝消费者的小孩上幼托班到加入某某俱乐部，莫名而来的电话、邮件、推销信函，常常让人应接不暇，而遭受骚扰的前提，就是消费者的个人信息被出卖了。某位消费者在婴儿出世最初几个月里，几乎天天接到类似的电话，一开口就叫"你是某某的父亲吧，我们的幼教很棒的"、"你太太的电话怎么打不通啊，你小宝宝该去剪头发了"，对该消费者的家庭情况一清二楚！更有甚者，一家自称"儿童预防中心"的机构来电，一开口就问"小孩预防针打了吗，要赶快打啊，晚了不好"，让该消费者信以为真，连声感谢。可到最后，却奉劝消费者理发要找正规机构，去"小××"公司理发就很好，马脚才露出来。同样，一位消费者在购买商品房之后，经常接到推销电话，信箱里的传单和信函塞得满满的，都是"装修咨询"、"家具特卖"等内容，还有不少中介来电，"你新买的房子要抛售吗？"弄得该消费者

---

① 参见《谁在泄露个人信息?》，载《解放日报》，2011-04-06。

只好更换电话号码。

在现实交易中，经营者往往需要收集消费者的一些个人信息，然而，这些被收集的信息往往被经营者滥用。消费者的个人信息是一种隐私，在当今信息越来越重要的时代，任何侵犯个人隐私的行为都会给当事人造成巨大的损失。经营者侵犯消费者个人信息的行为也时有发生，给消费者的人身、财产等造成了损害，严重影响了消费者正常的生活。为了更好地保护消费者的隐私，2013年修订时《消费者权益保护法》增加了1条，作为第29条，以强化经营者对消费者信息的保护义务。经营者保护消费者信息的义务主要包括以下几方面的内容：

1. 遵循合法、正当、必要的原则。经营者在提供商品或者服务时，可能需要向消费者收集有关的信息，如教育培训机构就需要收集消费者的有关学历等方面的信息，从而根据消费者的具体情况来提供教育培训；旅店需要收集消费者的身份证号码、联系方式等信息，以便加强管理。经营者应依法、正当地收集、使用消费者的个人信息，不得采取任何非法的方式，不得将所收集的信息用作其他与该消费活动无关的用途；所收集和使用的信息必须是必要的，凡是不需要收集的信息，经营者不得要求消费者提供。另外，这种必要信息的收集应当以一种合理的方式进行，即要采用一种通常可以接受的、便捷的方式，不给消费者带来不便和额外的支出。

2. 遵循公开的原则。经营者应当明示收集、使用信息的目的、方式和范围，以确保消费者能够据此决定是否提供个人的信息。应当公开其收集、使用规则，不得违反法律、法规的规定和双方的约定。经营者与消费者可就信息收集、使用的有关事项进行约定，如有约定的，经营者必须遵守。

3. 征得消费者同意。消费者有选择是否提供相关信息的权利，经营者不得强迫消费者提供，也不得在消费者不知情的情况下收集、使用有关信息。收集、使用消费者的个人信息，必须征得消费者同意。

4. 采取措施保护消费者信息。经营者及其工作人员对于收集的消费者的个人信息必须严格保密，不得泄露、出售或者非法向他人提供。经营者应当采取技术措施和其他必要措施，确保信息安全，防止消费者个人信息的泄露、丢失。在发生或者可能发生信息泄露、丢失的情况时，应当立即采取补救措施。

5. 不得损害消费者的生活安宁权。经营者未经消费者同意或者请求，或者消费者明确表示拒绝的，不得向其发送商业性信息。经营者为了在竞争中争取更多的交易机会，往往通过各种方式向消费者传递信息，最常见的即为广告的方式。经营者有通过广告来向消费者介绍自己商品和服务的自由，但消费者也有不接受这些信息的权利。广告已经渗透到生活的各个方面，有的经营者选择直接向特定的消费者进行广告宣传，如向消费者发送电子邮件、短信息或者快件等，这些商业信息很多是未经消费者同意或者在消费者明确拒绝后仍然发送的，这侵犯了消费者的选择权，也影响了消费者的生活安宁。经营者利用互联网及移动网等通信网络、邮件、快件和电子邮件、短信息服务等方式传播广告或者商业信息，应当符合国家有关规定，并明示拒绝的途径，消费者明确拒绝的，不得继续发送。

经营者的义务和责任与消费者的权益密切相关。针对实践中较频繁发生的消费者的权益受到损害的情形以及维权难的情况，我国在2013年修订《消费者权益保护法》的过程中进一步强化了经营者的义务与责任，例如明确了经营者召回缺陷商品的义务，针对消费者

"举证难"问题明确了经营者的举证责任，等等。从总体上来看，2013年修法认真总结了《消费者权益保护法》的实践经验，进一步强化了经营者的传统义务，同时又针对消费者领域出现的新情况、新问题，相应地对经营者的义务作出了新的规定或者扩展了其范围，从而为消费者权益保护提供了更为完善的法律保障。不过，我们也应注意到，尽管2013年修法对经营者义务在某些方面作出了新的、更为完善的规定，但是在另外一些方面仍然没有实质性改进，与国外相比也存在着许多不足。例如，在现实中存在着严重的强制交易行为，而2013年修订《消费者权益保护法》对此种严重损害消费者利益的行为却仍未能作出切实有效的禁止性规定。此外，对于经营者所使用的格式条款是否合理，对此如何判断等问题，也只能是随着实践的不断发展而予以细化和完善了。

【经典书目】

1. 李昌麒，许明月．消费者保护法．北京：法律出版社，2005

2. 张严方．消费者保护法研究．北京：法律出版社，2003

3. 张为华．美国消费者保护法．北京：中国法制出版社，2000

4. 戴维·G·爱泼斯坦，史蒂芬·H·尼克尔斯．消费者保护法概要．陆震纶，郑明哲译．北京：中国社会科学出版社，1998

5. 林益山．消费者保护法．台北：五南图书出版公司，2009

6. 谢次昌．消费者保护法通论．北京：中国法制出版社，1994

7. 张新宝，唐青林．经营者对服务场所的安全保障义务．法学研究，2003（3）

【思考题】

1. 经营者义务如何界定？

2. 经营者义务有何发展趋势？

3. 经营者义务具体包括哪些？

4. 经营者在何种情形下应当承担瑕疵举证责任？

5. 经营者的产品召回义务是什么？

6. 经营者的"三包义务"包括哪些？

7. 经营者使用格式条款时应注意些什么？

8. 经营者应当如何保护消费者的个人信息？

9. 案例分析：

2012年8月12日，赵女士带女儿晓畅来儿童娱乐城玩，晓畅在玩耍时从楼梯处重重摔了下去，赵女士赶紧将孩子送到医院救治。经诊断，晓畅右肱骨外髁骨骨折；经鉴定，伤残等级属十级。经与儿童娱乐城的负责人协商未果，赵女士作为晓畅的法定代理人将儿童娱乐城所属的健身娱乐公司告上法庭。法庭上，儿童娱乐城的代理人称，因为晓畅在受伤4天后，其父母才与公司进行接触，并且晓畅父母不能证明孩子是在儿童娱乐城摔伤的，所以不同意其诉讼请求。为证明晓畅确实是在儿童娱乐城摔伤的，晓畅父母几经周折找到了当时的监控录像。据录像显示，2012年8月12日中午12时47分，晓畅从儿童娱乐城楼梯处摔下。另外，医院急诊病历显示，当日16时22分，晓畅已被初步诊断为肱骨外髁骨折。法院认为，根据监控录像的画面，并结合医院病历显示的时间，两事件在时间上具有连续性，因此，可以认定晓畅是在儿童娱乐城摔伤的。健身娱乐公司未能充分举证证明其尽到了安全管理与保护义务，对晓畅摔伤的损害后果应承担赔偿责任。同时，该公司在儿童娱乐城内张贴了“进园须知”，对消费者明示“孩子家长自行看管，学龄前儿童须有监护人陪同入场，违者后果自负；学龄前儿童游玩所有设备时，应有监护人看管及辅助游戏。监护人应尽监护职责”等内容，而赵女士未入场陪同，没有很好地尽到监护责任，也应承担相应的过错责任。结合双方过错程度，法院酌情判定晓畅与健身娱乐公司各承担50%的责任。

请思考：经营者保障消费者安全的义务，以及造成损害的责任分担问题。

第四章 消费者权益保护机构

内容摘要

消费者权益保护主要包括国家保护和社会组织保护两种。保护消费者合法权益是相关国家机关的职责，具体而言，消费者的国家保护包括三个方面，即立法保护、行政保护和司法保护。所谓立法保护，即由国家相关立法机关制定、完善有关消费者保护的法律、法规，这是消费者保护的前提；行政保护是指由相关行政机关通过积极展开执行活动，确保《消费者权益保护法》及其他相关法律、法规得以切实遵守，消费者权利得以实现，经营者义务得以履行，这是消费者保护的关键；司法保护是指由人民法院等司法机关通过审判解决消费纠纷，这是消费者保护的最后保障。消费者权益保护除了包括国家保护之外，还包括相关社会组织的保护，后者主要是指消费者组织的保护。消费者组织是以保护消费者利益为宗旨而成立的社会组织。

第一节 消费者权益保护机构概述

一、消费者权益保护机构的概念

消费者权益保护机构，是指所有与消费者权益保护有关的机构、组织，既包括国家公权力机关，也包括民间组织，当然还包括那些半官方的组织。消费者权益保护机构保护的对象应当是不特定多数的消费者。如果少数消费者自发成立进行自我保护的组织，则该组织尚不能被称作消费者权益保护机构，换言之，消费者权益保护机构应当具有公益性。

二、部分国家（地区）的消费者权益保护机构

（一）美国的消费者权益保护机构

1. 联邦食品和药品监督管理局

联邦食品和药品监督管理局（FDA），隶属于美国健康与公共服务部（Department of Health and Human Services，HHS）。FDA的主要组成部门包括：政府专员办公室、生物制剂评估研究中心、食品安全和营养中心、药品评估研究中心、医疗设备与放射学健康中心、兽医药中心、国家毒理学研究中心、烟叶制品中心、监督事务办公室等。FDA与农业部、消费品安全委员会等部门以及州政府展开了广泛的合作。FDA旨在保护和促进公共卫生，其职责主要是对药品、生物医药制剂、医学设备、食品供应、化妆品以及放射性设备进行监督管理，从而确保公众安全；同时也负责调控烟叶制品的生产与销售。FDA也通过帮助加速创新，而使药品和食品更有效、更安全、价格更低，并通过帮助公众在消费食品和药品时获得正确的、有科学依据的信息，以及减少烟草的消费，来提升公众的健康水平。

2. 联邦贸易委员会

联邦贸易委员会（Federal Trade Commission，FTC）是美国独立性的政府机构，依据1914年颁布的《联邦贸易委员会法》设立，它的主要职责是保护消费者，以及消除、预防有损害性的反竞争性行为。正如其宣传的那样，它是要“保护美国消费者”。FTC由三个机构组成，即消费者保护局、竞争局以及经济局。

消费者保护局的主要任务是保护消费者不受商业中的不公平或欺诈性行为的侵害。该局的主要职责是展开相关调查、针对违反法律的公司或者个人提起诉讼、完善与消费者保护有关的法律，展开消费者教育工作、宣传消费者的权利及责任。同时，该局也收集有关消费者欺诈的投诉，并向立法者反映。

竞争局的职责主要是促进并维护一个自由且有活力的竞争机制。该局审核商业合并及收购，禁止那些可能导致高价格、减少选择机会、有损创新的并购；调查并制止市场中的反竞争性行为，包括垄断及竞争者之间的合谋；促进对消费者影响较大的行业的竞争，如医疗、房地产、石化等行业；向消费者、经营者及政策制定者提供信息咨询。

经济局的职责主要是为反托拉斯及消费者保护的调查和规则制定提供经济分析与支持，分析政府规制的经济影响，为国会、执行局及公众提供有关竞争及消费者保护的政策建议。

3. 美国消费品安全委员会

美国消费品安全委员会（The U. S. Consumer Product Safety Commission，CPSC）于1972年设立。美国国会为保护公众，避免超出合理范围的消费品致伤隐患，帮助消费者评估消费品的相对安全性，制定了《消费品安全法》，CPSC就是根据该法而特设的一个机构。其主要职责是保护公众免受数以千计的商品可能带来的严重伤害或死亡的威胁，保护消费者和家庭不受那些可能引发火灾、漏电、存在化学方面危险或可能伤害儿童的商品的伤害。因此，CPSC致力于确保消费品的安全，这些商品包括玩具、婴儿床、电力设备、打火机、家用化学制品等等。在过去四十多年中，CPSC采取了一系列的措施来鉴定及解决消费品安全隐患，从而有效地减少了与消费品有关的伤害、死亡的比例。

(二) 英国的消费者权益保护机构

在英国，消费者权益保护的公权力机关较多，而且分工明确、职责清晰，为英国消费者提供了强有力的保障。

1. 贸工部

贸工部（Department for Trade and Industry，DTI）成立于1983年6月，是英国内阁政府中负责消费者权益保护的最高机构，其职责主要是制定与消费者权益保护有关的政策。现改名为商业创新与技术部（Department for Business Innovation & Skills，BIS），负责协助起草与执行英国的许多法律，如关于广告方面的指南、价格法以及产品说明，等等，防止消费者和商业交易受到违法的、缺乏商业道德行为的侵害，如通过对广告行为的规范，使得消费者能够对广告产生信任感；通过对商品标识进行调节，使消费者能够比较商品的价格、了解商品的真实情况，从而作出明智的选择。当然，BIS也负责向企业宣传其应当遵守的法律，并保护它们不受其他非法的、不公平竞争行为的损害。

2. 公平交易局

公平交易局（Office of Fair Trading，OFT）于1973年根据《公平交易法》成立，是英国保护消费者权益的一个独立性专门机构。OFT在提升和保护消费者权益方面发挥着主导性的作用，致力于确保商业的公正及富有竞争性。OFT依据消费者保护法和竞争法律开展工作，其职责在于确保市场能够有效地运行，而这离不开一个开放的、公平的、富有活力的竞争市场。OFT致力于保证消费者的选择权，只有这样，消费者才能拥有真正的、持久的力量。OFT经常与其他的一些机构如地方贸易标准部、消费者热线（Consumer Direct）等一起举办一些活动，以提升消费者的权利意识。OFT不能直接受理消费者投诉，如果有消费者向OFT投诉，则OFT应当交由地方贸易标准部进行处理。

3. 地方保护机构

在地方，保护消费者利益的机构是贸易标准部（Trading Standards）。贸易标准部是地方政府的机构之一，由地方财政提供经费支持。地方贸易标准部的职责是确保交易公平、合法、安全地进行，从而保护消费者和诚信交易者的利益。各贸易标准部负责实施近八十部由议会通过的法案，如1985年《重量及计量法案》（The Weights and Measures Act 1985）、1968年《贸易说明法案》（The Trade Descriptions Act 1968）、1986年《消费者保护法案》（The Consumer Protection Act 1986），以及实施2002年《企业法》第八部分的细则，等等。贸易标准部是各地负责消费者权益保护的机构，它们同公平交易局保持着密切的联系。贸易标准部可以受理消费者的投诉，并可以向公平交易局进行反映。

(三) 日本的消费者权益保护机构

1. 消费者保护会议

在日本，根据《消费者保护基本法》设立消费者保护会议。这是日本保护消费者权益的最高行政机关，由内阁总理大臣任会长，由经济企划厅、通产省、厚生省等十几个内阁官厅的部门首长任委员。消费者保护会议每年召开一次会议，主要负责政策的制定与推行、实施。同时，设立国民生活审议会制度，也每年召开一次会议，主要负责进行有关消费者权益保护的基本事项的调查与审议，承担内阁总理大臣的咨询任务，向内阁提出有关建设性意见。在经济企划厅下设国民生活中心，独立行使职权，提供有关改善国民生活的情报，从事消费者教育与培训等活动。另外，根据《消费者保护基本法》，在都、道、府、县及市、町、村各级，设立地方消费生活中心，作为地方消费者保护行政机构，由地方政府管辖。

2. 国民生活中心

国民生活中心（The National Consumer Affairs Center of Japan，NCAC）是一个独立的行政机构，是根据《消费者保护基本法》设立的保护消费者利益的核心组织。NCAC与政府及地方消费生活中心合作，共同处理消费者问题。NCAC从地方消费生活中心及其他利益相关者处收集消费者信息，以阻止类似消费者问题的发生并遏制现存问题的恶化。虽然NCAC对消费者投诉积极进行查处，但现在也逐渐采取非诉讼纠纷解决机制来处理消费者争议。具体而言，NCAC的职能主要有以下七个方面：（1）消费者信息的收集、分析及发布。（2）消费者咨询。（3）信息的发布与调查。（4）产品的测试。（5）教育与培训。（6）消费者非诉讼纠纷解决机制。2009年4月1日，NCAC成立了消费者非诉讼纠纷解决机制委员会，该委员会设立了一个独立机构，通过调解和仲裁来解决那些在全国范围内有重大影响的消费纠纷。（7）国际交流。

三、我国的消费者权益保护机构

我国消费者权益的保护在改革开放以后受到很大的重视，不仅立法机构制定了大量的与保护消费者权益有关的法律、法规，而且许多行政机关肩负起了保护消费者权益的职责，司法机构也为消费者的维权活动提供了便捷的司法救济。除了公权力机关外，具有官方背景的消费者权益保护组织在保护消费者权益方面也发挥了巨大的作用。应当说，我国的消费者权益保护机构是比较健全的，鉴于将在下文中对这些保护机构予以专门介绍，在此不予详述。

第二节　我国消费者权益保护机构

消费者权益保护状况直接关系到消费者的权益能否真正得到实现，也关系到以人为本的理念在消费者权益保护领域能否真正得以贯彻。虽然我国民众的权利意识不断增强，但不可否认的是，因民众权利意识淡薄而导致的侵害消费者利益的现象仍然很严重。消费者权益的保护离不开国家机关的积极介入，这在我国显得更为明显。对消费者正当权益的保护是相关国家机关不可推卸的职责。在我国，保护消费者权益的国家机构包括立法机构、行政机构以及司法机构。

一、消费者权益保护的立法机构

（一）全国人民代表大会及其常务委员会

在消费者权益保护方面最重要的立法机构是全国人民代表大会及其常务委员会，它们作为我国的立法机关，所制定的法律的效力仅次于宪法。全国人民代表大会负责制定和修改刑事、民事和其他基本法律，而消费者权益保护方面的法律并非基本法，所以由全国人大常委会负责制定。此外，全国人大及其常委会制定的其他一些法律也具有保护消费者权益的功能。

1.《消费者权益保护法》

消费者权益的保护是一个系统的工程，需要建立一个系统的、全面的消费者权益保护法律系统。2013年修订的《消费者权益保护法》要求国家不仅在制定有关消费者权益的法律、法规时，而且在制定有关规章和强制性标准时，必须听取有关意见。将规章和强制性标准也纳入进来，进一步彰显了“开门立法”的理念。而且，2013 年的《消费者权益保护法》还增加了听取消费者协会等组织的意见的内容，从而有利于强化消费者协会等组织在相关立法中意见的表达。

《消费者权益保护法》的立法工作于 1985 年正式启动，前后易稿数十次。1993 年 10 月 31 日，第八届全国人大常委会第四次会议审议通过了《中华人民共和国消费者权益保护法》(以下简称《消费者权益保护法》)，并于 1994 年 1 月 1 日起施行。这是我国消费者权益保护方面的基本法，为我国消费者权益保护提供了一个明确的、权威性的依据。2009 年 8 月 27 日，第十一届全国人大常委会第十次会议通过了《关于修改部分法律的决定》，据此对《消费者权益保护法》进行了第一次修订。由于《治安管理处罚法》于 2006 年 3 月 1 日起施行，原《治安管理处罚条例》废止，因此，此次对《消费者权益保护法》的修订也主要是将其第 52 条引用的《治安处罚条例》修改为《治安管理处罚法》，因此未对《消费者权益保护法》的实体部分作出任何修改。2013 年 10 月 25 日，第十二届全国人大常委会第五次会议作出《关于修改〈中华人民共和国消费者权益保护法〉的决定》，对《消费者权益保护法》进行了较大的调整。

2. 其他相关法律

除了制定《消费者权益保护法》这一保护消费者权益的基本法律外，全国人大及其常委会制定的其他法律也起着保护消费者权益的作用。如全国人大常委会于 1993 年 9 月 2 日通过、1993 年 12 月 1 日开始施行的《中华人民共和国反不正当竞争法》，第十一届全国人大常委会第七次会议于 2009 年 2 月 28 日通过的《中华人民共和国食品安全法》(原《中华人民共和国食品卫生法》废止)，第九届全国人大常委会于 2001 年修订的《中华人民共和国商标法》，第八届全国人大常委会第十次会议通过的《中华人民共和国广告法》等，这些法律在不同程度上表明要保护消费者的权益。全国人大及其常委会作为立法机构，在保护消费者权益方面颁布了大量的法律，这不仅体现了国家对消费者的正当利益的高度重视，也表明我国为消费者权益提供了切实的保护。

（二）国务院

在我国，国务院有权根据宪法和法律，制定行政法规。为了保护消费者的权益，国务院有权力，也有义务制定相应的行政法规。由于法律规定的事项一般而言都比较抽象、原则，在实践中要真正发挥其作用，必须进一步予以细化，宪法规定国务院可以为执行法律而制定行政法规，这就使得消费者权益保护方面的法律通过国务院制定的行政法规而得以更好地落实，从而更好地保护消费者的权益。

国务院制定的具有保护消费者权益功能的行政法规包括：《电信条例》、《建设工程质量管理条例》、《旅行社条例》、《国内交通卫生检疫条例》、《认证认可条例》、《标准化法实施条例》、《商标法实施条例》、《广告管理条例》、《价格管理条例》，等等。这些行政法规对一些具体领域内的事项进行了规定，明确了相关主体的权利与责任，使得对消费者权益的保护更加具有针对性。

（三）省级人民代表大会及其常务委员会

《消费者权益保护法》是以全国消费者为整体作为保护对象的，由于我国各个地区的发展水平不一，《消费者权益保护法》在制定的过程中没有，也不可能对全国各地的情况都予以考虑，所以就需要各地根据《消费者权益保护法》的基本精神，结合本地的实际情况，依法作出具体的规定。

事实上，在《消费者权益保护法》颁布以前，地方的权力机关就已经颁布了有关消费者权益保护的地方性法规，如江西省人大常委会于1989年就颁布了《江西省保护消费者合法权益条例》，浙江省人大常委会于1988年通过了《浙江省保护消费者合法权益条例》，等等。《消费者权益保护法》颁布、施行以后，大多数地方的权力机关都废止此前所颁布的相关地方性法规，根据《消费者权益保护法》及其他法律、法规的规定，结合本地的实际，重新制定了保护消费者权益的地方性法规。最早制定消费者权益保护方面的地方性法规的是福建省，福建省人大常委会于1994年通过并于当年施行《福建省实施〈中华人民共和国消费者权益保护法〉办法》，随后其他省市也制定了相关的地方性法规。

（四）国务院各部委

行政机关在执法的过程中，谙知损害消费者利益的种种行为，也更了解如何运用行政权力来有针对性地保护消费者的利益。所以，在保护消费者权益方面，给予有关行政机关以制定规章的权力是十分必要的。中央层面颁布了大量的与保护消费者权益有关的规章，如国家工商行政管理总局与国家医药管理总局于1995年颁布了《医疗器械广告审查办法》（已于2009年被废止，由卫生部、国家工商总局、国家食品药品监管局联合颁布《医疗器械广告审查办法》），国家工商总局于1996年制定了《欺诈消费者行为处罚办法》，国家发改委、国家旅游局、国家工商总局联合制定了《关于规范酒店客房市场价格的意见》，等等。

（五）地方人民政府

地方层面的规章也较多，如北京市政府于1996年制定了《北京市实施〈食盐加碘消除碘缺乏危害管理条例〉办法》，天津市政府于1994年发布了《关于加强市场管理稳定市场物价的通知》，等等。这些规章对于保护消费者的利益都起到了很大的作用。

二、消费者权益保护的行政机构

行政机构的保护，既包括政府作为一个整体来提供的保护，也包括政府的各个部门所提供的保护。在2013年对《消费者权益保护法》的修订过程中，对原第27条第1款进行了修改，作为第31条，增加了各级人民政府“落实保护消费者合法权益的职责”这一内容，从而将保护消费者合法权益确定为各级人民政府的法定职责。这有利于强化各级人民政府对消费者权益保护的责任，加大对消费者权益保护的力度。

各级人民政府应当加强领导，组织、协调、督促有关行政主管部门做好保护消费者合法权益的工作，落实保护消费者合法权益的职责；加强监督，预防危害消费者人身、财产安全行为的发生，及时制止危害消费者人身、财产安全的行为。有关行政主管部门应当听取消费者和消费者协会等组织对经营者的交易行为、商品和服务质量问题的意见，并及时调查处理。

由于地方的绝大多数行政机关都是与中央行政机关相对应的，所以在此以中央的相关行政机关为视角，阐述这些部门在保护消费者权益方面的主要职责，对于地方的相关部门的职责可以比照中央部门的职责进行理解。

（一）国家工商行政管理总局

国家工商行政管理总局是国务院直属机构，主要负责市场监管和行政执法工作；也是保护消费者权益的主要行政机构。国家工商行政管理总局内专门设有消费者权益保护局这一机构，以系统地保护消费者的利益，其主要职责为：拟订保护消费者权益的具体措施、办法；开展有关服务领域的消费维权工作；查处假冒伪劣等违法行为；承担指导消费者咨询、申诉、举报的受理、处理和网络体系建设工作，以及承办总局交办的其他事项。各级人民政府工商行政管理部门和其他有关行政主管部门应当依照法律、法规的规定，在各自的职责范围内采取措施，保护消费者的合法权益。

根据党的十八届二中全会讨论通过和十二届全国人大一次会议审议批准的《国务院机构改革和职能转变方案》，流通环节食品安全监管职责已划转到新组建的食品药品监管部门。职责调整后，作为市场监管和行政执法部门，工商行政管理部门应当依法履职，从以下几个方面积极做好食品市场监管相关工作：(1) 发挥工商登记职能作用，依法做好食品市场主体登记管理工作。根据《食品安全法》及其实施条例和《乳品质量安全监督管理条例》的规定，依照法定条件和程序，便捷高效、规范统一地办理食品市场主体登记注册，加强对食品市场主体登记事项的监管。(2) 加强食品经营行为监管，依法维护食品市场秩序。(3) 加强食品市场消费维权，切实保护消费者合法权益。(4) 积极发挥社会组织作用，促进食品市场经营者强化自律。

(二) 国家食品药品监督管理总局

为加强食品药品监督管理，提高食品药品安全质量水平，根据党的十八届二中全会讨论通过和十二届全国人大一次会议审议批准的《国务院机构改革和职能转变方案》，国务院决定将国务院食品安全委员会办公室的职责、国家食品药品监督管理局的职责、国家质量监督检验检疫总局的生产环节食品安全监督管理职责、国家工商行政管理总局的流通环节食品安全监督管理职责整合，将工商行政管理部门、质量技术监督部门相应的食品安全监督管理队伍和检验检测机构划转到食品药品监督管理部门，组建国家食品药品监督管理总局。

国家食品药品监督管理总局的主要职责是，对生产、流通、消费环节的食品安全和药品的安全性、有效性实施统一监督管理等。国家食品药品监督管理总局的设立，改变了过去食品领域多部门执法的局面，由统一的机构进行监管，更有利于加强对食品安全的监管。

为了保障食品药品安全，国家食品药品监督管理总局应当严格履行职责，定期或不定期地对市场上的食品和药品进行抽查检验，并及时向社会公布抽查检验结果。一旦发现食品或药品存在缺陷，有危及人身、财产安全危险的，国家食品药品监督管理总局应当立即责令经营者采取停止生产销售、召回等措施，以尽可能避免损害或者将损害降至最低。从政府规制的发展趋势来看，其重点应逐渐从市场准入阶段转移到对市场运行过程的监管。“三鹿奶粉事件”凸显相关政府部门监管的缺失。只有国家食品药品监督管理总局积极履行抽验、检查职责，加强监督检查，规范经营者的经营行为，才能确保食品和药品的质量，恢复消费者的信心。

(三) 国家质量监督检验检疫总局

国家质检总局是国务院主管全国质量、计量、出入境商品检验、出入境卫生检疫、出入境动植物检疫和认证认可、标准化等工作，并行使行政执法职能的直属机构。国家质检总局应在职责范围内，定期或者不定期地对经营者提供的商品和服务进行抽查检验，并及时向社会公布抽查检验结果。一旦国家质检总局发现并认定经营者提供的商品或者服务存在缺陷，有危及人身、财产安全危险的，应当立即责令经营者采取停止销售、警示、召回、无害化处理、销毁、停止生产或者服务等措施。

根据党的十八届二中全会讨论通过和十二届全国人大一次会议审议批准的《国务院机构改革和职能转变方案》，生产环节食品安全监督管理职责已划转到新组建的国家食品药品监督管理总局，国家质检总局不再承担该项管理职责。国家质检总局的职责主要包括：（1）负责相关法律、法规的起草及规章的制定。（2）负责全国质量方面的工作。通过加强质量宏观管理，构建产品质量安全长效机制，不断提升商品质量总水平，维护消费者权益。（3）统一计量管理工作。通过不断加强规范商品的计量来避免或减少消费者遭受缺斤短两的损害。（4）统一负责出入境检验检疫的综合业务。通过严格的入境检验检疫，保护我国消费者免遭国外不合格、不安全商品的损害。

（四）国家发展和改革委员会

2003年，原国家发展计划委员会承继了原国务院体改办和国家经贸委的部分职能，改建为国家发展和改革委员会（以下简称国家发改委），作为国务院的职能机构。商品和服务的价格与消费者息息相关，各种价格违法行为是损害消费者利益的主要方式，国家发改委对消费者权益的保护主要体现在价格执法方面，其在价格方面的职责主要是拟定并组织实施价格政策，监督、检查价格政策的执行，负责组织制定和调整少数由国家管理的重要商品价格和重要收费标准，依法查处价格违法行为和价格垄断行为。在国家发改委内部设有价格司、价格监督检查与反垄断局这两个部门。

1. 价格司主要承担以下职责：监测、预测价格总水平变动，提出价格总水平调控目标、政策和价格改革的建议；组织起草有关价格、收费方面的政策和法规草案；提出政府价格管理的范围、原则、办法和修订政府定价目录的建议；组织拟订重要商品价格、收费政策和调整中央政府管理的商品价格及收费标准；组织重要农产品、重要商品和服务的成本调查。价格司主要是从宏观层面维持价格的总体稳定，防止价格大起大落，以确保消费者享受公平的价格。

2. 价格监督检查与反垄断局主要承担以下职责：起草有关价格监督检查法规草案和规章；指导价格监督检查工作，组织实施价格检查，依法查处商品价格、服务价格、国家机关收费中的价格违法行为，依法查处价格垄断行为；按规定受理价格处罚的复议案件和申诉案件。价格监督检查与反垄断局主要是从微观层面对各种价格违法行为展开执法，依法保护消费者免受企业价格违法行为的侵害。

三、消费者权益保护的司法机构

从狭义上讲，司法机构是指各级人民法院和各级人民检察院，在广义上，也包括公安机关，它也行使着一定的司法权。本书从广义上来理解司法机构。

（一）人民法院

在我国由各级人民法院行使审判权，即依照法律对各种案件进行审理并作出判决的权力。人民法院对消费者权益的保护主要是通过行使审判权，对于各种涉及消费的民事案件、行政案件及刑事案件进行审判并作出判决来实现的。

根据《消费者权益保护法》，当消费者和经营者发生消费者权益争议时，消费者可以“向人民法院提起诉讼”，维护自身的合法权益。人民法院要为消费者提供便捷的纠纷解决机制，及时化解矛盾。为了切实地保障消费者的利益，《消费者权益保护法》第35条规定：“人民法院采取措施，方便消费者提起诉讼。对符合《中华人民共和国民事诉讼法》起诉条件的消费者权益争议，必须受理，及时审理。”由于历史原因及文化传统，我国消费者并不善于通过诉讼来维护自己的利益，因此，只有通过便捷的制度设计，才可能激发消费者提起诉讼的积极性，这样才能对各种损害消费者利益的违法行为形成一种威慑，进而减少损害消费者利益的现象，形成一种良性的互动。

（二）检察机关

人民检察院是国家的法律监督机关。人民检察院通过行使检察权，对各级国家机关及其工作人员和公民是否遵守法律和法规实行专门监督，以保障法律、法规的正确实施。在现实生活中，存在大量严重损害消费者利益的犯罪行为：有的生产者、销售者在产品中掺杂、掺假，如往奶制品中添加三聚氰胺，造成了恶劣的影响，损害了消费者的生命、财产安全；有的经营者生产、销售假药，置广大消费者的生命、健康不顾；有的经营者从事金融犯罪，不仅损害了金融消费者的利益，而且严重破坏了我国的金融秩序。对于这些行为，各级人民检察院应当进行立案、侦查或转交公安机关，认为构成犯罪的，及时提起公诉，追究各种犯罪行为的法律责任，捍卫法律的尊严，维护广大人民群众的利益。

（三）公安机关

公安机关是人民政府的组成部分，同时也负责刑事案件的侦查工作，因此也行使着一定的司法权。公安机关的职责之一就是预防、制止和侦查违法犯罪活动，各级公安机关对于各种违法犯罪行为，应当积极侦查，严厉打击。对于那些严重损害消费者利益的违法犯罪行为如生产、销售伪劣产品犯罪，利用网络进行的各种欺诈犯罪，等等，公安机关也应当加大执法的力度，及时查处各种损害消费者利益的违法犯罪行为。近年来，公安机关治安部门高度重视保护消费者合法权益的工作，涌现出一大批保护消费者权益的先进单位和个人，如2009年中国保护消费者基金会最高奖——“保护消费者杯”的获奖个人就有来自公安系统的人员。除了通过执法保护消费者利益外，公安机关（主要是指公安部）还参与了一些与消费者权益保护有关的规章的制定，如2005年公安部同商务部、国家发改委、国家工商总局、国家税务总局等联合制定了《整治商业零售企业不规范促销行为专项行动工作实施方案》，以规范零售企业的促销行为，创建良好的市场秩序，维护消费者的利益。

第三节　消费者组织

一、消费者组织的概念

（一）消费者组织的定义

对于消费者组织，有不同的理解。从广义上看，消费者组织是一切以保护消费者利益为宗旨而成立的组织，其组织形式不限。从狭义上理解，消费者组织是指由消费者为维护自身利益而自发成立的一种社会性组织，这种定义强调消费者组织的“民间性”，强调与公权力机关保持距离。我们认为，消费者组织是以保护消费者利益为宗旨而成立的各种非营利性的、专门性的组织。

在我国，许多消费者组织都是由政府的相关机关组织设立的，或者是挂靠于政府某个部门。如果我们完全按照西方消费者组织的标准来考察我国的消费者组织，则可能会没有或很少有这种性质的组织，从而将消费者协会这一在我国消费者权益保护方面成立最早、影响也最大的组织排除在外，这不仅与实际不符，而且从理论上也不成立。《消费者权益保护法》第五章的标题是“消费者组织”，在第36条中明确规定：“消费者协会和其他消费者组织是依法成立的对商品和服务进行社会监督的保护消费者合法权益的社会组织。”当前，消费者协会是我国消费者组织中最为重要的一种类型。

（二）消费者组织的特征

1. 以保护消费者利益为宗旨。保护消费利益是消费者组织的根本任务，这决定了消费者组织的性质。其他一些组织可能也或多或少地对消费者的利益进行保护，只要其不以保护消费者的利益为宗旨，就不能将其认定为消费者组织。这是区分消费者组织与其他一般组织的一个重要标准。消费者组织所保护的消费者，既可以是不特定的对象，也可以是某一领域内的特定消费者。一般而言，消费者组织有会员制消费者组织与非会员制消费者组织。于会员制消费者组织，只有首先成为该组织的会员，才能得到该组织的保护，因此，其保护对象的范围一般比较窄。至于非会员制消费者组织，更具有公益性，只要是消费者受到了损害，都可以得到其保护，当然，由于有的消费者组织本身规模有限，也只可能对其能力所及范围内的消费者提供一定的保护。

2. 形式的多样性。消费者组织的成立方式并没有统一的标准，它可以是由消费者自发设立的，也可以是由相关公权力机构组织设立的。消费者组织的成立与国家的政治、经济发展水平有关。一般而言，在西方发达国家，消费者的自我维权意识较强，同时对国家权力保持着一定的戒备，因此由消费者自愿成立消费者组织的较多；而在发展中国家，由于行政主导性较强，由政府组织设立消费者组织的情况较多。

3. 不以营利为目的。消费者组织以保护消费者利益为主要目的，如果消费者组织从事营利性活动，则会与其宗旨相冲突。但是，虽然一些会员制消费者组织向其会员收取一定会费，但这主要是为了维持其自身的日常运作，因此并不具有营利性。许多消费者组织也会接受一定的社会捐款作为其经费来源，这在一定范围内是允许的，不能认为其是在从事营利性活动，但消费者组织不得因此而从事违背自身宗旨的行为。2013年修订的《消费者权益保护法》将原来的第33条修改为：“消费者组织不得从事商品经营和营利性服务，不得以收取费用或者其他牟取利益的方式向消费者推荐商品和服务。”较之于以前，此次修改扩大了消费者组织禁止从业的范围，更有利于维持消费者组织的非营利性。

二、部分国家（地区）的消费者组织

（一）美国

1. 美国消费者利益委员会（American Council on Consumer Interests，ACCI）

ACCI是美国最有影响力的民间消费者权益保护组织，成立于1953年。1952年时，时任消费者联盟主席的科尔斯顿·瓦勒倡议成立一个消费者教育组织，消费者联盟将为其提供资金支持。后来，有二十多个人响应了这一倡议，在美国明尼苏达大学召开了筹备会议，该组织于1953年正式成立，最初称为消费者信息委员会，后在1969年改称为美国消费者利益委员会。ACCI自成立以来，一直是消费和家庭经济领域内由学者和其他专业人员参与的主要组织机构。ACCI是一个对消费者政策进行研究、教育的主导性组织，其成员来自全世界范围的研究者、教育者及相关的专业人员，他们共同致力于提升消费者的福利水平。其使命是通过开展高水平的研究与教育计划来提升消费者和家庭的经济利益。

2. 美国消费者联盟（Consumer Union，CU）

CU是国际消费者联盟的发起团体之一，成立于1936年。CU是一个专业性的、独立的非营利性机构，致力于为所有消费者建立一个公平、公正、安全的消费市场，帮助消费者提高自我保护的能力。为了有效进行宣传，加强消费者教育，CU创办了自己的刊物《消费者报道》。CU还积极开展商品检验工作，并在《消费者报道》上公布检验结果。广大消费者通过这一渠道了解到许多真实的情况，从而在一定程度上改变了消费者与生产者、销售者之间信息不对称的局面。CU的工作主要包括三个方面：一是信息整理。为了保持自身的独立性与客观性，CU从不接受外部广告和免费的检验样品，CU雇佣数百个不公开身份的人去购买商品，然后由技术专家来对这些商品的质量进行检验。二是信息发布，即通过自身创办的刊物，以及通过书籍、电台节目等方式来指导消费者的消费活动。三是消费者教育。它经常与成人教育团体合作开展消费者教育计划，组织并指导消费者运动。

(二) 日本

1. 日本主妇联合会

日本主妇联合会成立于1948年9月。在1948年，数位家庭主妇将劣质的火柴集中在一起，以抗议劣质火柴的生产商。这一举动得到了很大的响应，更多的主妇们将那些无法生火的火柴都拿出家门，集中在一起，而且要求这些劣质火柴的生产商也到场。这一次集会拉开了日本消费者运动的序幕，成为人们声讨伪劣产品制造者、要求保护消费者利益的一次大会。为了巩固会议成果，继续开展类似的活动，与会的主妇们决定成立日本主妇联合会，以更好地保护自身的利益，同损害消费者利益的各种行为作斗争。

日本主妇联合会经过不断的发展，现在已经成为日本主要的保护消费者利益的机构之一，并成为一个全国性的组织。日本主妇联合会收集消费信息并向消费者发布，征询消费者的意见、调查存在的消费者问题，并向政府机关及相关企业反映；对主要消费品进行试验，并于1950年设立了日用品实验室，对商品进行检验，发布检验结果；开展消费者教育，以不断提高消费者的素质，增强消费者的自我保护意识；举办各种研讨会，以增进交流，探讨消费维权和相关问题的解决方案；接受消费者的投诉，对各种消费者争议进行调解。为了更好地保护消费者的利益，加强与消费者的交流，及时、有效地发布各种信息，日本主妇联合会创办了《主妇联通讯》杂志，以发布各种调查结果，也为国内消费者以及外国人提供相关的消费信息。

2. 全国消费者团体联络会

日本全国消费者团体联络会于1956年12月成立，主要是一个联络性的机构。在日本存在许多保护消费者利益的组织，各个组织的工作侧重点不同，而消费者权益保护工作是一个系统的工程，需要各组织间展开密切的配合，这样才能加强交流，发挥整体优势，实现信息共享。而全国消费者团体联络会就是为了将全国的消费者团体联合起来而成立的，它负责协调各个消费者组织间的工作，推动各团体之间的合作，以共同促进消费者权益保护工作的发展。

该联络会由14个日本的消费者组织组成，它们是：日本主妇联合会、消费科学联合会、新日本妇女会、反对高物价重税中央实行委员会、全国公团住宅自治会协议会、全国大学生活协同组合联合会、全国农协妇女组织协议会、全国劳动者共济生活协同组合联合会、日本消费者联盟、日本生活协同组合联合会、日本母亲大会联络会、日本妇女会议、日本妇女团体联合会、劳动者福祉中央协议会。

3. 日本消费者协会

日本消费者协会于1961年9月3日成立，其经费来自于政府拨款。其主要工作是开展商品的比较检验工作，对商品质量进行调查，并通过检验测定商品的质量水平，将检测的结果提供给消费者，以便消费者作出明智的消费选择。日本消费者协会负责展开消费教育工作，包括对地方消费生活中心的消费咨询员进行培训，通过消费咨询、召开研讨会、培训等形式对消费者进行教育。日本消费者协会还可以接受消费者的投诉和咨询。

(三) 中国香港地区

我国香港地区的消费者组织主要是消费者委员会（Consumer Council）。该组织成立于1974年4月，其经费主要来自于政府，但消费者委员会保持着相当的独立性，且不受行政权的干预。中国香港于1977年制定《消费者委员会条例》，该条例具体规定了消费者委员会的性质、职能、权力、组织结构、与行政长官的关系等内容。

20世纪70年代，香港地区物价飞涨，许多商人相互串通、哄抬物价，谋取暴利，民众普遍呼吁打击这种行为。在这种背景下，为了保护消费者利益，成立了消费者委员会。其宗旨是维护消费者的福祉、加强消费者的自我保护能力。为了有效地开展工作，消费者委员会还会与政府、媒体等加强合作。根据《消费者委员会条例》，消费者委员会的职能主要包括：(1) 搜集、接受及传递有关商品、服务及不动产的信息；(2) 接受并审查商品、服务的消费者投诉，以及不动产购买人、按揭人及承租人的投诉，并向投诉人提供意见；(3) 根据搜集的材料采取相应的行动，包括向政府或任何公职人员提供意见；(4) 鼓励商业及专业团体制定工作守则，规管属下会员的活动；(5) 承担任何经由行政长官同行政会议审批的其他职能。

三、我国的消费者组织

我国《消费者权益保护法》第12条规定："消费者享有依法成立维护自身合法权益的社会组织的权利。"消费者尽管整体力量很强大，但由于过于分散，因此与经营者尤其是大的生产商、销售商相比，无疑处于劣势。消费者为了维护自身的权利，必须通过一种方式结合起来，集中力量，以一个整体与经营者相制衡，才能获得较大的话语权。

在我国，首先是由政府设立而不是由消费者自发成立一定的组织来保护消费者的利益，但随着社会主义民主法制的不断健全、消费者自我维权意识的不断增强，在未来将出现更多的由消费者自行组织起来维护自身的利益的消费者组织。

2013年《消费者权益保护法》对消费者协会的性质重新进行了界定，实现了从"社会团体"到"社会组织"的转换。根据1993年《消费者权益保护法》，消费者协会是一种社会团体。1989年，国务院颁布了《社会团体登记管理条例》，该条例对社会团体进行概括式的定义，规定"在中华人民共和国境内组织的协会、学会、联合会、研究会、基金会、联谊会、促进会、商会等社会团体，均应依据本条例的规定申请登记"。因此，根据该条例，消费者协会就属于社会团体的一种。1998年重新颁布的《社会团体登记管理条例》规定："本条例所称社会团体，是指中国公民自愿组成，为实现会员共同意愿，按照其章程开展活动的非营利性社会组织。"然而在我国，消费者协会并不是由消费者自发成立的，而是由政府发起成立的保护消费者的机构，因此，将其界定为社会组织更准确。

在我国，消费者组织主要是指消费者协会，但这并不排除其他消费者组织的存在和发展，这在《消费者权益保护法》中也有所体现，但鉴于其他消费者组织的形式多种多样，在此重点介绍消费者协会。我国的消费者协会包括全国性的消费者协会，也包括地方上的消费者协会，这些协会在过去二十多年中为保护消费者的利益作出了巨大的贡献，下面分别对其予以介绍。

(一) 中国消费者协会和地方消费者协会

1. 中国消费者协会

1981年，联合国亚洲及太平洋经济社会委员会在泰国曼谷召开保护消费者问题磋商会，并邀请我国消费者组织参加。但在当时，“消费者组织”对于我国而言尚是一个陌生的事物，因此只好由国家商检局的相关负责人参加此次会议。在这次会议上，各国代表认为，中国作为一个人口大国，如果没有中国的参与，国际消费者保护运动和国际消费者联盟是没有代表性的，并希望能与中国加强消费者的保护工作领域的合作。与会同志回国后，建议成立消费者组织。国家工商局、国家标准局和国家商检局联名提议成立全国性的消费者协会，后经国家经济委员会批复同意成立中国消费者协会，挂靠于国家工商行政管理局，在业务上接受国家工商行政管理局、国家标准局和国家商检局的指导。后经国务院批准，于1984年12月26日成立了中国消费者协会。

中国消费者协会是由国家法律承认、国务院批准成立的保护消费者合法权益的全国性团体。中国消费者协会是由中央政府发起成立的，而非公民自愿组成的社会团体。中国消费者协会是为全国消费者服务的，是非会员制的组织，实行理事会制度，由国家各有关部门，各有关人民团体（社会团体），各有关新闻媒介，各省、各自治区、直辖市及副省级市消费者协会（委员会）组织推举的理事组成。为了保证协会的独立性与公正性，以及工作的正常开展，中国消费者协会的经费主要来源于以下几个方面：(1) 政府资助；(2) 社会捐赠；(3) 在核准的业务范围内开展的活动或服务的合法收入。同时，消费者协会的经费不得用于与履行其职责无关的活动。中国消费者协会根据《消费者权益保护法》，积极保护消费者所享有的各项权利。

2. 地方消费者协会

事实上，我国最早的消费者协会首先是由地方建立的。1983年5月，河北省新乐县成立了中国第一个消费者组织——新乐县消费者协会。20世纪80年代初期，商品经济逐渐发展，市场交易中也出现了许多损害消费者利益的行为，如坑蒙拐骗、缺斤短两等，新乐县在县工商局局长的带领下，成立了“维护老百姓利益协会”，后为了更具有针对性，更名为“新乐县消费者协会”，并制定了《新乐县消费者协会章程》。继此之后，广州市于1984年8月成立了消费者委员会；同年11月，哈尔滨市也成立了消费者协会。这些消费者协会的成立都早于中国消费者协会。

在中国消费者协会建立后，地方又兴起了成立消费者协会的浪潮，截至1999年年底，内地31个省、自治区、直辖市已全部建立消费者协会，县级以上消费者协会达到3 086个。据中国消费者协会统计，截至2009年年底，全国共有县级以上消费者协会组织3 254个，其中，省、自治区、直辖市31个，计划单列市15个，地（市）385个，县（市）2 823个。在农村乡镇、城市街道建立消协分会26 169个；在村委会、居委会、行业管理部门、高等院校、厂矿企业中设立投诉站、监督站、联络站、指导站89 425个，其中，在工商企业设立联络站39 171个。这些消费者组织的成立，为我国保护消费者利益的事业提供了坚强的组织保障。

（二）消费者协会的职责

2013年修法将消费者协会履行的职责重新界定为公益性职责，强调其公益性并且对其所履行的具体职责进行了相应的修改。根据2013年《消费者权益保护法》第37条，消费者协会履行的公益性职责主要包括：

1. 向消费者提供帮助

消费者协会应当向消费者提供消费信息和咨询服务，提高消费者维护自身合法权益的能力。消费者在消费的过程中面临着信息不对称的情况，并可能因此而作出许多非理性的选择。如果消费者协会能向消费者提供相关信息，则可以大大改变消费者在与经营者交易关系中的弱势地位。消费者协会应当经常发布一些警示信息，提醒消费者谨慎消费。消费者协会应当保证其提供的信息的真实、客观，必须要有依据。消费者对于在消费者过程中遇到的一些问题，可以向消费者协会进行咨询，消费者协会没有正当理由不得拒绝。当然，对于超出自己能力范围的事项也不得任意提供咨询意见。消费者的这种咨询既可以是事实方面的，如商品鉴定、质量标准等方面的问题，也可以是有关法律方面的，如消费者权利、法律程序、纠纷解决等问题。对于消费者的咨询，消费者协会不能收取任何费用。

消费者协会应当引导文明、健康、节约资源和保护环境的消费方式。消费者协会应当通过宣传有关保护消费者权益的政策和法律，开展消费者教育；通过发布新闻等方式发布消费警示，不断提高消费者维护自身合法权益的能力。此外，消费者协会也应当对消费者的消费方式进行引导，加强宣传教育，不断提高消费者的素质，促使其不断做到文明消费；通过各种主题宣传活动，倡导低碳的生活方式，保护环境资源，等等。

2. 参与制定有关消费者权益的法律、法规、规章和强制性标准

消费者协会处于解决消费者争议的第一线，对于消费中所存在的种种问题有较好的了解，因此，其提出的意见或建议也更具有针对性。消费者协会能够集中消费者的意见，代表消费者表达相关诉求，争取权益。消费者协会应当发挥自身的优势，积极参与各种法律、法规、规章和强制性标准的制定，为建立、健全我国的消费者保护法律制度体系建言献策。在2013年修法过程中也专门增加了消费者协会的这一公益性职责。

3. 参与有关行政主管部门对商品和服务的监督、检查

消费者协会以保护消费者利益为首要目标，但由于其没有行政执法权，难以对各种损害消费者的行为进行处罚。消费者协会应积极参与有关行政机关的执法活动中，协助行政机关及时查处各种违法行为。消费者协会与工商局、药监局、质监局、物价局等联合进行检查，能够发挥整体优势。行政机关往往只是进行局部性的执法，检查范围相对有限，消费者协会参与行政执法活动，能够获得第一手资料，及时向消费者发布有关信息，从而使消费者注意行政机关执法活动中反映出来的该行业中存在的所有相关问题，能够达到一种整体性的效应，超出行政执法本身具有的意义。

4. 就有关消费者合法权益的问题，向有关行政机关反映、查询，提出建议

行政机关由于种种原因往往不可能对各种消费者问题都及时、全面地了解，如果消费者协会能够向行政机关进行反映，则可以使其及时介入，迅速查处各种损害消费者利益的行为。对于有关问题，如果消费者协会难以把握、存在疑惑的话，可以向有关行政机关进行查询，以获得权威性的依据。为了更好地保护消费者的利益，消费者协会也可以向行政机关提出建议，包括改善行政机关执法方面的建议。

5. 受理消费者的投诉，并对投诉事项进行调查、调解

受理消费者投诉是消费者协会的一项重要职能。消费者在消费的过程中如认为自己的合法权益受到了损害，可以向消费者协会投诉，请求消费者协会进行调解。由消费者协会作为中立者对争议双方进行调解，往往更易解决矛盾，成本较低，费时也较少；而且经过调解而达成的解决方案，更容易得到履行，因此，这种争议处理方式对双方来说都是一个较为可行的选择。消费者协会受理投诉以后，应当及时对相关事项展开调查，了解事实真相及双方争议的焦点，收集证据，组织双方进行调解。

【数据统计】 2013 年上半年全国消费者协会受理投诉情况①

项目	2013 上半年	2012 上半年	变化幅度（%）
受理数（件）	265 572	256 713	↑3.5
解决数（件）	244 601	234 371	↑4.4
解决率（%）	92.1	91.7	↑0.4
挽回损失（万元）	59 057	26 335	↑124.3
加倍赔偿（件）	3 628	3 320	↑9.3
加倍赔偿金（万元）	864	555	↑55.7
来访咨询（万人次）	86	105	↓18.1

6. 委托鉴定消费者投诉事项中所涉及的质量问题

投诉事项涉及商品和服务质量问题的，可以委托具备资格的鉴定人鉴定，鉴定人应当告知鉴定意见。由于争议的事项涉及一些专业性、技术性较强的问题，此时为了公正地处理，必须对相关问题进行彻底的调查，弄清事实的真相，消费者协会就有必要委托具备资格的鉴定人进行鉴定，由鉴定人提供专业、权威的鉴定意见，消费者协会据此来解决有关投诉事项，才可能达到公平的结果。

7. 支持消费者提起诉讼或提起公益诉讼

就消费争议如果双方经消费者协会调解难以达成调解协议，或达成调解协议后经营者一方拒绝履行，则消费者可以提起诉讼。由于与经营者相比，消费者一般处于较为弱势的地位，往往很难维护自身的合法权益，这就需要消费者协会对这些消费者提供一定的支持。这种支持可以表现为提醒消费者可以提起诉讼，也可以表现为在消费者提起的诉讼中提供一定的帮助，如收集相关的证据、提供相应的法律咨询，等等。

2013 年修法的重点之一就是赋予了消费者协会以提起公益诉讼的权利，将 1993 年《消费者权益保护法》第 32 条第 1 款第 6 项修改为“就损害消费者合法权益的行为，支持受损害的消费者提起诉讼或者依照本法提起诉讼”，作为第 37 条第 1 款第 7 项；新设 1 条，作为第 47 条，该条规定：“对侵害众多消费者合法权益的行为，中国消费者协会以及在省、自治区、直辖市设立的消费者协会，可以向人民法院提起诉讼。”对于那些造成广泛损害的行为，有的消费者因为对自身造成的损害不大、举证困难、诉讼成本较高等原因而选择不起诉，但由于这些行为涉及的主体很广，因此，尽管对单个消费者的损害可能不大，但从总体上来看这种损害却可能非常大。由消费者协会提起公益诉讼，可以有效解决这一问

① 参见中国消费者协会网站：http：//www.cca.org.cn/web/xfxx/picShow.jsp? id=63379。

题，减轻消费者的负担，维护广大消费者的合法权益。

【链接4—1】 域外消费公益诉讼[①]

针对侵害不特定消费者利益的行为，部分国家的消费者保护立法赋予特定消费者组织提起公益诉讼的权利。对于享有公益诉讼权利的消费者组织，一般都有严格的资格限定，例如：(1) 德国规定，具备资质的消费者组织才可以自己的名义提起诉讼。法律对于“具备资质的组织”，从章程的宗旨、成立年限、会员人数、资金等方面作了限制。国外消费者组织在德国诉讼，必须拥有欧盟认可的资质。(2) 日本规定，提起消费公益诉讼的“适格消费者团体”由内阁总理大臣按照法定条件认定。

8. 发挥舆论监督的职责

对于损害消费者合法权益的行为，消费者协会应当通过大众传播媒介予以披露、批评。损害消费者合法权益的违法行为往往涉及面较大，消费者协会应当跳出对个案的关注，将这种损害行为置于更为广阔的层面上来对待。这种违法行为的实施者可能不止一个，而是很多，利益受损的消费者可能不仅是本地区的而且存在于全国各地。消费者协会应当对这种行为予以披露、批评，形成一种舆论压力。这样，不仅可以促使经营者停止违法行为，采取相应补救措施；同时还可以警示广大的消费者，提高消费者的自我维权意识。

消费者协会为了保护消费者的利益需要展开一系列的工作，如进行相应的调查，购买样品，对相关的商品进行对比试验、进行有关的鉴定等，这一系列工作都需要资金。另外，也需要支付给工作人员薪酬。对于消费者协会的工作，各级人民政府应当提供相应的支持，保障其经费来源，并创造必要的条件，切实将消费者权益保护工作置于一个重要的地位，维护消费者的合法权益。2013年修订的《消费者权益保护法》明确规定各级人民政府应当给予必要的经费等支持，从而为消费者协会履行职责提供了坚实的物质保障。

消费者协会应当认真履行保护消费者合法权益的职责，听取消费者的意见和建议，接受社会监督。依法成立的其他消费者组织依照法律、法规及其章程的规定，开展保护消费者合法权益的活动。

（三）消费者组织的禁止性业务

消费者组织的主要任务是保护消费者的利益，这就决定了其不能从事与此宗旨相冲突的活动。《消费者权益保护法》第38条对此作出了明确的规定，各消费者组织应当严格遵守。

1. 不得从事商品经营和营利性服务。消费者组织是保护消费者利益的，因此与消费者之间没有利益冲突，代表的是消费者的利益。但是，如果某种角色的转换致使消费者组织与消费者处于一种对立性的地位，则消费者组织也就难以保护消费者的利益了。正是基于这种考虑，《消费者权益保护法》规定消费者组织不得从事商品经营和营利性服务。消费者组织具有公益性，一旦其从事商品经营和营利性服务，会使其与消费者处于一种对立的地位，尽管这种对立地位可能不会给消费者带来损害，如消费者组织从事商品经营或提供营利性服务时可能会给消费者提供质量更好的商品或更为优质的服务，但这种行为会有损消费者组织的公益性，因此必须予以禁止。

---

① 参见人民网：http：//legal. people. com. cn/n/2013/0604/c188502 - 21722666. html。

2. 不得以牟利为目的向消费者推荐商品和服务。消费者组织具有较强的号召力，消费者也往往对消费者组织推荐的商品、服务产生一种信赖。有的消费者组织接受了企业的捐赠，然后借助自己的地位向广大消费者推销该企业的商品或服务；有的消费者组织创办了自己的刊物，接受一些有偿性的广告，消费者组织可能会因接受资金而对该商品、服务进行夸张性的宣传，回避其所存在的问题，从而误导消费者，这是与消费者组织的性质不符的，应当予以禁止。为了解决消费者组织的经费问题，需要政府在这方面作出更大的支持，同时也要不断健全捐赠体制，从而保证消费者组织不会因为经费问题而本末倒置，忽视了自身的真正宗旨。

四、国际消费者联合会

（一）消费者权益保护的国际合作趋势

随着全球化趋势的不断加强，各国经济联系日益紧密，消费者问题也逐渐从一个国内问题转化成为国际性问题。由于各国的经济发展水平、历史、文化、习俗等方面的差异，对消费者的保护也各不相同，一国对本国消费者和外国消费者可能给予不同的保护，而本国消费者在外国也可能会受到差别性的待遇。对于同一消费者问题，各国采取的态度可能完全不同。此外，跨国公司迅速发展，在许多国家都设有分支机构或子公司，相同的产品给不同国家的消费者造成了损害，然而给予不同国家消费者的补救性措施、赔偿等却不相同。如何在世界范围内实现对消费者的平等保护，是当今不得不面临的一个问题。

发达国家有较为完备的消费者保护法律制度，而许多发展中国家由于种种原因，至今仍未建立起基本的消费者保护制度，因此，如何建立健全消费者保护制度是这些国家所面临的紧迫任务。在这种背景下，消费者的保护必将呈现出一种国际化的趋势，通过一些国际性的组织来推动国际消费者运动的不断发展，协调各国之间的消费者保护政策，防止因消费者保护制度方面的巨大差异给消费者带来不便和损害。

20 世纪中叶以前，许多发达国家就成立了国内的保护消费者权益的组织，各国组织间不断加强合作与交流，在共同保护这些国家的消费者方面作出了卓越的贡献，积累了宝贵的经验。后来随着世界经济的发展，各国之间的联系更加紧密，消费者权益保护的国际化问题也日益突出。在这种背景下，成立一个以保护消费者权益为宗旨的国际性组织就成为一种必然趋势，最终在 1960 年成立了国际消费者联盟。

（二）国际消费者联盟

国际消费者联盟（Consumers International，CI）是 1960 年由美国、英国、荷兰、比利时和澳大利亚的消费者组织发起设立的，总部原来设在荷兰海牙，后迁至英国伦敦。CI 是一个独立的、非营利性、非政治性的组织，现拥有来自 115 个国家和地区的二百二十多个成员。CI 的成员包括区域性、全国性或者地方性的消费者组织，也包括政府的相关机构以及与消费者问题有关的相关团体。CI 的组织结构包括全体大会、理事会、执行委员会，其中：全体大会由各个成员组织所推选的代表组成。理事会是日常的决策机构，由 35 名成员组成，理事会指定执行委员会，负责日常的执行工作。CI 是一个世界性的消费者组织联盟，与其成员共同致力于保护消费者的利益，是世界范围内保护消费者利益方面的唯一一个独立性的权威机构。中国消费者协会在 1987 年 9 月正式成为 CI 的成员。

CI 致力于保护消费者的以下八大权利：获得基本需求满足的权利、安全权、知情权、选择权、控告权、求偿权、获得消费者教育权以及享有健康环境的权利。1983 年，CI 确定每年的3月15日为“国际消费者权益日”，这是为了纪念美国前总统肯尼迪在1962年3月15日发表的《关于保护消费者利益的总统特别国情咨文》，肯尼迪总统提出了消费者应当享有的四项权利：安全权、知情权、选择权以及表达意见权。此后，每年3月15日，世界各消费者组织都会举办各种纪念活动，如有的消费者组织举行活动宣传消费者的权利，告知消费者应当如何理性地消费；有的消费者组织披露存在的种种损害消费者利益的行为，提醒消费者注意；有的消费者组织对于在消费者权益保护领域中有重大贡献的个人或组织进行表彰，以激发更多的人投身到消费者权益保护的事业中来。我国的消费者协会在每年的3月15日也举办各种活动，如有的消费者协会在这一天会联合有关行政机关展开调查活动，有的消费者协会在这一天集中提供咨询服务，等等。

CI在保护消费者利益方面开展了富有成效的工作。CI针对消费者问题在世界各地举办了各种宣传活动，以提高消费者的权利意识与责任意识，促使政府在消费者政策、企业在商业行为方面作出真实的改变。CI还建议各国政府关注消费者问题，提高对此问题的重视程度。CI也致力于进行全球性的监督，同各种威胁、忽视或者侵害消费者权利的行为作斗争。CI同全国性的消费者组织合作，共同影响政府在消费者权益保护方面的政策，提升基层消费者组织的支持。CI在联合国等机构中也设有代表，通过这些代表来向联合国、世界卫生组织、国际标准化组织、联合国粮食及农业组织等表达消费者关切。CI推动世界各地建立更好的保护消费者利益的组织，帮助消费者提升消费技能与知识。

为了保持自身的独立性，CI从不接受商业性的捐赠，其经费主要来源于政府的拨款或者成员所缴纳的费用。以2007年为例，该年其总收入为2 082 142英镑，其中来自各种基金的收入为47 505英镑，来自政府的收入为31 754英镑，来自各种国际组织如联合国、欧盟、世界银行的收入为343 420英镑，当然还有其他的收入，如会员所缴纳的会费、其他捐赠机构的捐款、投资性收入、租赁费等，这些收入达到1 659 463英镑，占CI收入的绝大多数。CI不接受个人捐款和商业性的收入。

CI创办了《国际消费者联盟组织通讯》、《消费者报道》、《消费者国际监察焦点》、《国际健康活动新闻》、《消费者术语汇编》及其他刊物，通过这些刊物接收国际消费者运动发展的动向以及各国消费者组织的工作情况，等等。另外，CI还能够通过这些刊物的出版获取一定的收入，但并不接受商业性的广告。

【经典书目】

1. 刘益灯．国际消费者保护法律制度研究．北京：中国方正出版社，2005
2. 国世平，史际春．消费者权益及其保护．南宁：广西人民出版社，1989
3. 潘静成，刘文华．经济法．北京：中国人民大学出版社，2008
4. 李昌麒，许明月．消费者保护法．北京：法律出版社，2005

【思考题】

1. 消费者保护包括哪几个方面？

2. 我国消费者权益的立法保护包括哪些?

3. 我国消费者权益的行政保护包括哪些?

4. 我国消费者权益的司法保护包括哪些?

5. 什么是消费者组织?

6. 我国消费者协会的职责包括哪些?

7. 我国消费者协会的禁止性业务包括哪些?

8. 消费者保护有什么国际合作趋势?

9. 案例分析:

2013年9月13日，李某通过网络购买了一张桌子，并委托某快递公司送达。由于送达时李某并不在店内，快递员将桌子放至店内后未经李某签收便自行离开。李某于次日打开包装后发现桌子有破损，并查到快递的运单是快递员冒名签收的，桌子的购买价格为120元。李某找快递公司交涉并要求赔偿被拒，便向消费者权益保护委员会寻求帮助。后经区消费者权益保护委员会大碶分会调解，快递公司赔偿李某购买桌子的货款120元。

请思考: 消费者协会在解决消费者纠纷中的作用。

第五章 格式条款

内容摘要

消费合同是与人们日常生活最密切相关、最频繁发生的法律行为，随着生产与交换的高度社会化，格式条款已成为消费领域中至为重要的交易制度。消费合同中的格式条款为经营者单方拟定，未与消费者协商，消费者只能选择接受或不接受，不能修改或取消。格式条款旨在缩短缔约时间、节省社会成本，方便消费者，增进交易的便捷、高效。但是，经营者在拟定格式条款时，经常利用其经济上、信息上、谈判上的优势地位，制定有利于自己而不利于消费者的不公平、不合理的条款，因而各国立法均注重对格式条款的规范，包括订立、内容、解释以及效力等方面的规范，以对消费者进行特别保护。

第一节 格式条款概述

一、格式条款的定义与特征

所谓格式条款，是指由一方当事人为了重复使用而预先拟定的并由不特定的第三人所接受的，在订立合同时未与对方协商的条款。各国（地区）多从法律上对格式条款进行定义，《德国民法典》第305条规定，“一般交易条款，是指为一系列的多次交易而预先拟定的、由合同当事人一方（使用方）在合同订立时向相对方提出的合同条款。不论该条款是合同的组成部分还是独立于合同之外，也不论其篇幅、字体或采用何种形式”。我国台湾地区“消费者保护法”第2条规定，“定型化契约条款，是指企业经营者为与不特定多数消费者订立同类契约之用，所提出预先拟定之契约条款。定型化契约条款不限于书面，其以放映字幕、张贴、牌示、网际网路或其他方法表示者，亦属之”。同条进一步规定，“定型化契约，指以企业经营者提出之定型化契约条款作为契约内容之全部或一部而订定之契约”。《国际商事合同通则》规定，“标准条款是指一方为通常和重复使用的目的而预先准备的条款，并在实际使用时未与对方谈判”。我国《合同法》第39条的界定为，“格式条款是当事人为了重复使用而预先拟定，并在订立合同时未与对方协商的条款”。

【案例5—1】 中消协点评苹果产品维修十大问题①

2012年年初，中国消费者协会及地方消费者协会陆续接到消费者投诉，反映使用的苹果iPhone、iPad、iPod等产品，在出现质量问题送修时，发现苹果公司制定的“Apple维修条款”及“iPhone维修报告”中存在不公平、不合理的合同格式条款，造成消费纠纷难以解决，侵害了消费者的合法权益。2013年3月15日，中消协联合全国副省级以上消协（委员会）共同点评：苹果产品维修十大问题。苹果售后存在更换强制留旧件、擅自更换好部件、维修损坏多敷衍、单方判断拒维修、数据损失不负责、维修换新争议大、履行义务不充分、换件欺诈客户、检测维修不出据、修理拖延时间长共十类问题。2013年4月1日，苹果公司在其官网上向中国消费者公开致歉，并就有关售后维修政策作出了修改和调整。

消费合同中的格式条款为经营者单方拟定，未与消费者协商，消费者只能选择接受或不接受，不能修改或取消。格式条款的法律特征主要有：

(一) 格式条款由当事人一方为重复使用而针对不特定的相对人预先拟定

格式条款是为适应重复交易而出现的，因其在缔约上的高效性和低成本性而被广泛应用，以适应现代市场经济高度发展的要求。格式条款使用方在订约之前已经拟定好合同条款的具体内容，相对方不参与格式条款的拟定。格式条款通常由谈判能力较强的一方拟定后，提供给选择余地很少并且谈判能力较弱的一方。实践中，格式条款多由公用企业和依法具有独占地位的经营者拟定，如供水、电、气、热力的企业以及铁路、民航等。单方提出是格式条款产生危险的核心原因，因为其剥夺了对方当事人进行合同磋商的可能。格式条款是一方当事人针对不特定的相对人拟定的，是为提供“一揽子交易”而事前拟定的适用于与之交易的所有相对方的一般交易条件。

(二) 格式条款的内容具有定型化的特点

格式条款的要约具有稳定性：一方面，格式条款所提供的交易条件是固定的，不能协商修改。格式条款是为不特定的多数人预先拟定的，适用于所有与格式条款使用方订立合同的不特定的相对人，且对众多相对人适用相同的交易条件，不因相对人的不同而有所区别。另一方面，格式条款的双方当事人地位固定，不能互换。格式条款要约人总是特定的，而受要约人是不特定的多数相对人而且只能作为承诺人。格式条款的要约一般向不特定的相对人发出，或者向某一类有可能成为承诺人的不特定相对人发出。不特定的相对人在进入订约过程后，就由不特定的相对人变成了特定的承诺人。格式条款订立中要约人和承诺人双方的地位具有稳定性和不变性，即受要约人只能是承诺人，而不能变为反要约人。这不同于非格式合同条款订立中，要约人和受要约人的地位可以随意改变。

格式条款承诺的不可协商性：格式条款的相对人只有订约的自由，而没有决定合同内容的自由，即相对人只能对合同条款表示概括接受或拒绝，而没有与格式条款提供方就合同个别条款进行协商的余地。格式条款一般是由经济能力、信息能力、谈判能力、组织能

---

① 参见《中消协点评：苹果产品维修十大问题》，http：//www.cca.org.cn/web/ztbd/newsShow.jsp? id=61850&cid=3581，访问时间：2013-11-08。

力占有优势的经营者一方拟定和使用，其中很多涉及与普通消费者的生活有密切联系的商品或服务，如天然气、饮用水、电力、热力、有线电视、电话、宽带，等等。于此情形下，作为承诺人的消费者，在承诺与否之间往往只能选择承诺；在面对要约人提出的条件时，只能全盘接受。“要么同意，要么走开”是消费者面对格式条款时所能作出的全部选择，而且在许多情况下，消费者只能选择同意。因此，格式条款是对合同自由原则的限制。

（三）格式条款相对方在订立合同时的附从性

一般而言，合同是双方当事人通过协商谈判达成的协议，而格式条款是合同订立时未与对方当事人协商的条款，即排除双方协商这一订约基础，相对方并不参与协商过程，只能对一方制定的格式条款概括地接受或拒绝，而不能协商修改，因而相对方处于附从地位。消费合同中，使用格式条款的一方常是处于垄断地位、经济实力雄厚的经营者，而作为相对方的消费者在合同订立过程中处于附从地位，对经营者提出的格式条款并无或欠缺实际谈判磋商的机会，只能概括地接受或不接受，不能就合同条款讨价还价，不能协商修改。格式条款与个别协商条款互为对立物，如若由双方当事人个别协商决定，则不是格式条款；如若未与相对方协商或不容相对方协商，则属于格式条款。

（四）格式条款的形式多样性

格式条款的形式多样，有的记载于合同书中；有的记载于合同书之外的其他文件中，如悬挂于银行营业大厅的业务规则等；还有的印刷在各种票证上，如印刷在车、船、飞机票上的合同条款等。格式条款的载体不限于书面合同文本，广告、通知、声明、须知、说明、介绍、店堂告示、字幕、用喇叭广播、消费单据、特别约定、数据电文、短信息、互联网页面中的条款等符合格式条款内容的，以及经营者援引的行业惯例、行业协会制定的行业规范和行业规则等，都被视为格式条款。

二、格式条款的规制

格式条款是一柄双刃剑，在促进交易便捷、节约交易成本、提高交易效率的同时会对交易公平带来挑战。因此，各国（地区）通过对格式条款的规制实现交易效率与交易公平之间的平衡，具体规制方法通常包括立法规制、行政规制、司法规制和社会规制。

（一）立法规制

格式条款的立法规制是通过立法手段对格式条款作出的规制。有的国家（地区）在民法典中作出统一规定，如《德国民法典》第305～310条有关一般交易条款的内容，涉及一般交易条款成为合同条款的条件，一般交易条款的生效要件、解释规则以及消费者合同的特别规定等。有的国家（地区）则制定专门的不公平条款法或消费者合同法，规定消费者可以不受消费合同中不公平条款的限制，从而使其合法权益受到保护，如英国《不公平条款法》、日本《消费者合同法》、我国台湾地区“消费者保护法”、欧盟指令《消费合同中的不公平条款》等。我国《合同法》及其司法解释和《消费者权益保护法》对格式条款作出了立法规制：《合同法》第39～41条对格式条款作了一般规制——第39条对格式条款的订立进行规制，第40条对格式条款的效力进行规制，第41条对格式条款的解释进行规制。《消费者权益保护法》第26条对消费合同中的格式条款作出特别规制。

（二）行政规制

行政规制是指政府行政部门通过许可、认可、审核、监督、批准等方式规范格式条款，防止格式条款背离契约正义。行政规制通常包括事先规制和事后规制，前者主要是指相关行政主管部门对格式条款的内容在使用前先行审核之后方允许使用，比如我国工商行政管理部门对格式条款的备案制度；后者则是指在格式条款成立后，相关行政主管部门对格式条款的监督、检查以及对使用方违法行为的查处。比如，我国台湾地区“消费者保护法”要求相关行业主管部门拟定并公告本行业定型化契约模板以供业界参考，消费者也可以按照不同行业的主管机关上网查询①；企业经营者与消费者订立定型化契约前，应向消费者提供合理期间审阅全部条款内容，违反者，其条款不构成契约之内容。②

我国行政机关对格式条款采取的规制方式主要包括：第一，审批特定行业的格式条款或格式条款中的某些重要内容；第二，出台格式条款监督办法；第三，要求企业将格式条款呈报行政机关备案；第四，直接制定合同示范文本；第五，对企业使用格式条款的行为进行日常监督检查，查处违法行为；第六，推动行业出台规范性指导意见。我国格式条款的监管部门包括工商行政管理部门和相关行业主管部门。依据2010年国家工商行政管理总局《合同违法行为监督处理办法》第4条的规定，各级工商行政管理机关在职权范围内，负责监督管理合同违法行为，包括对格式条款违法行为的监督管理。经营者违反规定的，工商行政管理机关给予警告、没收违法所得等行政处罚。相关行业主管部门主要包括电信、邮政、公路、铁路、民航、银行、保险、证券、自来水、电力、热力、天然气等行业的主管部门。如2001年《电信服务质量监督管理暂行办法》第15条规定，电信业务经营者制定和使用格式条款应当报电信管理机构备案。

(三) 司法规制

司法规制主要是指司法机关在合同纠纷审判过程中，运用诚实信用、公序良俗、权利不得滥用等民法或合同法的基本原则以及专门规制格式条款的具体规则，对格式条款所涉及的合同权利义务关系及自身效力等问题进行司法审查并作出司法判断，尤其是对不公平格式条款作出限制或否定的司法态度，以消除不公平格式条款的影响，维护合同相对人的利益。具体措施包括：

1. 扩大法院对格式条款的受案范围。实践中，行业霸王条款是损害消费者利益的大鳄，这些行业霸王条款常损害不特定多数消费者的利益，而且损害社会公共利益。但是，行业经营者常以行业规范等规范性文件作为拟定不合理格式条款的“挡箭牌”。在电信行业曾经出现“固定电话不能提供市话清单”的不公平、不合理的格式条款，运营商以《电信条例》第34条未列举“市话收费单据”当“挡箭牌”③。在铁路运输行业曾出现收取20%的退票费的不公平、不合理的格式条款。2006年《铁路客运运价规则》规定，原退票费办法春运期间改为：按每张车票面额计算，收取20%。

2. 明确法院对格式条款的审查权，保证司法机构的独立性。法院应该依法享有运用民

---

① 我国台湾地区“消费者保护法”第17条规定：“中央”主管机关得选择特定行业，公告规定其定型化契约应记载或不得记载之事项。违反前项公告之定型化契约之一般条款无效。该定型化契约之效力依前条规定定之。企业经营使用定型化契约者，主管机关得随时派员查核。

② 我国台湾地区“消费者保护法施行细则”第11条规定：企业经营者与消费者订立定型化契约前，应有30日以内之合理期间，供消费者审阅全部条款内容。违反前项规定者，该条款不构成契约之内容。但消费者得主张该条款仍构成契约之内容。“中央”主管机关得选择特定行业，参酌定型化契约条款之重要性、涉及事项之多寡与复杂程度等事项，公告定型化契约之审阅期间。

③ 2000年《电信条例》第34条规定：“电信业务经营者应当为电信用户交费和查询提供方便。电信用户要求提供国内长途通信、国际通信、移动通信和信息服务等收费清单的，电信业务经营者应当免费提供。”

商法基本原则对格式条款的内容特别是免责条款进行审查的权力，并逐渐形成一些普遍适用的原则。司法机构应从地方行政机构的利益共同体中解脱出来，保证司法独立，使由垄断行业制定的不公正格式合同条款能够得到有效的司法控制。

（四）社会规制

【案例5—2】 "电信卡余额不退"不平等格式条款终结①

2005年3月3日，北京、天津、上海、重庆四个直辖市的消费者协会联名向中国联通、中国移动、中国网通、中国电信正式致函，提出电信卡是分次履行的预付费合同，合同履行期限届满，经营者提供服务的义务终止，卡中如有剩余金额，则要承担返还义务，经营者随意侵吞卡内余额构成不当得利，因此，如果电信卡过期，余额应该退还消费者。此举将"电信卡余额"问题的争议推向了白热化。而此前，原信息产业部下发的《关于治理当前电信服务热点问题的指导意见》也要求妥善处理电信卡余额问题。电信卡有效期过后，卡内仍有余额的，各电信企业应采取有效措施妥善处理，保护用户的合法权益。在3·15消费者权益日来临之际，各大运营商终于开始积极回应"电信卡余额"问题，他们各自拿出具体方案，以解决电话卡余额问题，确保消费者的利益不受损失。

对格式条款的规制，发动社会团体等民间力量是至关重要的。一方面，鼓励行业组织依法对本行业内格式条款的提供进行指导，并接受相关行政主管部门的监督。另一方面，发挥消费者组织等社会组织的团体优势监督格式条款。其中，团体诉讼制度是行之有效的措施之一，即赋予团体和组织诉讼主体资格，就不公平的格式条款代表消费者向法院提起诉讼。如《德国民法典》允许经过政府批准的协会（如消费者协会）代表消费者对不公正的格式条款以及其他违背消费者保护法律规定的行为提起不作为诉讼，从而强化了消费者保护。又如韩国于2006年引入的消费者团体诉讼制度，发挥社会团体的作用，为解决消费者诉讼问题提供了很大便利。我国《消费者权益保护法》也赋予中国消费者协会以及省级以上的消费者协会就侵害众多消费者合法权益的行为提起公益诉讼的资格。针对一些领域存在的格式条款等损害不特定多数消费者利益的情况，消费者协会除了利用点评、揭露批评等方式发挥社会监督外，还可以就不公平格式条款提起公益诉讼。

第二节 格式条款的订立

由于格式条款是由经营者片面拟定的，常常会出现偏重经营者的利益而不利于消费者的情形，因而需要对格式条款的订立进行有效规制，以保护消费者的利益。如《德国民法典》第305条第2款规定，一般交易条款要具备以下条件才能成为合同条款：（1）在订立合同时向合同当事人另一方以明示的方式指出一般交易条款；（2）合同对方当事人能够以合理期待的方式知悉一般交易条款的内容；（3）合同对方当事人对一般交易条款的适用表示同意。

根据我国《合同法》及《消费者权益保护法》，格式条款订立的规则主要包括：一是要求提供格式条款的一方以合理的方式履行法律规定的提示义务；二是要求提供格式条款

① 参见《中消协：纪念〈消法〉颁布二十年"依法维权二十事"》，http://www.cca.cn/web/ztbd/newsShow.jsp?id=65443&cid=3741，访问时间：2013-12-12。

的一方遵循公平原则确定双方之间的权利和义务；三是需要相对方同意格式条款。

一、经营者提请消费者注意及说明的义务

根据我国《合同法》第39条的规定，采用格式条款订立合同的，提供格式条款的一方负有免责格式条款提示义务，要求免责条款的提出必须采用明示的方式以使相对方了解，应当采取合理的方式提请相对方注意免除或者限制其责任的条款，并按照相对方的要求予以说明。所谓“采取合理的方式”系指提供格式条款的一方对格式条款中免除或者限制其责任的内容，在合同订立时采用足以引起对方注意的文字、符号、字体等特别标识，并按照对方的要求对该格式条款予以说明。提供格式条款的一方对已尽合理提示及说明义务承担举证责任。所谓免责条款是指一方当事人事先拟定的，未与对方协商的旨在限制或免除其未来责任的条款。我国《消费者权益保护法》第26条第1款进一步明确了经营者采用格式条款时的特殊提示及说明义务，要求经营者在经营活动中使用格式条款的，应当以显著方式提请消费者注意商品或者服务的数量和质量、价款或者费用、履行期限和方式、安全注意事项和风险警示、售后服务、民事责任等与消费者有重大利害关系的内容，并按照消费者的要求予以说明。其中，认定“以显著方式”应当考虑以下因素：

(1) 提请注意的方式。经营者应采用足以引起消费者注意的明显可见的文字、符号、字体等特别标识提示格式条款内容，达到提醒消费者注意载有格式条款内容的效果，使消费者能够知悉格式条款的内容。也即合同文件外形上应具有给消费者以该文件载有足以影响当事人权利、义务的条款的印象，消费者因此会认真阅读，能够获知格式条款的内容，否则，经营者的提请注意即不充分，也即没有尽到“以显著方式”提醒消费者注意的义务。

(2) 提请注意的方法。依照特定交易的具体环境，经营者提请注意的方法有多种，可以使用个别提请注意，即经营者应当明示地提示格式条款的内容；也可以在合同订立地以明显可见的公开公告（如通知、声明、店堂告示）提示格式条款的内容。而且，只有在个别提请注意事实上有困难时，才可以用公开张贴公告的方法。另外，在以邮寄、电子网络等方式缔约时，也可以在信件、票证、电子邮件中记载提请消费者注意的文字。只要其提示程度足以引起具有合理注意能力的消费者的注意，则视为其已经履行了提请注意的义务。

(3) 清晰明白的程度。经营者提请消费者注意的语言或者文字必须清楚明白。首先，采用个别提请消费者注意时，如果提请注意的文字或者格式条款本身已经被玷污或损坏，或者字迹不清，致使消费者根本无法辨认，则不能产生提请注意的效果。其次，采用公告方式提请消费者注意时，在制作技术及张贴方式上必须能使消费者很容易地阅读、知悉，因此，提请注意的公告及格式条款全文必须悬挂、张贴于订约地点的显著位置，或在订约地点以放映字幕的方式予以展示，且应字迹清楚、标志明显，能够引起消费者的注意，以使消费者能够知悉格式条款的内容。

(4) 提请注意的时间。提供格式条款的经营者提请消费者注意的行为必须在合同订立前或订立时作出，如果在合同订立之后再提示格式条款，则没有尽到提请注意的义务。提请注意义务的规定主要是用来防止格式条款的不公平，如果提请的时间过于延迟，将会使接受格式条款一方因未及时对此加以注意而使其权利行使成本增大。经营者应当给予消费者合理的机会阅读合同条款，使消费者有时间和动机去研究条款内容。

(5) 提请注意的程度。格式条款适用以一般消费者为标准，提请注意应达到足以提请一般消费者注意的程度，即消费者能够知悉格式条款的内容。因此，凡是"提请注意"足以提请一般消费者注意，该提请注意即为合理。"一般消费者"原则上以理智正常的社会一般人的认识水平为标准，同时适当考虑智力缺陷、文盲及身体有残疾的消费者的特殊情况。在明知消费者身体残疾或缺陷的情况下，可以采取更适合的提示方法，如某消费者为盲人且格式条款使用人也知道这一情形，则可以采取通过声音的方式向其提示格式条款。

(6) 经营者的说明义务。经营者的说明义务的履行应按照消费者的要求，应当有针对性。比如，针对格式条款中包含的一些专业术语（人身保险合同中有关保险业的专用术语），普通的消费者不明白的，可以要求经营者进行说明，经营者应当按照消费者的要求予以说明。

二、公平、合理地确定双方的权利和义务

【案例 5—3】

在《消费者权益保护法》赋予消费者的9项权利中，反映维护最差的三项权益依次为"知情权"、"监督权"和"公平交易权"，分别占53.6%、48.5%和32.8%。在《消费者权益保护法》规定的经营者的10项义务中，反映履行最差的三项依次为保证商品或服务质量的义务、提供商品或服务真实信息的义务以及听取消费者意见和监督的义务，分别占51.4%、42.1%和35%。针对目前商场里"商品售出，概不退换"、"高档商品，不买勿动"、"打折商品，概不三包"等店堂告示，有82.2%的消费者认为这是不合法或无效的。[①]

格式条款应当遵循公平原则确定双方的权利和义务。格式条款的内容必须公平、合理，公平、合理的标准应依据平等、自愿、公平、诚实信用等原则来确定。在制定格式条款时，经营者要尊重消费者的平等地位，双方订立合同应出于自愿，合同权利、义务的确定对双方是公平的；另外，经营者应当遵守诚实信用原则，不得损害消费者的利益。具体而言，包括以下三层含义：一是在订立合同时，合同各方应根据公平原则确定双方的权利和义务，格式条款的拟定者不得滥用经济权利欺诈消费者；二是应根据公平原则确定风险的合理分配；三是根据公平原则确定违约责任。[②] 免责条款应当遵循公平原则确定当事人之间的权利和义务，合理分配风险与负担。

反过来讲，经营者不得制定不公平格式条款。格式条款的提供者在确定权利、义务时，应遵循公平原则，保证双方利益的均衡，而不得含有限制对方权利、加重对方责任、减轻或免除自己义务或责任、增加自己的权利等对消费者不公平、不合理的内容。消费合同中不公平格式条款主要表现在：一是经营者减轻、免除自己的责任、逃避其应尽的义务。一些经营者无视国家法律、法规，在制定格式条款时，有意逃避法定责任和义务。二是双方权利、义务不对等，任意加重消费者的责任。三是排除、剥夺消费者的权利。有的经营者通过格式条款，事先拟定消费者放弃权利的条款，一旦发生问题，以此为自己免责。还有的则将合同中属于双方约定的条款事先填好，签订时不容协商。四是违反法律规定、任意扩大经营者的权利。五是利用模糊条款掌控最终解释权。一些商场、超市在开展

① 参见《中消协：〈中华人民共和国消费者权益保护法〉颁布实施20年消费维权状况调查报告》http://www.cca.org.cn/web/xfxx/picShow.jsp?id=65418，访问时间：2013-12-04。

② 参见冷根源：《统一合同法对格式合同的规制及不足》，载《社会科学》，2000（7）。

各种促销活动中，都不忘声明“本公司具有活动最终解释权”，一旦发生消费纠纷，该声明就成为其推卸责任的挡箭牌。

三、相对方接受格式条款

消费者与经营者采用格式条款订立合同的，格式条款具备合同的本质属性，仍然是当事人双方意思表示一致的结果，具备合同订立的要约和承诺阶段，相对方仍然有表达自己的意思，对格式条款予以承诺的机会，只是承诺只能是对合同条款表示全部接受或全部拒绝。也即相对方不能决定合同的内容，但仍然可以决定是否订立合同以及在一定范围内选择与谁订立合同（自然垄断行业等很多领域存在无法选择合同当事人的情形）。因此，格式条款的订立必须取得相对方的同意、接受，只有当其接受时，格式条款才成为合同条款，以体现合同自愿原则。

异常条款不得订入格式合同已成为各国立法的通行做法。“异常条款”是依交易的正常情形显然非相对人所能预见的格式条款。如果格式合同中某一条款过于异常以致无法期待消费者预期该条款出现于格式合同所适用的交易种类时，该条款视为未被订入格式合同。如《德国民法典》第305c条第1款规定，“根据情况，尤其是按照合同的外部表象，一般交易条款中的有关规定如果极为不同寻常，以至于合同相对方无须对此加以考虑的，则该规定不能成为合同的组成部分。”

第三节　格式条款的解释

一、格式条款解释的概念

格式条款的解释，是指根据一定的事实，遵循有关的原则，对格式条款的含义所作出的说明。[①] 合同解释的目的是探究当事人的真意，但格式条款是一方的单方意思，对格式条款的解释除了考虑当事人的意思外，首先要依据诚实信用原则，以实现公平、正义之目的。因而依据诚实信用原则对格式条款进行解释已经成为一种对格式条款进行司法控制的手段。

1. 格式条款解释的性质

由于格式条款是由处于优势地位的一方当事人预先拟定的，没有经过充分自由的协商，产生不公平的可能性较大，影响范围又比较广泛，需要法律对它进行规制。格式条款解释须考虑处于弱者地位的相对人，平衡双方当事人的利益，实现实质意义上的公平与正义。因此，格式条款解释在性质上属于法律问题的色彩较一般合同解释更浓一些。

2. 格式条款解释的目的

合同解释的目的通常在于探求当事人的真意，格式条款虽然在性质上属于合同，但毕竟不同于一般的合同。在格式条款解释中，探求当事人的真意固然重要，但如果探求出来的真意与法律的公平、正义相违背，应当舍“真意”而求“公平、正义”。各国所确立的格式条款解释规则，其基本思想也恰恰体现了这一目的。因此，格式条款解释的目的具有双重性：探求当事人的真意和实现法律上的公平与正义。

---

① 参见王利明：《合同法研究》，第1卷，396页，北京，中国人民大学出版社，2002。

3. 格式条款解释的任务

合同解释的任务主要是阐明合同文本的含义，在合同表达不明确、不清楚时，依据一定的解释方法使用语的含义得到明确，从而使合同得以正确履行，进而公平、合理地解决纠纷。但是鉴于格式条款的特殊性，其解释任务具有双重性：阐明格式条款的含义、克服双方的主观偏见、消除存在的歧义；调和双方的利益冲突、矫正失衡的利益天平，最终实现真正意义上的契约正义。

4. 格式条款解释是格式条款适用的核心

对格式条款进行准确的解释是司法控制的主要形式，也是衡平当事人之间的权利与义务、保障格式条款的合法性与公平性的重要途径。格式条款解释是平衡双方当事人利益的重要工具，也是控制格式条款使用的关键。法院通过对格式条款进行解释来纠正由于经济地位不平等而造成的利益失衡，对处于弱势地位的相对人加以特殊的保护，防止格式条款使用人假借契约自由之名损害相对人的利益，进而保障真正的契约自由与契约正义的实现。因此，格式条款的解释是格式条款适用的核心。

二、格式条款的解释规则

为平衡格式条款双方当事人的利益、保护处于弱势地位的消费者，我国《合同法》规定，对格式条款的理解发生争议的，应当按照通常理解予以解释。对格式条款有两种以上解释的，应当作出不利于提供格式条款一方的解释。格式条款和非格式条款不一致的，应当采用非格式条款。由此明确了我国格式条款解释的规则：客观解释规则、不利解释规则、非格式条款优先解释规则。

1. 客观解释规则

客观解释规则也称按照通常理解进行解释的规则。格式条款多由经营者针对不特定的消费者拟定，其适用范围广泛，影响的利益层面也较广，因而格式条款的解释应顾及不特定相对人的利益。正如学者所言，“一般条款的解释，原则上适用普通契约之解释方法，即应探求当事人真意不得拘泥于言词文字。不过，由于条款系营业所有人一方制定，故所谓当事人原意云者事实上仅指营业所有人一方之意思而已，为顾及他方相对人之利益，应注重客观之妥当性”[①]。因此，关于客观解释规则需要把握以下几点：

(1) 客观解释规则的核心是“按照社会一般人通常的理解解释”。所谓“按照社会一般人通常的理解”即“一般人平均的、合理的理解”，不是格式条款使用人的理解，也不是特定相对人的理解，而是格式条款适用范围内的不特定相对人群体的一般的、合理的、正常的理解。简单讲，就是应当考虑大多数可能订约者、社会一般人的通常的理解，而不依个别交易当事人、有专门知识的当事人的理解。所谓“合理的”是指“合乎道理或事理”的，即指它符合一般人的“合理期待”。

(2) 解释对象是格式条款本身。对格式条款的用语作解释，应就格式条款本身来解释，不能撇开格式条款任意作出解释。格式条款解释“应以条款的字面为限，作客观解释，不应考虑缔结契约的单个因素和具体因素”。格式条款的适用范围比较广泛，在确定解释资料时，就不能考虑偶然环境及当事人特别的意思表示，而应当以格式条款的客观意

---

① 黄越钦：《论附合契约》，载《政大法学评论》，第16期，61页。

义为标准来规范交易行为。换言之，格式条款的解释除当事人有特别约定以外，应超脱于具体环境及特殊的意思表示，不应把各个具体的订约环境或特别的意思表示作为解释格式条款的考虑因素。

(3) 对某些特殊的术语应作出平常的、通常的、通俗的、日常的、一般意义的解释。如果某个条款涉及的术语或知识不能为具有通常理解能力的人所理解，则条款订立者不能主张该条款有特殊意义。

(4) 若格式条款经过长期使用以后，消费者对其中某些用语的理解，与提供格式条款的一方的理解有所不同，则应以交易时消费者的理解为标准进行解释。

(5) 应根据其适用的不同地域、不同职业团体的可能订约者的一般理解来解释合同。格式条款适用于不同地域和团体时，各个地域和团体内的相对人对格式条款内容的理解是不同的，因此，应以不同地域和团体的消费者的平均的、合理的理解为标准进行解释。如果格式条款中的某些知识或术语不能为个别消费者所理解，也应根据可能订约者的平均的、合理的理解为标准进行解释。

(6) 格式条款中若有使用外国术语的情形，也应该以相对人的一般认识或相对人的一般理解能力为解释基础，而提供格式条款的一方不能主张外国术语在外国的本意如何。

2. 对提供格式条款一方作不利解释的规则

"对条款提供者作不利的解释"，简称"不利解释规则"。该规则源于罗马法谚"对书面文件上的用语有疑义时，作不利于文件提出人的解释"。格式条款是由一方事先拟定而未与对方协商的合同条款，因此，提供格式条款的一方可能基于自己的意志拟定有利于自己的条款；可能会故意使用意义不明确的文字以便损害消费者的利益；或者从维持甚至强化其经济上的优势地位出发，将不合理的解释强加于消费者。为维护消费者的利益，应在条款不清楚时对提供格式条款的一方经营者作不利的解释。

但不利解释规则适用的前提是格式条款的含义模糊不清。所谓"模糊不清"有两层意思：一是指不清楚、不分明；二是指混淆。比如，店堂告示"买一赠一"，买一赠一涵盖多种类型，"买什么，赠什么"不清楚。

3. 非格式条款优先解释规则

非格式条款是指经个别磋商而约定的条款。非格式条款又称个别协议，或者个别约定，是指双方当事人经过协商、谈判达成的协议。非格式条款与格式条款共同构成合同的一部分且相互不一致时，非格式条款优先。此规则源于"特别规定优先于一般规定"的法谚。格式条款与非格式条款的含义不一致时，非格式条款优先于格式条款，这充分地尊重了双方的意思，而且有利于保护广大消费者。在格式条款的解释中，应当遵循严格解释原则。严格解释又称为限制解释，其包括两层含义：

(1) 在格式条款的解释中，应从维护公平、正义的目的出发，对合同没有规定或规定不完备的事项，不得采用类推或扩张适用某些条文的适用范围的方法进行解释。因为，如果允许对格式条款没有规定或规定不完备的事项，根据合同的条文简单加以类推、扩张和补充，必然会对相对人产生不利后果。

(2) 如果某个条文在适用范围上不明确，应从"最狭义"的含义进行解释。例如，免责条款未指明是免除合同责任还是免除侵权责任时，因侵权责任具有一定的强制性，常常涉及公共秩序，因此尽可能地不使当事人通过协议而予以免除。此外，在格式条款中，有时将具体事项一一列举，最后用"其他"或"等等"等字样加以概括规定，对于"其他”、“等等”所包含的内容，应解释为与先前所列举的具体事项属于同一种类。此种解释方法也是严格解释原则的体现。

应当指出，严格解释规则是为了保护经济上处于弱势地位的相对人，如果该规则在适用中与保护相对人的要求相悖，应采用其他的规则进行解释。

第四节 格式条款的效力

【引例 5—4】 全国消协联合向不平等格式条款说“不”①

自2003年起，中消协与全国各地消协组织共同在全国范围内开展不平等格式条款系列点评活动，内容涉及电信、银行、保险、燃气、电力、自来水供应、商品房、汽车、农资等领域，引起社会强烈反响。点评引起了电信、银行、保险等涉评企业和主管部门的高度重视，并促使相关部门加强了对行业、企业违法行为的监管。点评活动对于健全有关法律法规、提高民众法律意识、增强行政监管力度、推动行业规范发展、改进企业服务水平起到了重要作用。

消费合同中公平、合理的格式条款旨在提高经营者标准化、规模化、合理化经营，提高效率、降低成本，从而有利于改善消费者福祉，使消费者可以享受到物美价廉的商品和服务。格式条款生效须具备的基本条件有：(1) 在公平诚信的基础上确定双方的权利、义务；(2) 不违反法律和社会公共利益；(3) 采用合理的方式提起相对方注意；(4) 相对方同意接受格式条款。

实践中，有的经营者滥用经济优势、信息优势，违背公平、诚实信用原则，利用不公平、不合理的格式条款减轻或者免除自己的义务、责任，加重消费者的义务、责任，排除、限制消费者的权利，以致最终损害消费者的利益。针对这些给消费者造成不公平、不利益的格式条款，我国《合同法》及《消费者权益保护法》通过赋予消费者撤销权或认定格式条款无效来保护消费者，并维护交易公平。

一、可撤销的格式条款

所谓可撤销的合同，是指因当事人在订立合同时意思表示不真实，法律允许撤销权人通过行使撤销权而使已生效的合同归于无效。撤销权人须请求法院或仲裁机构撤销合同。可撤销的格式条款是指提供格式条款的一方未履行“以合理的方式提请相对方注意免责条款”的义务，导致相对方因没有注意免责条款而意思表示不真实时，接受格式条款的一方可以请求人民法院撤销该条款，格式条款被撤销后自始归于无效。接受格式条款一方当事人享有格式条款的撤销权，撤销权得请求法院或仲裁机构实现。格式条款撤销的事由包括：

1. 经营者未履行“以合理方式提示说明免责条款”义务

《最高人民法院关于适用〈中华人民共和国合同法〉若干问题的解释（二）》[下简称《合同法解释（二）》] 第9条规定：“提供格式条款的一方当事人违反合同法第三十九条第

① 《纪念〈消法〉颁布二十年“依法维权二十事”》，http://www.cca.cn/web/ztbd/newsShow.jsp?id=65443&cid=3741，访问时间：2013-12-12。

一款关于提示和说明义务的规定，导致对方没有注意免除或者限制其责任的条款，对方当事人申请撤销该格式条款的，人民法院应当支持。”

格式条款撤销的条件是，提供格式条款的一方未履行“以合理的方式对于格式条款中的免责条款提示和说明”义务，导致相对方没有注意免责条款，即相对方对免责条款不知情。《合同法》第39条第1款规定，采用格式条款订立合同的，提供格式条款的一方应当采取合理的方式提请对方注意免除或者限制其责任的条款，并按照相对方的要求对该条款予以说明。这一义务属于强制性义务，格式条款使用方违反这一法的强制性规定，致使相对方没有注意免除或者限制其责任的条款而订立合同的，相对方可以请求法院撤销该格式条款，以对相对方进行救济，对格式条款提供方进行惩罚，实现交易公平。其中，致使相对方没有注意免除或者限制其责任的条款而订立合同，也符合合同撤销的本质：“因意思表示不真实而订立合同”。

2. 经营者未履行“以显著方式提示说明交易条件”义务

《消费者权益保护法》第26条第1款规定了经营者采用格式条款订立消费合同时的法定提请注意与说明义务，要求经营者应当以显著方式提请消费者注意与消费者有重大利害关系的内容，并按要求予以说明。①

《消费者权益保护法》只规定了经营者采用格式条款订立消费合同时的法定提请注意与说明义务，并未对经营者不履行此项义务设定相关罚则即经营者不履行此项义务时的相关惩罚措施。我们认为，有关格式条款的规定，《消费者权益保护法》与《合同法》是特别法与一般法的关系，即前者有规定的依据其规定，前者没有规定或规定不明确的依据《合同法》及其司法解释中有关格式条款的规定。因经营者的该项提示说明义务是法定义务，具有强制性，如若经营者未履行“以显著方式提请消费者注意和说明的义务”，则可以援引《合同法》及其司法解释中有关格式条款撤销的规定，消费者认为经营者对与自己有重大利害关系的内容没有采用显著方式提请注意和说明，致使自己没有注意到该内容，即消费者对此内容不知情的，消费者可以请求撤销该条款。

3. 格式条款符合《合同法》合同撤销事由

依据《合同法》第54条的规定，因重大误解订立的合同，在订立合同时显失公平的，一方以欺诈、胁迫或者乘人之危的手段，使相对方在违背真实意思的情况下订立的格式条款，相对方有权请求人民法院或者仲裁机构变更或者撤销。

二、无效格式条款

无效合同，是指合同虽然已经成立，但因为其内容违反了法律、行政法规的强制性规定和社会公共利益而无法律效力的合同。无效格式条款是指内容违反法律、行政法规的强制性规定和社会公共利益而无法律效力的条款。无效格式条款当然无效、自始无效，且任何人都可以主张该条款无效，法院和仲裁机构也可以依职权主动审查并宣告其无效。无效格式条款的情形主要包括：

① 《消费者权益保护法》第26条第1款规定，经营者在经营活动中使用格式条款的，应当以显著方式提请消费者注意商品或者服务的数量和质量、价款或者费用、履行期限和方式、安全注意事项和风险警示、售后服务、民事责任等与消费者有重大利害关系的内容，并按照消费者的要求予以说明。

1.《合同法》中关于格式条款无效的一般规定

根据《合同法》第40条的规定，“格式条款具有本法第五十二条和第五十三条规定情形的，或者提供格式条款一方免除其责任、加重对方责任、排除对方主要权利的，该条款无效”①。具体来讲：

（1）一方以欺诈、胁迫的手段订立合同，损害国家利益；恶意串通，损害国家、集体或者第三人利益；以合法形式掩盖非法目的；损害社会公共利益；违反法律、行政法规的强制性规定，格式条款无效。

（2）免责条款免除造成相对方人身伤害的责任，或者免除因故意或者重大过失造成相对方财产损失的责任的，该免责条款无效。

（3）格式条款免除提供格式条款一方的责任，或者加重相对方的责任的，该免责条款无效。

（4）格式条款排除对方主要权利的，该条款无效。

2. 经营者未履行“以合理方式提示说明免责条款”义务

《合同法解释（二）》第10条规定，“提供格式条款的一方当事人违反合同法第三十九条第一款的规定，并具有合同法第四十条规定的情形之一的，人民法院应当认定该格式条款无效”②。具体来讲：

（1）提供格式条款的一方未遵循公平原则确定当事人之间的权利和义务，未履行采取合理的方式提请注意和说明义务的，并不必然导致该格式条款无效，相对方可向法院申请撤销该格式条款；

（2）提供格式条款的一方未遵循公平原则确定当事人之间的权利和义务，未履行采取合理的方式提请注意和说明义务，且该格式条款本身符合合同法定无效情形的，法院应依职权直接认定该格式条款无效；

（3）该格式条款系当然无效，不论相对人是否主张其无效；

（4）该格式条款无效，并不影响该合同其他条款的法律效力。

3. 消费合同中不公平、不合理的格式条款无效

我国《消费者权益保护法》第26条规定了消费合同中不公平、不合理的格式条款的无效情形，该条第2款规定，禁止经营者利用格式条款作出对消费者不公平、不合理的内容，即经营者不得以格式条款、通知、声明、店堂告示等方式，作出排除或者限制消费者权利、减轻或者免除经营者责任、加重消费者责任等对消费者不公平、不合理的规定，不得利用格式条款并借助技术手段强制交易。格式条款含有以上所禁止内容的，该条款无效。也即格式条款、通知、声明、店堂告示等含有前述不公平、不合理内容的，其内容无效。具体来讲，经营者所使用的对消费者不公平、不合理的格式条款情形如下：

---

①《合同法》第52条规定：有下列情形之一的，合同无效：（1）一方以欺诈、胁迫的手段订立合同，损害国家利益；（2）恶意串通，损害国家、集体或者第三人利益；（3）以合法形式掩盖非法目的；（4）损害社会公共利益；（5）违反法律、行政法规的强制性规定。第53条规定：合同中的下列免责条款无效：（1）造成对方人身伤害的；（2）因故意或者重大过失造成对方财产损失的。

②《合同法》第39条第1款规定，采用格式条款订立合同的，提供格式条款的一方应当遵循公平原则确定当事人之间的权利和义务，并采取合理的方式提请对方注意免除或者限制其责任的条款，按照对方的要求，对该条款予以说明。第40条规定，格式条款具有本法第52条和第53条规定情形的，或者提供格式条款一方免除其责任、加重对方责任、排除对方主要权利的，该条款无效。

（1）利用格式条款排除或者限制消费者权利。经营者在格式条款中排除或限制消费者权利的情形主要有：规定经营者有权任意变更或者解除合同，排除、限制消费者依法变更、解除合同的权利；排除、限制消费者依法请求支付违约金的权利；排除、限制消费者依法请求损害赔偿的权利；排除、限制消费者依法解释格式条款的权利；排除、限制消费者依法解决争议的法定权利；排除、限制消费者依法应当享有的其他权利。

（2）利用格式条款减轻或者免除经营者的责任。经营者利用格式条款减轻或者免除自己责任的，即不公平、不合理的免责条款主要有以下几种：减轻、免除经营者应当承担的义务；造成消费者死亡或人身伤害时排除经营者的法定义务；因故意或者重大过失造成消费者财产损失时，减轻、免除经营者依法应当承担的民事责任；减轻、免除经营者对提供的商品或者服务依法应当承担的保证责任；减轻、免除经营者因违约依法应当承担的违约责任；减轻、免除经营者依法应当承担的其他责任。

（3）利用格式条款加重消费者的责任。经营者在格式条款中加重消费者责任的情形主要有：在消费者不履行其义务的时候，强制消费者承担不适当的高额损害赔偿责任；让消费者承担应当由经营者承担的义务、经营风险；其他依照法律、法规不应由消费者承担的责任。

（4）利用格式条款并借助技术手段强制交易。在网络销售等新型消费形态下，一些网络经营者规定一些不公平格式条款迫使对方接受，如采用俱乐部章程的形式、顾客须知的方式以及网站规则的形式，迫使消费者只能点击“同意”或“拒绝”，而不能讨价还价。因此，针对网络销售等交易过程中经营者利用技术手段要求消费者必须同意所列格式条款，否则无法交易的情形，我国《消费者权益保护法》规定经营者不得利用格式条款并借助技术手段强制交易。

（5）其他对消费者不公平、不合理的情形。其他减轻、免除经营者义务、责任或者排除、限制消费者主要权利的情形主要有：允许经营者随意地解除合同，而不允许消费者享有相同的权利；单独赋予经营者解释合同条款的权利；允许经营者单方面更改合同中约定的条款；允许经营者单方面更改产品或服务的性质；不合理地分配合同风险；在经营者不履行自己义务的同时，要求消费者履行其全部义务等。

【经典书目】

（一）著作

1. 江平主编．民法学．北京：中国政法大学出版社，2007：637～638 页

2. 王利明主编．民法．北京：中国人民大学出版社，2005：488～493 页

3. 陈卫佐译注．德国民法典．北京：法律出版社，2006：99～108 页

4. 吴越，李兆玉，李立宏译．欧盟债法条例与指令全集．北京：法律出版社，2004

5. 吴景明．消费者权益保护法．2 版．北京：中国政法大学出版社，2007

6. 李昌麒，许明月．消费者保护法．3 版．北京：法律出版社，2012

7. 吴景明，雅客．我国新消费形式下消费者权益保护法律问题研究．北京：中国法制出版社，2013

8. 金福海．消费者法论．北京：北京大学出版社，2005

9. 崔吉子．东亚消费者合同法比较研究．北京：北京大学出版社，2013

10. 张严方．消费者保护法研究．北京：法律出版社，2003：第五章第七节“格式条款的特殊规则”

（二）论文

1. 幸红．格式合同基本问题探讨．当代法学，2003（10）

2. 韩从容．论格式合同的价值冲突与利益平衡机制．现代法学，2000（6）

3. 蒋建伟．美国格式合同中管辖权条款效力评析——以“根本公平规则”为中心．法学评论，2006（2）

4. 萧燕．对免责条款订入格式合同的法律控制．法学，1997（3）

【思考题】

1. 简述格式条款的概念和特征。

2. 对于格式条款法律规制的途径有哪些？

3. 试述格式条款中经营者的提示说明义务。

4. 消费合同中不公平、不合理的格式条款有哪些？

5. 试述格式条款解释的特殊规则。

6. 试述格式条款的撤销和无效。

7. 案例评析：“公益”诉讼第一人——为五毛钱电话费打“服务欺诈”官司的公益维权人物邱建东①

案情：1997年1月，邱建东在北京出差期间，于星期日在北京市西城区一家公话代办处打公用电话1分钟，发现代办处收款时未执行“夜间、节假日长话收费半价”的规定，向其多收0.55元话费。在东城区一家公话代办处，邱建东于晚上9点以后打公用电话1分钟，该代办处也未执行收费半价的规定，向其多收0.55元话费。于是邱建东分别向北京市西城区、东城区两个法院起诉两代办处，要求加倍赔偿多收取的0.55元话费即各索赔1.10元，另外要求赔偿有关的交通费用。1997年5月和10月，邱建东两度自付数千元飞往北京出庭。1997年年底，两个案件分别在西城区与东城区法院审结，其结果为一胜一负，北京市西城区人民法院作出的判决支持邱建东的诉讼请求，被告向原告邱建东加倍赔偿0.55元话费，即支付1.10元；而北京市东城区人民法院判决公话代办处向邱建东原值赔偿多收取的0.55元话费，并赔偿邱建东支出的有关合理交通费用。邱建东在北京市西城区人民法院所进行的1.10元电话费案件被评选为“1997年全国侵害消费者权益十大案件”之一，邱建东于1999年获得中国消费者协会颁发的全国城市保护消费者权益十佳志愿者光荣称号。

请思考：(1)《消费者权益保护法》的加倍赔偿如何适用？本案是商品欺诈还是服务欺诈？

(2) 你如何看待小额公益诉讼？

---

① 参见《纪念〈消法〉颁布二十年“依法维权二十事”》，http：//www.cca.cn/web/ztbd/newsShow.jsp?id=65443&cid=3741，访问时间：2013-12-12。

第六章 冷静期制度

内容摘要

冷静期制度是指在特殊交易形态下，通过设定经营者的特殊义务、赋予消费者无理由退货权，以实现消费者保护、缔造公平交易环境的规则体系。冷静期规则给予消费者再次认真考虑是否真正愿意交易的机会，是消费者知情权和选择权的延伸，进而实现对消费者的有效保护，旨在缔造公平的交易环境，提振消费者的消费信心，是各国消费者保护法治理论和实践发展的结果。消费者的无理由退货权是冷静期规则的核心，是指特殊交易形态下的消费合同成立并生效后，消费者可以在法定期限内依据法律的规定，单方无理由地撤回其旨在订立合同的意思表示、解除合同，且不必承担违约惩罚责任的制度。我国《消费者权益保护法》导入了冷静期制度，规范了网络、电视、电话、邮寄等特殊交易形态下经营者的强制信息告知义务以及消费者的无理由退货权。

第一节 冷静期制度概述

20世纪六七十年代以来，消费者运动促使各国消费者保护制度更加完善，消费者权益的保护范围不仅涉及消费者的人身健康与安全，而且涉及消费交易的公平、消费环境的改善以及消费者的社会角色等各个方面。冷静期制度是运用法律手段调整交易环境，通过法律干预意在改进议价过程，从而实现对消费者的有效保护，是各国消费者保护法治理论和实践发展的必然结果。

一、冷静期制度的概念

冷静期，是指在特殊交易形态的消费合同中，通过设定经营者的特殊义务、赋予消费者无理由退货权，以实现消费者保护、缔造公平交易环境的规则体系。冷静期是个规则体系，包括适用范围、经营者的信息披露义务、消费者的无理由退货权、冷静期间及其起算、退货权行使的后果等内容。这些措施和规则旨在缔约前和缔约后运用法律手段来保护消费者，给予消费者再次认真考虑是否真正愿意交易的机会，鼓励消费者进行冷静思考，使消费者更加充分地认识到即将进行的交易的性质，促进交易公平。

冷静期在不同的国家称谓不同。美国联邦贸易委员会（FTC）制定的《冷静期规则》(Cooling-off Rule）称为冷静期，日本《特定商业交易法》称“消费者免费解除契约权”，《德国民法典》谓之消费者撤回权，《台湾消费者保护法》称为“消费者之特殊契约解除权”。我国2013年《消费者权益保护法》称之为“消费者无理由退货权”。但各国的相关规定中都包含“在特殊交易形态下经营者的信息披露义务和消费者的无理由退货权”之内涵。

冷静期是平衡消费者在交易前无法获得足够的交易信息，或没有充足的时间加以选择，而特别采取将判断时间延后的冷静期间，以供消费者仔细考虑，旨在保护特殊交易形态下的消费者的知情权、选择权、公平交易权，保护消费者的利益。冷静期间消费者对所购商品不满意的可以无理由退货，这有利于促使经营者向消费者提供诚信和满意的保障，实现公平交易。

二、消费者无理由退货权

消费者的无理由退货权是冷静期规则的核心。消费者无理由退货权，是指特殊交易形态下的消费合同成立并生效后，消费者可以在法定期限内依据法律的规定单方无理由地撤回其旨在订立合同的意思表示、解除合同，且不必承担违约惩罚责任的制度。消费者的无理由退货权是消费者自由选择权的延伸。

消费者无理由退货权的行使要件：一是主体要件，即享有无理由退货权的只能是消费者，而不能是经营者或其他人。二是法定要件，消费者享有无理由退货权，其中“无须说明理由”是指消费者可以以任何理由（包括消费者改变主意）要求经营者退货，也可以不附加任何理由要求经营者退货。消费者的该项权利属于法定权利，消费者只对法律明文规定的特殊形态的消费合同享有无理由退货权。消费者享有无理由退货权是依据法律的规定，而不是依据和经营者之间的相互约定；经营者不能通过约定排除、限制消费者的无理由退货权。三是时效要件，无理由退货权只能在法律规定的期限内行使，期间届满则丧失无理由退货权。关于冷静期的期间，不同的国家和地区的规定有所不同。美国《冷静期规则》规定了3天冷静期；我国台湾地区“消费者保护法”规定了7日无理由契约解除权；欧盟《消费者权益保护指令》(2011/83/EU）规定消费者的14日无理由撤回权；《德国民法典》规定撤回权期间是2周；我国《消费者权益保护法》规定了7日无理由退货权。冷静期应从经营者向消费者发出表明消费者权利的、关于其撤回权的明确说明的书面通知时开始计算。四是形式要件，一方面，无理由退货权要求经营者必须以书面形式告知消费者，经营者在履行告知义务的文本中，应告知消费者：退货并不需要说明理由；行使无理由退货权的条件和程序；无理由退货权行使期间及其起算时间；同时载明接受退回货物的经营者的名称和通讯地址。另一方面，消费者必须以文本形式或者以将货物寄回的方式向经营者作出撤回表示。

三、经营者信息告知义务

信息告知义务，一般指在信息显著失衡的情况下，为了使缔约相对方在充分了解情况的基础上做出缔约的意思决定，掌握更多信息的一方当事人负有向对方提供与影响缔约意思决定的重要事实相关的一定信息的义务。在特殊交易形态的消费合同中，消费者的信息劣势更为显著，按照消费者保护法的要求，消费者必须获得足够的信息才能有效参与市场交易，冷静期规则不仅要求经营者履行全面、广泛的信息告知义务，而且要求经营者以适当方式向消费者提供影响缔约意思决定的交易条件等重要信息，这也是消费者知情权的延伸。冷静期规则设定了经营者的特别告知义务，经营者应当向消费者说明自己的具体身份和地址；合同将采取何种条款；双方具体享有的权利和义务（例如撤回权）；可获得救济的具体行使程序（例如撤回权行使的期间）等等，以更方便消费者行使自己的权利。消费者获得必要充足的信息是消费者对相关商品或服务了解并进行选择的前提，冷静期规则设定经营者的信息告知义务，这一方面在于让消费者可以辨认提供者的身份；另一方面在于使消费者作决定时有所依据，进而可以比较相类似的产品。

(一) 信息告知义务的内容

在特殊交易形态的消费合同中，经营者信息告知义务的内容是法定的，要求经营者适时地将法律所规定的信息通知消费者，主要包括两个方面：

一是经营者告知消费者有关消费合同的内容或交易条件，包括能够影响到消费者作出是否缔结消费者合同的判断的事项。具体包括：（1）经营者的真实身份信息，如经营者的真实姓名、详细地址、有效的联系方式；（2）商品或服务的种类、数量；（3）商品价格或服务费用；（4）合同履行期限和方式；（5）风险警示；（6）售后服务；（7）民事责任；（8）法律规定的其他影响消费者决策的信息。

二是经营者告知消费者有关冷静期的内容。经营者必须以合理方式告知消费者有关冷静期的信息。具体包括：（1）告知消费者退货无须说明理由；（2）无理由退货权行使的条件、方式、程序、期限；（3）接受消费者退货的经营者的名称、电话、地址等联系方式，保障消费者在所有情况下都必须获得可以处理消费者的任何投诉的经营者的经营地址；（4）售后服务和质保书的信息；（5）无理由退货权行使的后果；（6）法律规定的其他与冷静期相关的信息。

(二) 信息告知的方式

在特殊交易形态的消费合同中，有关冷静期的信息要求经营者书面告知消费者并经消费者书面确认。在美国《冷静期规则》中，经营者上门推销的，要求向消费者提供一式两份的解除权通知和一份合同或收据，说明消费者享有无理由退货权，收据或合同上须记载日期，以及经营者的名称和地址。在《欧盟远程销售指令》中，缔结远程合同，必须经消费者书面确认的信息包括：行使解除权的条件和程序的书面信息；供应商处理消费者投诉的营业厅地理位置；售后服务和质保书的信息；在没有指明时期或时期超过一年时取消合同的缔结。欧盟《消费者权益保护指令》（2011/83/EU）要求经营者向消费者提供撤销合同标准表格及与撤销权行使的相关信息。《德国民法典》要求，经营者告知必须以书面形式，且根据所使用的通讯手段的要求，清晰、明确地向消费者表明其所享有的权利，并写明接受消费者撤回表示的相对人的姓名和地址，以及撤回期限起算的日期。此外，经营者在告知过程中还必须向消费者指明，撤回不必提出理由，只要在2周内以文本形式或寄回商品的形式向经营者发出撤回表示即可。

(三) 保障措施

特殊交易形态的消费合同中的冷静期规则所设定的经营者信息告知义务是法定义务，

不能根据当事人的意思自治进行约定或排除。法律对经营者违反该信息告知义务设置了惩罚措施。冷静期规则中，经营者不履行信息告知义务的，冷静期间不起算。冷静期应从经营者向消费者发出表明消费者权利的、关于其无理由退货权的明确说明的书面通知时开始计算。如果经营者以合理的方式履行了信息披露义务，冷静期从消费者收到货物时起算；如果经营者没有按照规定向消费者提供关于无理由退货权的信息，消费者收到货物后经营者又在一定期限内履行了信息告知义务，冷静期从消费者收到上述信息时起算；如果经营者没有按照规定向消费者提供关于无理由退货权的信息，消费者无理由退货权的期间不起算，最长可延长至12个月。

四、撤回权行使的后果

消费者无理由退货权行使的后果，消费者一旦有效地行使了无理由退货权，其与经营者订立的合同即视为解除。

（一）消费者退还商品的义务

1. 退还、回寄义务

消费者行使无理由退货权的，负有按期返还所退商品的义务。如《德国民法典》规定，在标的物可以通过包装回寄的情况下，消费者亦负有回寄的义务。在标的物通过包装回寄成为不可能时，消费者只要提出由经营者取回合同标的物的要求即可。又如《欧盟消费者保护指令》规定，在合同被撤销后，除非经营者自行提出提货要求，消费者应将商品送还给经营者。再如我国《消费者权益保护法》要求退回的商品完好。

2. 承担退回货物的直接成本

消费者行使无理由退货权的，关于消费者退回商品的直接费用，有的国家立法规定由经营者承担，有的国家立法规定由消费者承担。法律规定由经营者承担的，如《德国民法典》规定，在标的物可以通过包装回寄的情况下，消费者负有回寄的义务，但由经营者承担回寄的费用和风险。不过允许经营者与消费者通过合同约定由消费者承担40欧元以下货物回寄的正常费用。法律规定由消费者承担的，如《欧盟消费者保护指令》规定，在合同被撤销后，消费者只需承担送还商品的直接成本。又如我国《消费者权益保护法》规定退回的商品的运费由消费者承担，但经营者可以与消费者约定由经营者承担。

3. 退还期限

消费者行使无理由退货权的，应当在法律规定的期限内将货物返还给经营者，仅需消费者作出寄出行为即可，而无须货物到达经营者。如《欧盟消费者保护指令》规定，消费者应将自其撤销合同的决定通知经营者之日起14天内将商品送还给经营者。

（二）经营者退还货款的义务

1. 返还额度

消费者无理由退货权是特殊交易形态合同中消费者的法定权利，消费者行使该权利无须说明理由，无须承担违约惩罚责任，甚至无须负担任何费用或价款，因而，消费者无理由退货权也称免费契约解除权。消费者行使无理由退货权后，消费者不受任何实质的损害，由经营者承担风险和费用。唯一需要消费者支付的是当行使无理由退货权时退回货物的直接成本。因而经营者应当退还消费者所支付的全部款项。欧盟《消费者权益保护指令》（2011/83/EU）规定，合同被撤销后，经营者必须全额退还消费者所支付的款项。我国《消费者权益保护法》要求经营者返还消费者支付的商品价款。

2. 返还货款的期限

消费者行使无理由退货权后，经营者必须适时地、没有额外费用地退还消费者所支付的款项。很多国家和地区有关消费者权益保护的法律都设定了经营者返还货款的期限，要求经营者的返还行为必须尽快完成，以便使消费者尽快收回为交易所支付的款项。欧盟《消费者权益保护指令》（2011/83/EU）规定，经营者的退款时间不得超过14天。《德国民法典》要求经营者在消费者作出的撤回合同或退货的意思表示到达经营者后30天内将货款返还给消费者。我国《消费者权益保护法》规定，经营者应自收到退回的商品之日起7日内返还消费者支付的商品价款。

第二节 冷静期制度适用情形

冷静期是在特殊交易形态下保护消费者权益的有效机制。但如果冷静期的适用范围过于宽泛，会导致消费者不经谨慎考虑草率签约，增加诚实经营者的成本，所增加的成本最终也会转嫁到消费者身上，因而，法律通常对其适用情形予以具体规定。

一、冷静期制度的适用原则

冷静期制度适用于法律明确规定的特殊交易形态的消费合同。特殊交易形态是指不同于一般的柜台或对话式钱货两清的交易，在订立合同时存在时间和空间上的分离，因消费者对商品的信息掌握不足，使其意思决定易受来自经营者或交易本身等因素的非正当影响。特殊交易形态的消费合同主要包括合同签订方式特殊和合同内容特殊复杂两类特殊形态的消费合同，这两类又可进一步细分为上门交易合同、远程交易合同、部分时间居住权使用合同、关联合同等，但均须在各国法律有明确规定的情形下，消费者才享有冷静期间无理由退货权这一法定权利。在特殊交易形态的消费合同中，消费者的独立、理性判断能力与选择能力受到此种交易形态的影响，进而影响交易公平。

在特殊形态的消费合同中，当消费者作为市场参与者以及合同的一方当事人，其合同决定自由遭到侵害或有遭受侵害的风险，而传统民法框架下的合同无效、撤销、解除等固有制度无法保障消费者抵抗这种侵害时，就不得不在民法固有制度之外寻找新的消费者保护措施，赋予消费者无理由退货权、设定经营者的信息披露义务，以实现消费者权益保护，促进交易公平。因而，冷静期并非适用于所有的消费合同，而仅适用于法律明文规定的特殊形态的消费合同。各国法律均将冷静期的适用范围限定在法律明文规定的范围内，以谋求私法自治之精神与消费者特别保护之间的平衡。由于经济发展水平、消费者成熟程度以及消费方式、消费结构和消费文化等的差异，各国法律对冷静期适用范围的规定有所不同，同时也多通过立法列明不宜退货的情形。

二、签订方式特殊的消费合同

所谓签订方式特殊，是指消费合同的签订地不同于一般的柜台或对话式钱货两清的交易，也称“非固定营业场所的销售方式”。因合同签订方式的特殊，消费者与经营者之间的信息不对称性加大，使得消费者无法就所进行的交易获得充分的信息，从而影响了消费者的独立意思和自由选择。该类合同主要包括上门销售、远程销售和直销等。

1. 上门销售

上门销售，也称“非固定场所的销售方式”、“访问销售”，是指经营者及其工作人员未经邀请到消费者的居所或其他场所等经营者的营业场所以外的地方向消费者销售商品和提供服务的行为。上门销售合同泛指在经营者经营场所之外经营者与消费者当面达成的消费合同，包括：在消费者及他人的住所、工作场所销售商品；在经营者租赁的临时或短期活动场所，如旅馆、汽车旅馆、会展中心、游乐场、饭店销售商品；在火车、汽车等公共交通工具以及影剧院、体育馆、游乐场等公共场所销售商品。上门销售须设定冷静期规则的原因在于：

一是合同订立的地点为非经营者的营业场所，合同订立过程省却了消费者现场比较挑选、鉴别和验证商品的环节，没有给消费者提供与同类商品或服务进行比较、鉴别的机会，消费者的知情权受到影响。一些缺乏诚信的经营者往往利用信息严重不对称的优势，夸大商品的性能、功效，上门销售合同签订后，往往会出现这样的情况：消费者发现自己所购买的商品或服务与同类商品或服务相比，并非物美价廉，而且可能质次价高。冷静期规则课以经营者信息告知义务、赋予消费者无理由退货权，不仅能让事前缺少足够时间深思熟虑的消费者重新冷静、认真思考，保护消费者知情权、选择权，而且能够防止部分经营者误导消费者的不当行为，维护交易公平。

二是合同订立时，消费者没有心理准备，缺乏冷静思考的机会，消费者订立合同的意思表示是在思想准备不足情形下发出的，消费者的决定自由受到影响，因此，法律有必要通过冷静期规则对消费者于此情形下签订的合同设置保护措施和救济手段。在多数情况下消费者对上门销售行为处于一种毫无准备的意外或惊愕状态中，而上门销售人员对其推销行为却做了充足的准备，因此，在此销售形态下经营者常以令人意外的方式进行攀谈，消费者则往往在心理准备不充分时被动接受购买某商品或服务，其购买决定自由可能受到经营者的不正当影响。由于消费者对其购买决定往往欠缺充分的考虑，其也许根本不需要此商品或此商品根本不符合其所预想的基本要求，因此其于此后往往后悔其当时作出此购买决定；而且更为严重的是，消费者在仓促之间作出的购买决定可能会由于其支付能力受限制而使其陷入严重的财务危机。而为了在此种消费者和经营者之间信息不对称的情况下仍能达到利益均衡的目的，必须设立相关法律机制来对消费者进行倾斜性保护，对上门交易行为进行有效规制。就上门交易而言，有时由于受到销售人员的勉强推销、花言巧语的影响，消费者在不经意间作出购买决定，但事后冷静下来，又希望能够撤销交易，冷静期规则给消费者提供了有效的救济手段，间接发挥规范经营者诚信经营的作用。

2. 远程销售合同

远程销售合同是指经营者与消费者采用远程通信技术（包括但不限于网络、电话、电视、邮购）缔结的合同。于此情形下，消费者与经营者具有一定的空间距离，双方在物理上不能同时出席、面对面地签订合同。

在传统购物方式中消费者通过现场看货、鉴别、验证商品（包括试用）、询价、交易、结算、送货等一系列环节获取相关交易信息，而网络、电视、电话、邮购等新型消费形式中消费者通过网络、电视、电话等远程通信手段了解商品信息、订货、结算、在线下载或由配送机构送货上门等。远程销售合同设定冷静期规则的原因在于：

一方面，消费者通过网络、电视、电话、邮购等方式签订合同的，缔约前，消费者没有机会检验、试用，无法对商品或服务进行直观的了解和判断，也难以确认经营者所发布信息的真实性和充分性，这在一定程度上给经营者欺诈消费者提供了便利。加之有关交易的信息没有充分公开，不具备明确性，也可能导致消费者误解。但在此新型交易情形下，消费者事后举证证明经营者欺诈、意思表示不真实等难度徒增，危及消费者的知情权、选择权、公平交易权，不利于消费者权益的保护。退一步讲，即使经营者没有虚假宣传、夸大其词，而是发布完全真实、客观的信息，但这些信息毕竟是抽象的，可能与消费者的想象完全不一致，影响消费者的判断、选择。冷静期赋予消费者在一定期限内检验信息准确性的机会，从而起到了削减信息不对称，保护消费者知情权、选择权的作用。

另一方面，消费者通过网络、电视、电话、邮购等方式签订合同的，缔约中，消费者制作、阅读、签署电子文件所需的时间会更少，会出现一时冲动，甚至可能出现因消费者不正确点击而错误签订合同的情形。冷静期赋予消费者在一定期限内取消合同的权利，有利于消费者理性决策，实现公平交易。

3. 直销

直销，是指直销企业通过招募直销员，通过直销员在固定营业场所之外直接向消费者推销产品的经销方式。直销销售方式的主要特征是在固定营业场所之外将产品直接推销给消费者，而且是通过直销员推销给消费者。于此情形下，消费者对直销企业的资质、信用等影响选择商品的重要信息的真实性和全面性难以获知，这种信息劣势影响着消费者的决定自由，可能损害消费者的知情权、选择权、公平交易权。因此，在直销中设置冷静期规则，强化经营者的信息告知义务，赋予消费者无理由退货权。在直销中，要求直销员出示直销员证和推销合同；成交前，要求直销员向消费者详细告知退货制度；成交后，要求直销员向消费者提供发票和由直销企业出具的含有退货制度、直销企业当地服务网点地址和电话号码等内容的售货凭证。消费者可以在一定期限内向直销企业及其分支机构、所在地的服务网点或者推销产品的直销员无理由退回所购商品。

三、内容特殊的消费合同

内容特殊的消费合同，是指消费合同的标的对消费者极其重要，而且合同本身复杂、难懂，如消费信贷合同、部分时间居住权合同等。在这类交易中，交易标的对消费者个人的生活安排与人生规划具有重大意义，稍有不慎或差错，常常会在较长时间影响消费者个人的生活品质。而且在这类交易中，由于其合同规则复杂，一般消费者凭借自身知识和经验难以理解，难以预测其中的法律风险，很容易掉进一些为自己所不知的“法律陷阱”中。下面介绍此类情形下的一些典型合同：

1. 消费信贷合同

从经营者方面看，消费信贷合同情形下，消费者在购买商品或接受服务时若资金不足往往会通过消费信贷的方式来支持自己的消费，很多经营者趁机向消费者推介消费信贷服务。金融机构在市场占有率的驱使下极易以牺牲消费者利益为代价换取自身的竞争优势地位，在这种情况下订立的消费信贷合同和经营者供应商品或提供服务的合同往往存在着千丝万缕的联系，经营者和贷款人很容易串通起来损害消费者的利益。因此，必须以法律进行规制。

从消费者方面看，消费信贷是消费者对未来的消费，消费者在信贷消费前是否有合理并足够的时间和机会去阅读并明白合同内容或者衡量本身的经济能力，是影响消费信贷风险的重要因素。在消费信贷合同情形下，由于合同规则的复杂性，通常消费者在合同订立时很短的谈判时间内无法充分预料到合同将会给他带来的经济负担。而且，这些合同的期限一般比较长，不公正的合同条款将使消费者长期承担沉重的合同义务。因此，消费信贷合同中，设定经营者的信息告知义务以保护消费者的知情权，要求经营者在合同订立之前将信贷限额、年利率、相关费用、信贷期限变更的条件及终止条件等影响消费者判断的重要信息告知消费者。冷静期赋予消费者撤销权，让消费者可以有充足时间仔细考虑、向经营者详细查询，使消费者可在促销的环境以外，冷静下来，重新考虑和衡量合同条款，按其能力和需要，加上获得的信息作出明智的决定。消费信贷合同应设冷静期，给消费者进一步冷静考虑的期间以及获取近一步信息的可能，确保消费者与经营者双方有足够的沟通，以减少纷争，保护消费者，实现公平交易。

2. 预付式消费合同

预付式消费广泛存在于商业零售、美容美发、健身、餐饮以及娱乐等行业，这一消费模式在给经营者和消费者带来双赢的同时，也引发了大量消费纠纷。一方面，预付式消费卡发行主体无准入门槛，导致了预付式消费处于高风险状态。另一方面，在进行预付消费前，消费者多没有合理及足够的时间和机会去阅读及明白合约内容，没有机会向亲友征询意见，甚至没能充分衡量本身的经济能力以及面临的风险。因此，预付式消费合同情形下设立冷静期，容许消费者撤销交易，让消费者在促销的环境以外，能冷静下来，按其经济能力和需要，加上获得的资讯再作出理性的决定。这有助于防范许多在预付式消费过程中所产生的损害消费者权益的问题。

3. 部分时间居住权合同

分时度假作为一种新型消费形式，在世界各地逐渐盛行。我国目前还没有一家经过批准的分时度假公司。分时度假是指消费者在每年的特定时期对某个度假资产所拥有的使用权，它是一种度假资产的形式，消费者可以分享某个度假资产的不同时段，也称部分时间居住权。《欧盟分时度假指令》中，分时度假是指所有的有效期在3年以上，规定消费者在按某一价格付款之后，将直接或间接获得在1年的某些特定时段（这一期限要在1周之上）使用某项房产的权利的合同。

于常规的出租合同，消费者是根据住宿的品质和价格决定是否签署。而部分时间居住权合同则需要在签约时支付大部分费用，以弥补今后常年的较低的出租费用。于此情形下，部分时间居住权合同的买方即消费者的付出能否得到回报是存在风险的，而且，部分时间居住权合同的销售人员是不会宣传一些典型的问题的，如因为度假资产交换资源的有限而无法安排消费者度假，因为度假资产的重复销售所带来的上述问题，等等，因此，部分时间居住权合同中，出卖人必须提供有关不动产的信息并提供有关文件，必须将买受人享有的撤销权明确告知买方。

第三节　境外冷静期制度

【引例6—1】　消费者撤回权的确立

德国媒体曾登载一则案例：经营者在一家餐馆的会议室中举办销售活动，所出售的商品是羊毛装饰床罩，价格为675马克。经营者声称该价格特别低廉，许多消费者因相信其宣传而签订了买卖合同。后来，消费者发现，同样的羊毛装饰床罩在商店里仅售450马克，便试图解除合同，但没能成功。在《上门交易及类似行为的撤回法》（简称《上门交易法》）颁布之前，当时的德国法律未对上述案例中的消费者提供任何法律救济，消费者无权解除或者撤销合同。有鉴于此，德国于1986年颁布了《上门交易法》，该法第1条规定："对于在上门交易（工作场所或者私人住宅、由合同相对人或者第三人为合同相对人利益所举办的休闲活动场所、交通工具或者公共交通场地范围内）过程中，经营者促使消费者所缔结的以有偿给付为标的合同，消费者可以在一周之内以书面形式撤回。"①

欧美、日本等发达国家相继在相关立法中确立了冷静期制度，并日臻完善和成为世界通行做法，但在具体制度设计上各有特色。

一、美国冷静期制度

（一）上门推销合同

美国联邦贸易委员会1972年制定的《冷静期规则》（Cooling-off Rule）规定了访问销售中消费者的冷静期。消费者在下述情况下有3天的冷静期，并可以要求供货商全额退还货款；消费者在签署合约的第三天晚上12时前可取消该合约：（1）合约是上门推销方式签署，且价值在25美元以上；或（2）合约价值在25美元以上，签署地点是在商家做生意以外的地方，如商展、酒店或餐馆等地所签署。② 该法规定，消费者行使解除权时，没有交付费用的义务；消费者要用正式书面材料，在规定的期间作出；销售者在受理消费者解除合同后的10日内，应把手续费、定金等消费者交付的金钱退还给消费者。该法规定了经营者的信息告知义务，要求销售员在交易时必须告知消费者其享有撤回权，销售员必须向消费者提供一式两份解除权的通知（一份消费者留存，一份寄回经营者通知其解除权）和一份合同或收据，合同或收据上须记载日期、记载卖方的名称和地址、说明消费者取消交易的权利并且合同或收据的语言须跟销售单一致。

（二）消费信用合同

美国1974年《消费信贷保护法》（Consumer Credit Protection Act）第125条规定，在交易成立之日，债权者即信用供给人要明确告知消费者拥有可以取消交易的权利，期限是从交付记载着这一事项的书面文件之日开始，到第三个交易日的午夜为止；消费者行使解除权时，没有交付费用的义务，债权者在受领解除通知书后10日内必须返还从债务者处接受的头金，债务者则要全部返还接受的商品。

（三）网络销售合同

美国联邦贸易委员会《因特网网站信息披露规则》和《因特网广告与营销：路演规则》等对网络销售中的消费者进行保护，强制经营者加大信息披露力度，保护消费者的退货权。在《因特网网站信息披露规则》中，美国联邦贸易委员会规定，为了避免误导消费者，经营者必须对其发布的信息作出"明确而显著"的披露，否则构成虚假信息，消费者有权解约退货。1999年的《统一计算机信息交易法》（UCITA）明确数字化商品的法律性质，规定，在一定条件下消费者遵照指示销毁了该数字化商品的复制件或归还了该复制件时，可以要求退费，并可以请求对方支付因遵照指示销毁该复制件或归还该复制件所产生的费用。

---

① 迟颖：《论德国法上以保护消费者为目的之撤回权》，载《政治与法律》，2008（6）。

② See《Code of Federal Regulations》，pp. 406－407.

二、日本冷静期制度

日本1961年《分期付款销售法》规定了分期付款销售中为期4天的冷静期，即消费者在接受分期付款销售合同的提议或缔结合同后的4日内，可以撤回自己的承诺或解除该合同，而不必负违约责任。对于消费者未按期付款的，该法规定了20日的催讨期，只有在催讨期届满时，销售商才能解除合同。日本1976年《关于访问销售等的法》规范访问销售、通信销售、多级销售三种销售方法。该法为解决一时冲动或因信息不对称而盲目购物的问题，设定了“冷静期”，访问销售和通信销售为4天，多级销售为14天，在冷静期内可以无条件撤销交易。2001年《关于特定商业交易法》取代《关于访问销售等的法》，统一规范6类特定商业交易形式，即：访问贩卖（上门推销）；通信贩卖（邮寄销售）；连锁贩卖（多级销售）；电话劝诱贩卖（用电话进行购物劝诱）；特定持续服务提供（消费者支付高额代价，获取长期、持续服务的交易形式，即提供特定连续服务，主要包括美容、语言培训、家庭教师、计算机教室等）；业务提供诱引贩卖（以提供与商品相关的业务为由诱导推销商品，即以提供工作获得收入为诱饵，使消费者销售商品，承担一定金钱负担的交易）。在上述特殊销售形态下，赋予消费者不附理由解除契约的权利，也就是消费者可以无条件退货，并全额返还商品货款。同时，该法要求进行上述交易时，必须说明销售方企业名称、推销目的、商品或服务的种类；必须立即递交书面合同，合同必须明示商品或服务的售价、支付方法及时间、交货或提供服务的时间；必须说明解除合同的相关事宜等。另外，消费者契约解除权的行使，仅限于经济产业省令指定商品、指定权利、指定服务，只允许在55类商品和17类服务活动的范围内进行。

（一）访问销售

1. 访问销售的定义

日本《关于特定商业交易法》中，访问销售是指销售人员在营业场所以外接受购买申请或者缔结买卖契约进行指定商品或者指定权利的买卖或者提供服务，经营者在营业场所以外接受服务契约的申请或者缔结服务契约提供指定服务的销售方法。其中，指定商品是指与日常生活有关交易中销售的商品；指定权利是指利用设施或接受提供服务的权利，由经济产业省令确定，通过日常生活中的交易被销售的，一般有休闲会员权、运动会员权、语言学教室会员权；指定服务是指日常生活中的有偿交易服务，包括美容沙龙、电话机租赁、室内有害昆虫驱除等。

2. 消费者的撤回权

日本《关于特定商业交易法》第6条规定：贩卖人在营业所等地以外的场所，就特定商品接受买卖合同条款的购买人，或贩卖人在营业所等地以外的场所，就该特定商品签订买卖合同时的购买人，可以书面申请该买卖合同的撤回，或解除该买卖合同。在此情形下，贩卖人不能请求购买人赔偿因撤回合同而受的损害或支付违约金；但自贩卖人告知日起算已过4天的不能撤回或解除。

3. 经营者的信息披露义务

在访问销售形态下，给经营者设定信息披露义务。进行访问销售时，销售人员必须明确告知消费者访问的商业目的，明确告知对方姓名或名称及商品或权利或服务的种类。在接受契约申请时，将书面确认书交付给申请人。书面确认书记载下述内容：商品或权利的销售价格或服务的对价；对价金的支付方法和时间；商品等的交付日期；有关免费解除契约的事项。

（二）通信销售

1. 通信销售界定

日本《关于特定商业交易法》第2条第2款第2项规定，所称“通信销售”是指商品销售者或服务提供者，以邮寄或其他经济产业省令所规定的方法，接受买卖合同或服务提供合同之要约，进行指定商品或指定权利的销售或指定服务的提供。但不包括以电话劝诱进行贩卖之情形。《关于特定商业交易法》施行规则第2条补充规定，母法所称经济产业省令所规定之方法，包括：邮寄；利用电话机、传真装置、其他通信机器或供情报处理机器用之方法；电报；存款或对存款户头支付。施行规则所称“供情报处理用之机器”是指个人计算机等通过计算机通信或因特网作出要约的情形。

2. 经营者的信息披露义务

在通信销售中，因为通信销售购买者在决定是否购买时，极为重视由销售经营者发布的广告内容，销售经营者有义务通过广告等形式正确地公开销售条件等有关信息。《关于特定商业交易法》对广告内容进行了严格的规范，要求必须包括销售价格、支付时间和方法、商品的交付时间，商家的名称、地址和电话，关于免费解除契约的事项等方面的内容。

3. 现物要约特别规则

《关于特定商业交易法》针对通信销售中一种特殊的销售方法进行了特别规定，即虽然没有进行申请，但通信销售经营者仍然单方面寄来商品（被称为“消极选择”）的销售方法。在这种情况下，即使商品送达也并不意味着购买契约的成立，但被送方负有保管该商品的义务。经过一定的保管期限（一般为14天），如果已经要求销售经营者来取走商品，那么自提出要求之日起7天以后，法律规定消费者可以自由处分该商品。

（三）连锁销售

根据日本《关于访问销售等的法》第11条，所谓“连锁销售业”，是指以能得到特定利益（指进行该商品再销售的其他人提供交易费）来引诱进行销售目的商品的再销售者，与其以特定负担（指按政令规定的标准购买其商品或提供交易费）为条件进行商品销售交易（包括该交易条件的变更），以下称“连锁销售交易”的物品销售事业。该法第12条规定，总括者或者总括者让其进行所总括的一系列与连锁销售业有关的连锁销售交易者（“劝诱者”）对不依托店铺和其他类似设备销售与该连锁销售业有关商品的个人，进行与该连锁销售业有关的连锁销售交易时，不得故意不告知与该连锁销售业有关的重要事项的事实或进行不实告知的行为。该法第16条规定：连锁销售业者缔结的与其连锁销售业有关的连锁销售交易契约的相对方（只限于不依托店铺等销售该连锁销售业有关商品的个人，即“被劝诱者”），可以从该连锁销售业者那里解除该契约的意思及解除该契约的有关方法，从被连锁销售业者告知解除该契约的意思及解除该契约的有关方法之日起计算14日内，可以通过书面通知解除契约。而且，该从事连锁销售业者，不得请求该契约解除的损害赔偿或支付违约金。契约的解除，从发出解除该契约的书面通知时生效。

三、德国撤回权制度的产生与法典化

德国撤回权法典化之前，有关消费者撤回权的规定散见于德国的诸多单行法中。德国1974年修订的《分期付款买卖法》规定买方有撤销合同的权利，该法第1条d款规定了分期付款买卖的买受人于缔约后一个星期内，得以书面撤销契约之权利。1986年《上门交易法》第1条、1991年《消费信贷法》（VerbrKrG）第7条、1976年《远程教学法》（FernUSG）第4条第1款第一句、《部分时间转让住房使用权法》（TzWrG，以下简称《部分时间居住权法》）第5条、2000年《远程交易法》（FernAbsG）第3条均规定了消费者的撤回权。

2002年德国债法现代化后，《德国民法典》对消费者的撤回权进行了统一规定，《消费信贷法》、《上门交易法》、《部分时间居住权法》和《远程交易法》同时废止，实现了撤回权制度的法典化。《德国民法典》第312条至第312f条规定了上门交易合同和异地交易合同两种特殊交易形态下消费者的撤回权；第485条规定了部分时间居住权合同中消费者的撤回权；第495条规定了消费信贷合同中的撤回权；第499条规定了支付延期、其他融资援助中的撤回权；第500条规定了融资租赁合同中的撤回权；第503条规定了分期付款交易情况下的撤回权；第505条规定了分期供应合同的撤回权。《德国民法典》第355条统一规定了特殊交易形态下消费者的撤回权，不仅在撤回期间、撤回的形式、撤回期间的起算和撤回的效果等方面获得了统一，而且成为民法典不可或缺的组成部分。

（一）特殊交易形态

1. 上门交易合同

（1）消费者行使撤回权的要件

首先，消费者缔结了一个负有有偿给付义务的消费合同。这包含两层含义：一是合同为消费合同；二是消费者“负有有偿给付义务”，此给付义务不限于价款，还包括酬金、报酬、手续费等。该合同可以是商品买卖合同，亦可以是提供服务的合同。其次，消费者订立合同的意思表示是由于思想准备不足发出的，消费者享有撤回权。依据《德国民法典》第312条第1款的规定，撤回权适用于以下三种情形：一是，在消费者工作区域或某一私人住宅区域通过口头协商签订的合同；二是，在一个由经营者或者由一个为了经营者利益的第三者举办的休闲展览活动中签订的合同；三是，通过在公共交通工具（如公共汽车、轮船、飞机等）或在公共交通通道（如街道、广场、公共公园或车站等）上的意外商谈而签订的合同。但出于对消费者保护的目的，在实践中对上门交易合同作扩大解释，指所有在经营者营业区域外签订合同的情形。

（2）消费者不得撤回的情形

若消费者订立合同时已经过充分的思考，则不享有撤回权或退还权。依据《德国民法典》第312条第3款的规定，以下4种情形下合同不得撤销：一是保险合同。《德国保险合同法》赋予消费者10天内撤销合同的权利，其相关规定应优先适用。二是消费者预订经营者的上门销售行为。作为订立合同的基础的口头磋商，是按照消费者先前的预定而进行的。三是小额销售行为。在磋商结束时立即提供给付和支付给付，且对价不超过40欧元的。四是消费者的意思表示经过公证的。此时消费者所从事行为的法律意义已得到了公证机关的明确告知。

2. 远程交易合同

《德国民法典》第312b～312d条的规定远程交易合同中消费者的撤回权。根据《德国民法典》第312b条，远程交易合同，是指经营者与消费者之间在唯独使用远程通信手段的情况下订立的关于供应货物或提供服务（包括金融服务）的合同。远程通信手段，是指在合同当事人双方不同时在场的情况下，为准备或订立消费者与经营者之间的合同所能使用的通信手段，特别是信件、目录、电话、传真、电子邮件以及无线电广播、电信服务和媒体服务。

远程交易合同不适用于：函授课程合同；部分时间居住权合同；保险及保险媒介合同；让与土地（及等同于土地的权利）合同；关于成立、让与和废止土地（及等同于土地的权利）上的物权合同及设置土地工作物的合同；经营者定期在消费者的住所、居留地或工作场所供应食品、饮料及其他日常用品的合同；关于在住宿、运送、供应食品与饮料以及余暇活动的领域里提供服务的合同（以经营者在合同订立时有义务在特定时刻或期间内提供服务为限）；使用自动售货机或自动化营业场所订立的合同；通过使用公用电话与电信服务商订立的合同。

3. 消费借贷合同及联合合同

消费借贷合同是作为贷款方的经营者与作为借款方的消费者之间的有偿金钱消费借贷合同。《德国民法典》第495条规定，在消费借贷合同情形下，消费者享有撤回权。《德国民法典》还确立了联合合同情形下的撤回权行使规则。《德国民法典》第358条对联合合同进行了定义："如因消费信贷合同获得的资金全部或部分用于为供应商品或提供其他服务的合同提供资金，并且这两个合同在经济上构成一个整体，则这两个合同是联合合同。"关于"经济上的整体性"，该条规定："如果经营者自己为消费者的对待给付提供赞助，或者，在由第三人提供资助的情况下，如果贷款人在准备和订立消费者借贷合同时需要供应商品或提供服务的经营者参与，即可推定存在经济上的整体性。"《德国民法典》对联合合同的规制要点在于：消费者只要有效地撤回其在订立的供应商品或提供服务合同或消费信贷合同中的任何一项的意思表示，都视为同时撤回旨在订立另一项合同的意思表示。[①] 消费者一旦有效地撤回该意思表示，则视为解除合同。[②] 而且，若在消费者和经营者订立的合同中存在着消费者拒绝给付的抗辩事由，消费者也可以以此对抗消费信贷合同的贷款人。但是，如果消费信贷资助的金额不超过200欧元，或者抗辩事由是基于经营者和消费者之间在消费信贷合同订立之后的合同变更而产生的，则消费者不能以此对抗贷款人。[③]

4. 部分时间住房使用权合同

依据《德国民法典》第481条，部分时间住房使用权合同，是指经营者在消费者支付总价的同时，在最短为3年的持续时间里，使消费者取得或许诺使消费者取得在1年之中的特定的或待定的时间段里以休假或居住为目的而使用供人居住的建筑物的权利。《德国民法典》第485条规定，在部分时间住房使用权合同情形下，消费者享有撤回权。

（二）消费者撤回权的行使

根据《德国民法典》第355条，撤回权行使的期限是2个星期，消费者只需要在2个星期内发出撤回的意思表示即可，无须使撤回的意思表示在2个星期内到达经营者；而且撤回期间于消费者被明确且符合规定地告知其享有撤回权时起算，撤回权行使的最长期间是合同订立后6个月。该条同时规定：在消费者未获悉符合规定的告知的情况下，消费者享有的撤销权不消灭。《德国民法典》第355条规定：（1）法律给予消费者以本条所规定的撤回权，且消费者按期撤回其旨在订立合同的意思表示的，不再受该意思表示的约束。撤

① 参见《德国民法典》第355条第1款。

② 参见《德国民法典》第357条第1款。

③ 参见《德国民法典》第359条。

回无须包含对理由的说明，但必须在2个星期以内，以文本形式或以将物寄回的方式向经营者表示；对于遵守期间，只需要适时地发送即为足够。（2）自以文本形式向消费者通知符合所用通信手段的要求而表明消费者权利的、关于其撤回权的明确说明时，期间起算；该说明须提示撤回相对人的姓名和地址，并提示消费者撤回无须理由、期间的起算点、撤回权行使的条件和程序；该说明系在合同订立后通知的，期间为1个月。须以书面订立合同的，在向消费者提供合同书、消费者的书面要约或者合同书或要约的副本之前，期间不开始经过。就期间的起算点有争议的，由经营者负举证责任。（3）撤回权至迟在合同订立后6个月消灭。在供应货物的情况下，期间自收到货物时起算。但是未按规定向消费者说明其撤回权的，撤回权不消灭。

四、欧盟指令中的消费者撤回权

欧盟《关于无店铺销售的指令》（85/577）和《关于远程销售合同的指令》（97/7/EC）规定了消费者的撤销权，且撤销的期限为7天。

随着欧盟各国之间的跨境远距离销售以及无店铺销售的发展，85/577号指令和97/7/EC号指令不能满足这一需要。2011年10月25日，欧盟颁布了统一的《消费者权益保护指令》（2011/83/EU），取代上述指令，强化对在远程销售及无店铺销售中消费者的知情权和撤销权的保护，要求成员国于2013年12月13日之前采取相应的法律、规章遵守该指令。该指令将于2014年6月13日正式实施。欧盟新指令的主要内容有：

（一）消费者的撤销权

欧盟《消费者权益保护指令》（2011/83/EU）规定在无店铺销售合同及远程销售合同中消费者享有知情权与撤销权。无店铺销售合同是指在经营场所之外，买卖双方见面，签订的合同。远程销售合同是指经营者和销售者在有组织销售或者服务计划中，使用远程通信工具，包括但不限于通过邮政订单、网络、电话、传真等所签订的合同。在无店铺销售合同及远程销售合同中，消费者可以任何理由向销售商提出退货要求，包括消费者改变主意，也可不说明理由。消费者的退货期由合约订立后的7日，延长至消费者收到货品后的14日。该指令对不履行信息披露的经营者设置了惩罚性的措施：若销售商未向消费者提供有权退货的资讯，撤销合同的期限在最初的撤销合同的期限结束之后的12个月之后期满。但是如果经营者在前述12个月之内向消费者提供了关于撤销合同的信息，则撤销合同的期限在消费者收到上述信息之日起的14天之后届满。若消费者决定退货，销售商必须在退货后14日内退款于消费者。若销售商未向消费者告知退货所需费用，则费用由销售商承担。

（二）消费者不能撤销的情形

消费者不能撤销的合同包括：已经履行的服务合同；按照消费者的指示制作的商品或明显的个性化商品的供应；容易变质或保质期很短的商品的供应；因为健康保护或卫生原因而退还并且在发货之后开封了的密封商品的供应；根据其性质在发货之后与其他物品相融合、无法分离的商品的供应；酒精饮料的供应，这些酒精饮料的价格在签订销售合同时已经达成了一致意见，而这些酒精饮料只能在30天之后发货并且它们的价值取决于经营者所无法控制的市场波动；密封的录音材料或录像带或者密封的电脑软件的供应，在发货之后这些商品都被拆封了；报纸、期刊或杂志 news paper、periodical or magazine 的供应，供应此类出版物的订阅合同除外；在公开拍卖中所签订的合同，等等。

(三) 经营者的信息披露义务

远程销售合同及无店铺销售合同中的经营者必须以清晰且全面的方式向消费者提供以下信息：商品或服务的主要特点；经营者的身份，例如经营者的商号；经营者的地址以及电话号码、传真号与电子邮箱地址，以便消费者能够快速地联系到经营者并且与经营者进行高效交流；商品或服务的总价，或者提供计算该价格的方式，以及提供所有额外的运费或邮寄费用等其他任何费用或者这些费用的计算公式；提供付款的安排、交货安排、经营者承诺发货的时间或经营者承诺执行服务的时间以及投诉处理政策等信息；向消费者提供撤销合同标准表格及与撤销权行使的相关信息。该指令要求经营者必须以纸质形式向消费者提供上述信息，或者在消费者同意的情况下，以其他的耐用性媒介的形式提供上述信息。耐用性媒介是指消费者所需要的信息的储存介质，包括纸张、U盘、光盘、DVD、储存卡、硬盘以及电子邮件等。同时，经营者还需要向消费者提供一份已经签署的合同的副本或者纸质的合同确认函。

五、我国台湾地区消费者之特殊契约解除权

2005年我国台湾地区“消费者保护法”规定了特种买卖消费者之特殊契约解除权制度，特种买卖包括邮购买卖、访问买卖、现物要约、分期付款买卖。其主要规定了邮购买卖及访问买卖经营者之告知义务、消费者之解除权、现物要约商品之处理、损害之赔偿、分期付款买卖契约应记载事项等。在特种买卖交易中，消费者得于收受商品后7日内，以电子邮件或书面告知经营者解除契约，无须说明理由及负担任何费用。

(一) 邮购买卖与访问买卖

我国台湾地区“消费者保护法”第2条第1款第10项规定了“邮购买卖”的概念：“邮购买卖：指企业经营者以广播、电视、电话、传真、型录、报纸、杂志、网际网路、传单或其他类似之方法，使消费者未能检视商品而与企业经营者所为之买卖。”第2条第1款第11项界定了“访问买卖”：“访问买卖：指企业经营者未经邀约而在消费者之住居所或其他场所从事销售，所为之买卖。”第18条规定了经营者的信息告知义务：“企业经营者为邮购买卖或访问买卖时，应将其买卖之条件、出卖人之姓名、名称、负责人、事务所或住居所告知买受之消费者。”“消费者保护法施行细则”第16条规定，企业经营者应于订立邮购或访问买卖契约时，告知消费者“本法”第18条所定事项及第19条第1项之解除权，并取得消费者声明已受告知之证明文件。“消费者保护法”第19条规定了消费者的解除权：邮购或访问买卖之消费者，对所收受之商品不愿买受时，得于收受商品后7日内，退回商品或以书面通知企业经营者解除买卖契约，无须说明理由及负担任何费用或价款。邮购或访问买卖违反前项规定所为之约定无效。契约经解除者，企业经营者与消费者间关于回复原状之约定，对于消费者较“民法”第259条之规定不利者，无效。①“消费者保护法”第19条之1规定，以邮购买卖或访问买卖方式所为之服务交易，准用第19条的规定。“消费

① 我国台湾地区“民法典”第259条规定，契约解除时，当事人双方回复原状之义务，除“法律”另有规定，或契约另有订定外，依下列之规定：(1) 由他方所受领之给付物，应返还之。(2) 受领之给付为金钱者，应附加自受领时起之利息偿还之。(3) 受领之给付为劳务或为物之使用者，应照受领时之价额，以金钱偿还之。(4) 受领之给付物生有孳息者，应返还之。(5) 就返还之物，已支出必要或有益之费用，得于他方受返还时所得利益之限度内，请求其返还。(6) 应返还之物有毁损、灭失或因其他事由，致不能返还者，应偿还其价额。

者保护法施行细则”第17条规定，消费者因检查之必要或因不可归责于自己之事由，致其收受之商品有毁损、灭失或变更者，其解除权不消灭。该实施细则第18条规定，消费者于收受商品前，亦得依“本法”第19条第1项规定，以书面通知企业经营者解除买卖契约。该实施细则第19条规定，消费者以书面通知或退回商品解除契约者，其书面通知之发出或商品之交运，应于“本法”第19条第1项所定之7日内为之。该实施细则第20条规定了契约解除后的效果即商品的处理：消费者依“本法”第19条第1项规定以书面通知解除契约者，除当事人另有特约外，企业经营者应于通知到达后1个月内，至消费者之住所或营业所取回商品。另外，“消费者保护法”第20条规定了现物要约之商品处理：“未经消费者要约而对之邮寄或投递之商品，消费者不负保管义务。前项物品之寄送人，经消费者定相当期限通知取回而逾期未取回或无法通知者，视为抛弃其寄投之商品，或虽未经通知，但在寄送后逾一个月未经消费者表示承诺，而仍不取回其商品者，亦同。消费者可依据‘民法’上有关无主物的先占之规定取得该商品之所有权。消费者得请求偿还因寄送物所受之损害，及处理寄送物所支出之必要费用。”

（二）分期付款

“消费者保护法”第2条第1款第12项给“分期付款”下了定义：“分期付款：指买卖契约约定消费者支付头期款，余款分期支付，而企业经营者于收受头期款时，交付标的物于消费者之交易形态。”该“法”第21条规定，企业经营者与消费者分期付款买卖契约应以书面为之，且该契约书应载明下列事项：（1）头期款。（2）各期价款与其他附加费用合计之总价款与现金交易价格之差额。（3）利率。企业经营者未依前项规定记载利率者，其利率按现金交易价格周年利率5%计算之。企业经营者违反第2款第1项、第2项之规定者，消费者不负现金交易价格以外价款之给付义务。该“法”第22条之1规定，企业经营者对消费者从事与信用有关之交易时，应于广告上明示应付所有总费用之年百分率，其中总费用之范围及年百分率计算方式，由各目的事业主管机关定之。

第四节　我国冷静期制度

【引例6—2】　我国网络消费安全隐患

近年来随着信息化、服务化等的迅速发展，商品和销售方法的日趋多样化、复杂化，涉及合同、销售方法等方面的纠纷也不断增加。中国互联网信息中心报告显示，截至2013年6月底，我国网络购物网民规模达到2.71亿人。2012年阿里巴巴交易额突破万亿元。中国电子商务研究中心2013年8月报告显示，售后服务、退款问题、虚假促销、网络诈骗等问题成为2013年上半年网友投诉最多的问题。2012年，全国消协组织共受理网络购物投诉20 454件，其中合同类投诉最多，为7 691件，占37.6%；售后服务类投诉位居第二，为5 721件，占27.9%；排名第三的是质量类投诉，为5 458件，占26.7%。2013年上半年，全国消协组织受理网络购物16 408件，同比增长99.7%。以网络购物为主体的媒体购物的投诉量在服务投诉中遥遥领先，由于管理和服务滞后于网络购物市场的快速增长，网购产品的质量保证和服务的承诺兑现将极大考验着网购行业的健康发展。中国消费者协会与部分省市消费者协会2012年3月共同发布的《网络消费安全研究报告》指出，网络消费投诉中存在九大主要问题：一是宣传与实物差距大；二是商品质量良莠不齐；三是格式合同有待规范；四是物流配送问题频出；五是货款支付存在风险；六是售后服务争议突出；七是欺诈行为屡禁不止；八是信息安全亟须加强；九是评价搜索玄机重重。

一、我国冷静期规则的引入

冷静期是个舶来品，《消费者权益保护法》引入冷静期规则前，我国的一些行政法规和地方性法规等对冷静期规则进行了探索性规定。

（一）地方性法规中的冷静期规则

2003年《上海市消费者权益保护条例》，体现出邮购销售、电视或电话销售、互联网销售、上门方式推销商品等多种商品销售方式。该条例第28条规定：经营者以邮购销售、电视（电话）销售或者互联网销售等方式销售商品的，应当保证商品的外观、质量及性能与广告宣传相一致，并按照承诺的时限提供商品。经营者以上门方式推销商品的，应当征得被访问消费者的同意。上门推销时，推销人员应当出示表明经营者授权上门推销的文件和推销人员的身份证件，并以书面方式向消费者告知推销商品的功能、特性、型号、价格、售后服务和经营地址等内容。经营者上门推销的商品，消费者可以在买受商品之日起7日内退回商品，不需要说明理由，但商品的保质期短于7日的除外。商品不污不损的，退回商品时消费者不承担任何费用。

（二）国务院《直销条例》中的冷静期规则

2005年国务院《直销管理条例》明确规定了直销企业应当建立并实行完善的换货和退货制度，为我国消费者权益保护立法增设冷静期制度提供了良好的立法范例以及实践经验。《直销管理条例》第3条对直销的概念作出界定：直销是指直销企业招募直销员，由直销员在固定营业场所之外直接向最终消费者推销产品的经销方式。直销企业是指依照本条例规定经批准采取直销方式销售产品的企业。直销员是指在固定营业场所之外将产品直接推销给消费者的人员。《直销管理条例》第22条规定了经营者的合理告知义务，直销员向消费者推销产品时的义务包括：出示直销员证和推销合同；未经消费者同意，不得进入消费者住所强行推销产品，消费者要求其停止推销活动的，应当立即停止，并离开消费者住所；成交前，向消费者详细介绍本企业的退货制度；成交后，向消费者提供发票和由直销企业出具的含有退货制度、直销企业当地服务网点地址和电话号码等内容的售货凭证。《直销管理条例》第25条规定了消费者的退货权，要求直销企业建立并实行完善的换货和退货制度：消费者自购买直销产品之日起30日内，产品未开封的，可以凭直销企业开具的发票或者售货凭证向直销企业及其分支机构、所在地的服务网点或者推销产品的直销员办理换货和退货；直销企业及其分支机构、所在地的服务网点和直销员应当自消费者提出换货或者退货要求之日起7日内，按照发票或者售货凭证标明的价款办理换货和退货。

（三）其他规范性文件中的冷静期规则

2007年浙江省工商行政管理局《流通领域食品销售者经营行为规范指引》第11条规定："实施无理由退（换）货，在合理期限内，消费者能够提交购货发票或消费凭证，并且所退（换）的商品不影响第二次销售的质量要求的，应予全额退款或者予以更换。"2011年商务部《第三方电子商务交易平台服务规范》之"6.5交易秩序维护"，"鼓励平台经营者设立冷静期制度，允许消费者在冷静期内无理由取消订单"从而引发了立法者、学界对冷静期规则的热议。

二、《消费者权益保护法》中的冷静期规则

【案例6—3】 对《消费者权益保护法》修订的民意期待调查

中国消费者协会联合百度网于2013年10月，开展了“《消法》颁布实施20年消费维权状况调查”，结果显示：在《消费者权益保护法》修订中增加的“普及‘三包’到所有产品”、“经营者举证责任倒置”、“保护消费者的隐私权”、“加大对欺诈行为的赔偿力度”、“明星代言需承担连带责任”、“规范网络经营者提供真实详尽的信息”等条款最受消费者支持。规范网购平台方面，“经营者提供真实详尽的信息”最受消费者支持，有65.2%的消费者认为“经营者应当向消费者提供经营地址、联系方式、商品或服务数量和质量、售后服务等重要真实信息”①。

我国2013年修订的《消费者权益保护法》，针对网络销售、电视销售、电话销售、邮购等新型消费形式，从以下几个方面强化了对消费者的保护：

（一）赋予消费者无理由退货权

《消费者权利保护法》第25条赋予了消费者7日无理由退货权，该条规定：经营者采用网络、电视、电话、邮购等方式销售商品，消费者有权自收到商品之日起7日内退货，且无须说明理由，但下列商品除外：（1）消费者定作的；（2）鲜活易腐的；（3）在线下载或者消费者拆封的音像制品、计算机软件等数字化商品；（4）交付的报纸、期刊。除前款所列商品外，其他根据商品性质并经消费者在购买时确认不宜退货的商品，不适用无理由退货。消费者退货的商品应当完好。经营者应当自收到退回商品之日起7日内返还消费者支付的商品价款。退回商品的运费由消费者承担；经营者和消费者另有约定的，按照约定。

1. 规定了冷静期间消费者的无理由退货权

强调消费者退货无须说明理由，“无须说明理由”即消费者可以以任何理由（包括消费者改变主意）要求经营者退货，也可以不附具任何理由要求经营者退货。消费者有权自收到商品之日起7日内退货。法定冷静期间为7天，冷静期间的起算点为“收到商品之日”。法律关于7日无理由退货的规定是最低要求，是消费者的法定权利，经营者不得通过与消费者的约定等排除消费者的该项权利，相关消费合同违反该规定的无效。实践中有的经营者为争取竞争优势，可以向消费者提供更长的退货权行使期间，为消费者提供更优质的服务。

2. 明确了冷静期的适用情形

我国《消费者权益保护法》第25条明确了冷静期的适用情形以及不宜退货的情形，从而增强了法律适用的确定性和可操作性。首先，冷静期适用于特殊交易形态下的消费合同，即“经营者采用网络、电视、电话、邮购等方式销售商品”的情形。其次，采用列举加概括的方式明确了不宜退货的情形，列举了消费者定作的商品，鲜活易腐的商品，在线下载或者消费者拆封的音像制品、计算机软件等数字化商品②，交付的报纸、期刊共4种商品不宜退货。同时指出，除前述商品外，其他根据商品性质并经消费者在购买时确认不

---

① 中消协：《〈中华人民共和国消费者权益保护法〉颁布实施20年消费维权状况调查报告》，http://www.cca.org.cn/web/xfxx/picShow.jsp?id=65418，访问时间：2013-12-04。

② 具体包括在线下载的数字化商品，网站向消费者提供游戏、电子书、音乐、图片、视频等下载服务。

宜退货的商品，不适用无理由退货。对于法律明确列明不宜退货的商品之外，其他根据商品性质不宜退货的，要求必须经消费者在购买时确认，以减少可能发生的事后争议。

3. 规定了消费者的义务

【案例 6—4】 我国消费者 7 天无理由退货权的困境

2013 年修订的《消费者权益保护法》赋予消费者 7 天无理由退货的“后悔权”，除规定有不宜无理由退货的 4 大类商品外，还有一个前提条件，就是“消费者退货的商品应该完好”。消费者在网购的商品到达时一般都会拆掉包装查看，那包装拆了、衣服吊牌剪了，这样的商品还算不算“完好”?

为了平衡经营者与消费者的利益、增强法律的可操作性，法律通常要求：一是消费者应保持商品完好。消费者退货的商品应当完好，仅限于商品本身，除法律明文规定外，对于商品的包装等，消费者为验货所必要的拆封应视为“保持商品完好”。实践中，根据交易习惯，消费者检验商品所必须的试用等均视为“保持商品完好”。二是消费者支付返还商品所需的直接费用。2013 年《消费者权益保护法》第 25 条明确规定，“退回商品的运费由消费者承担；经营者和消费者另有约定的，按照约定”。可见，我国法律规定由消费者承担商品寄回的费用，但是经营者与消费者约定由经营者承担的，依据该约定。现实中经营者为争取竞争优势，可以与消费者约定由经营者承担运费，以减轻消费者的义务，向消费者提供满意保证和诚信保证。

(二) 设定经营者的强制信息提供义务

我国《消费者权益保护法》第 28 条规定，采用网络、电视、电话、邮购等方式提供商品或者服务的经营者，以及提供证券、保险、银行等金融服务的经营者，应当向消费者提供经营地址、联系方式、商品或者服务的数量和质量、价款或者费用、履行期限和方式、安全注意事项和风险警示、售后服务、民事责任等信息。

法律设定经营者强制信息提供义务的原因在于：经营者通过网络、电视、电话、邮购等方式销售商品时，由于信息的不对称，消费者的理性时时受到挑战，消费者的冲动和误解会影响消费者的决定自由，消费公平受到挑战，消费者的利益受到威胁。相反，消费者只有获知足够的信息，才会作出符合其利益需求的理性决定，消费者的利益才能得到很好的保障，交易才能公平，才能提振消费者的信心，市场也才能够有效地运作。采用网络、电视、电话、邮购等方式签订的消费合同中经营者必须向消费者提供以下信息：经营者的身份信息，包括经营者的名称、经营地址、联系方式等；商品或者服务的数量和质量；价款或者费用；履行期限和方式；安全注意事项和风险警示；售后服务；民事责任等。依据通常理解，“售后服务”应当包含退换货服务，因此，经营者必须向消费者明示的信息还应包括：向消费者明示其享有无理由退货权以及与无理由退货权行使相关的信息。要求经营者提供“经营地址、联系方式”，有助于消费者辨认商品提供者的身份。要求经营者提供“商品或者服务的数量和质量、价款或者费用、履行期限和方式、安全注意事项和风险警示”，有助于消费者全面、客观地进行分析，并与相类似产品进行比较鉴别，从而作出有依据的交易决定。要求经营者提供“售后服务、民事责任等”，便于消费纠纷的解决。我国《消费者权益保护法》未对经营者信息提供的方式作出明确规定，对“经营者不提供或不当提供信息”也未设置相关罚则。

(三) 经营者的退款义务

《消费者权益保护法》第 25 条规定了消费者行使无理由退货权后经营者的退款义务，

即经营者应当自收到退回商品之日起7日内返还消费者支付的商品价款。经营者退还的款项限于消费者所支付的商品价款，未包含消费者购买商品时支付的运费，且经营者的退款时间自收到退回商品之日起不得超过7天。实践中，经营者为争取竞争优势，可以与消费者约定经营者返还消费者购买商品时所支付的运费，以减轻消费者的义务，向消费者提供满意保证和诚信保证。

（四）网络交易平台提供者的责任

《消费者权益保护法》第44条设定了网络交易平台提供者的先行赔付义务和连带赔偿责任。该条第1款规定，消费者通过网络交易平台购买商品或者接受服务，其合法权益受到损害的，可以向销售者或者服务者要求赔偿。网络交易平台提供者不能提供销售者或者服务者的真实名称、地址和有效联系方式的，消费者也可以向网络交易平台提供者要求赔偿；网络交易平台提供者作出更有利于消费者的承诺的，应当履行承诺。网络交易平台提供者赔偿后，有权向销售者或者服务者追偿。该条第2款规定：网络交易平台提供者明知或者应知销售者或者服务者利用其平台侵害消费者合法权益，未采取必要措施的，依法与该销售者或者服务者承担连带责任。

（五）经营者不得利用格式条款并借助技术手段强制交易

在网络交易等过程中，经营者广泛应用格式条款，常常会出现减免自己责任、加重消费者责任、排除消费者权利的条款，或者不合理地分配风险、转移法定举证责任等不合理条款，因此，须对经营者采取限制措施，进一步强化消费者的选择权和确保公平交易权。《消费者权益保护法》第26条细化了经营者利用格式条款损害消费者权益的情形，增加规定“不得利用格式条款并借助技术手段强制交易”，系针对网络交易等过程中经营者利用技术手段要求消费者必须同意所列格式条款否则无法交易的情形。

【经典书目】

（一）著作

1. 陈卫佐译注．德国民法典．北京：法律出版社，2006

2. 赵秋雁．电子商务中消费者权益的法律保护：国际比较研究．北京：人民出版社，2010

3. 刘益灯．跨国消费者保护的法律冲突及其解决对策．北京：法律出版社，2008

4. 应飞虎．信息、权利与交易安全：消费者保护研究．北京：北京大学出版社，2008

5. 于颖．远程消费者保护机制研究．北京：法律出版社，2013

6. 张为华．美国消费者保护法．北京：中国法制出版社，2000

7. 杨淑文．新型契约与消费者保护法．北京：中国政法大学出版社，2002

（二）论文

1. 杜志华．欧盟不公平商业行为指令简介．法学评论，2007（5）

2. 杜志华，陆寰．欧盟消费者保护的新工具——软法．法学评论，2010（4）

3. 郭玉军，向在胜．欧盟电子消费合同管辖权问题研究．武汉大学学报（社会科学版），2002（3）

4. 周显志，陈小龙．试论消费信用合同的“冷却期”制度．法商研究，2002（5）

5. 迟颖．论德国法上以保护消费者为目的之撤回权．政治与法律，2008（6）

6. 张学哲．论消费者撤回权的构成与行使要件．华东政法大学学报，2011（1）

7. 王洪亮．消费者撤回权的正当性基础．法学，2010（12）

8. 张学哲．消费者撤回权制度与合同自由原则——以中国民法法典化为背景．比较法研究，2009（6）

9. 刘青文．德国的消费者撤回权制度．世界经济与政治论坛，2009（4）

【思考题】

1. 简述消费者无理由退货权。

2. 试述冷静期规则中经营者的强制信息说明义务。

3. 简述冷静期制度的适用范围。

4. 案例分析：

唯品会作为中国电子商务领域注明的网站之一，为会员提供网络购物体验，承诺所有品牌商品均为100%原装正品，支持多种付款方式，7天无条件退货。

（1）“7日无理由退货”条件：商品质量问题，或者商品及商品本身包装保持唯品会出售时原装且配件赠品资料齐全不影响二次销售的，并于商品签收后7天内（以快递公司的送货单上的签收日期为准）退货且经网上申请退货或通过唯品会客服中心申请退货的均满足无条件退货（适用于所有品类商品）。

（2）不予退货的情形：超过退货有效期限（订单签收后7天内）的退货商品；未经网上申请退货或通过唯品会客服中心申请退货而自行寄回至唯品会仓库的；非质量原因的美容化妆类、贴身商品（内衣、文胸、泳衣等）、食品类及黄金珠宝类商品。

（3）退货流程：阅读退货政策——填写退货申请——审核通过——邮寄商品至唯品会——唯品会退款。

（4）退款方式和时效：会员需选择快递方式将商品寄回，并垫付快递费用。唯品会将在退款时补贴有效期为1年的10元礼品卡，作为回寄商品的运费。但购买订单所支付的运费不予退回。唯品会将在收到回寄商品的3天内办理退款，直接退回唯品钱包。信用卡支付的订单金额原路退回信用卡，办理后需要7～15个工作日到账。

问题：请评析唯品会的“7日无理由退货”政策。

第七章 产品召回制度

内容摘要

产品召回是指生产商、销售商、进口商在得知其生产、销售或进口的产品存在危及人身、财产安全的不合理危险时，依法向职能部门报告，及时通知消费者，设法从市场上、消费者手中收回缺陷产品，并采取措施有效预防、控制、消除缺陷产品可能导致损害的活动。产品召回制度是保护消费者安全和公共利益的有效机制，也是企业社会责任的体现，还是政府管理模式的创新。我国产品召回制度起步较晚，起初产品召回的适用范围仅限于汽车、食品、药品、儿童玩具等领域。我国《消费者权益保护法》在2013年修订时，将产品召回范围扩大到所有消费商品与服务，这具有里程碑的意义。

第一节 产品召回制度概述

一、产品召回的概念与分类

所谓产品召回，是指经营者发现其向消费者提供的商品或服务存在缺陷，有危及人身、财产安全危险时，依法向有关政府主管部门报告和告知消费者，设法从市场上、消费者手中收回缺陷产品，并采取停止销售、警示、召回、无害化处理、销毁、停止生产或服务等措施，以控制、消除缺陷产品可能导致损害的活动。

产品召回有“主动召回”和“强制召回”两种形式：

1. 主动召回

主动召回，也称自愿召回，是指经营者发现其提供的商品或者服务存在缺陷，有危及人身、财产安全危险时，依法主动采取相应的召回措施。依据我国《消费者权益保护法》，经营者应当保证其提供的商品或者服务符合保障人身、财产安全的要求，只要经营者发现其提供的商品或者服务存在缺陷，有危及人身、财产安全危险的，就应当立即采取召回措施。一是要立即报告有关行政主管部门并告知消费者；二是要采取停止销售、警示、召回、无害化处理、销毁、停止生产或者服务等措施；三是消费者因商品被召回而支出的必要费用由经营者承担。主动召回的情形有：企业自己发现问题，自主召回；由行政主管部门通过消费者的投诉或者其他方式获取了信息之后发现，与企业进行充分的沟通后由企业召回。

2. 强制召回

强制召回，也称责令召回，是指行政主管部门发现并认定商品或服务存在危及人身、财产安全危险的缺陷，经过一定的程序，向制造商发布召回通告或命令，要求制造商必须依法采取相应的召回措施。我国《消费者权益保护法》第33条第2款规定，有关行政主管部门发现并认定经营者提供的商品或者服务存在缺陷，有危及人身、财产安全危险的，应当立即责令经营者采取停止销售、警示、召回、无害化处理、销毁、停止生产或者服务等措施。强制召回的情形有：经调查确认产品存在有不合理危险的缺陷，生产者应当主动召回但未召回的；生产者故意隐瞒产品存在有不合理危险的缺陷的；由于生产者的过错造成缺陷产品危害扩大或者再度发生的。

二、产品召回的适用范围以及缺陷认定

1. 产品召回的适用范围

产品是指能够提供给市场，被人们使用和消费，并能满足人们某种需求的任何东西，包括有形的物品、无形的服务、组织、观念或它们的组合，即包括商品和服务。依据我国《消费者权益保护法》第19条，产品召回的范围是经营者向消费者提供的商品或服务。

2. 缺陷认定

商品或服务存在缺陷，是指由于设计、制造、标识等原因导致的在某一批次、型号或者类别的商品或服务中普遍存在的危及人身、财产安全的不合理的危险。所谓人身安全危险，是指因产品缺陷可能引起消费者的人身健康状况的恶化或生命危险。所谓财产安全危险，是指因产品缺陷而可能致使消费者的财产毁损或价值明显降低。产品缺陷的类型大致有以下几种：

（1）设计上的缺陷。设计上的缺陷是指产品结构上因设计不合理、材料的选择不当、有关参数计算失误、安全系数考虑不充分等原因而导致产品存在的缺陷。这种缺陷内含的不合理危险即使在正常使用状况下仍会发生，从而给使用者和他人带来不可防范的危害。设计上的缺陷是导致产品缺陷的主要因素。例如2001年年初三菱帕杰罗V31、V33两种型号的汽车就是因为制动油管存在设计缺陷而导致刹车失灵，造成了对使用者人身安全和财产安全的严重损害。

（2）制造上的缺陷。所谓制造上的缺陷是指产品在制造中没能达到设计精度要求或不符合设计规范而导致的缺陷。制造上的缺陷主要是因为产品在加工、制作、装配等过程中某个工序或环节出现偏差、错误或疏漏，而导致产品在一些重要方面不符合制造者的设计说明书或性能标准，或不同于同一生产线上生产出的同种产品。

（3）标识上的缺陷。标识上的缺陷是指产品存在未提供完整的符合安全性要求的操作使用说明或警示说明等告知缺陷，这种缺陷会因为没有明确告知如何正确操作而可能影响安全。产品具有特殊的性质和使用方法要求而制造者对此未给予指示、说明和警告，包括应当指示而未指示以及指示不当。

三、产品召回的主要措施

产品召回是经营者发现其商品或服务存在缺陷，采取一系列积极有效的补救措施，从而消除缺陷产品的危害风险。产品召回的措施主要包括以下几个方面：

1. 产品缺陷的发现、调查与评估

产品缺陷的发现主要通过消费者投诉举报、企业通过内部质量追溯系统以及政府主管部门监督检查等途径。产品缺陷调查途径有二：一是经营者得知自己的产品可能存在缺陷而主动开展产品缺陷调查，二是经营者不主动调查时行政主管部门启动缺陷调查。在对产品缺陷调查过程中，应当对缺陷产品可能导致人体健康和生命安全伤害的风险进行评估，控制与消除缺陷的召回措施应当与风险评估结果相适应。

2. 通报义务

经营者发现其产品存在危及人身、财产安全的危险时，应当立即向有关行政主管部门报告，报告缺陷的形式、产生原因，缺陷产品的数量、影响范围、风险严重程度等信息；并以及时、准确、易懂的方式告知消费者产品存在的缺陷、危害以及经营者的矫正措施。

3. 停止销售、停止服务、停止生产

经营者通知有关销售者和服务业经营者停止对该缺陷产品的销售、使用、租赁等经营活动。对于销售者尚未售出的存在该缺陷的产品，通知其停止销售并予以撤回。

4. 召回警示

经营者依法及时向社会发布警示信息，告知消费者产品存在风险，提醒消费者保障自身权益，告知消费者停止消费或者使用，或者补充、修正消费说明。经营者必须与所有的消费者、经销商、零售商直接联系，或者在行政主管部门的官方网站发布召回警示。

5. 召回

确认产品存在缺陷后生产者应当及时制订有效控制与消除缺陷的召回计划书，召回计划书的内容包括：产品存在与人体健康和生命安全有关的缺陷的种类、产生的原因，可能受影响的人群、严重程度和紧急程度；拟采取的召回措施的具体方法、范围和时限等；实施计划的组织机构、联系方式；通知消费者、销售者和服务业经营者的方案；召回缺陷产品后的处理措施；召回的预期效果。

6. 修理、更换或退货退款

对于已经售出的缺陷产品，进行修理、更换、退货等。修理要求经营者必须告知修理者的名称、地址、联系方式等。更换必须是同类产品。退货退款的，经营者必须告诉消费者产品可否退货以及如何退货。经营者支付商品被召回而支出的必要费用。

7. 无害化处理、销毁

生产者应当对召回的缺陷产品依法进行无害化技术处理，对于严重危害人体健康和生命安全的缺陷产品，应当予以销毁。

8. 召回总结以及信息发布

生产者应当制作并保存完整的召回记录，并在召回完成后及时向行政主管部门提交召回总结报告，并对其真实性负责。行政主管部门应对召回效果进行评估，应通过指定网站及时公布产品召回、召回效果审查结论等有关信息。

四、经营者违反产品召回的责任

【案例 7—1】　通用汽车公司惩罚性赔偿案

1999 年，一位名叫安得逊的女子驾驶的一辆美国通用汽车公司生产的雪佛兰车，因尾部被另一辆汽车撞击致油箱受损漏油而引起爆炸，安得逊和其 4 个子女及一个朋友在这起事故中被严重烧伤。受害者的律师向法庭提供的证据表明，通用公司的董事会上曾有人提出雪佛兰这款汽车的油箱设计不合理，太靠近后保险杠而容易发生危险。可是通用公司出于省钱的目的而没有及时召回这款有缺陷的车，以致发生了这起惨剧。汽车制造商只顾赚钱而罔顾消费者的人身安全。法院判决通用汽车公司支付损害性赔偿 1.07 亿美元，惩罚性赔偿 48 亿美元。

1. 惩罚性赔偿责任

我国 2009 年《侵权责任法》在法律中第一次规定了缺陷产品的召回制度，该法第 46 条规定：产品投入流通后发现存在缺陷的，生产者、销售者应当及时采取警示、召回等补救措施。未及时采取补救措施或者补救措施不力造成损害的，应当承担侵权责任。而且，该法还第一次引入了惩罚性赔偿制度，该法第 47 条规定，明知产品存在缺陷仍然生产、销售，造成他人死亡或者健康严重损害的，被侵权人有权请求相应的惩罚性赔偿。我国 2013 年《消费者权益保护法》进一步明确了惩罚性赔偿及其规则。《消费者权益保护法》第 55 条第 2 款规定，经营者明知商品或者服务存在缺陷，仍然向消费者提供，造成消费者或者其他受害人死亡或者健康严重损害的，受害人有权要求经营者赔偿损失，并有权要求所受损失 2 倍以下的惩罚性赔偿。具体而言，这一规定包含两方面意思：一方面，受害人有权要求经营者赔偿损失，赔偿损失的范围包括：产品缺陷造成消费者或者其他受害人人身伤害的，应当赔偿医疗费、护理费、交通费等为治疗和康复支出的合理费用，以及因误工减少的收入；造成残疾的，还应当赔偿残疾生活辅助具费和残疾赔偿金；造成死亡的，还应当赔偿丧葬费和死亡赔偿金；造成严重精神损害的，受害人可以要求精神损害赔偿。另一方面，受害人有权要求惩罚性赔偿。惩罚性赔偿即经营者有明知商品或者服务存在缺陷而仍然向消费者提供的欺诈行为，造成消费者或者其他受害人死亡或者健康严重损害的，受害人有权要求所受损失 2 倍以下的惩罚性赔偿。“明知商品或者服务存在缺陷”是指产品流入市场前经营者明知产品缺陷存在或者产品流入市场后发现产品缺陷而没有警告或者召回。惩罚性赔偿额以受害人所有损失为基数，不仅包括医疗费、护理费、交通费、误工费、残疾生活辅助具费、残疾赔偿金、丧葬费、死亡赔偿金等费用以及财产损失，还包括精神损害赔偿。这大大提升了惩罚性赔偿额度，有助于对不法经营者形成有效震慑。

2. 行政责任

依据《消费者权益保护法》第 56 条第 7 项的规定，经营者拒绝或者拖延有关行政主管部门责令对缺陷商品或者服务采取停止销售、警示、召回、无害化处理、销毁、停止生产或者服务等措施的，除承担相应的民事责任外，由相关行政主管部门对其采取行政处罚措施。具体讲，其他有关法律、法规对处罚机关和处罚方式有规定的，依照法律、法规的规定执行；法律、法规未作规定的，由工商行政管理部门或者其他有关行政主管部门责令改正，可以根据情节单处或者并处警告、没收违法所得、处以违法所得 1 倍以上 10 倍以下的罚款，没有违法所得的，处以 50 万元以下的罚款；情节严重的，责令停业整顿、吊销营业执照。

3. 刑事责任

《消费者权益保护法》第57条规定，经营者违反本法规定提供商品或者服务，侵害消费者合法权益，构成犯罪的，依法追究刑事责任。

第二节　国外产品召回制度

产品召回制度系保证消费者及公共利益安全免受危害的一种有效手段和救济方式。欧、美、日等国家和地区都建立了较为成熟和完善的产品召回法律体系，缺陷产品召回制度已成为各国消费者保护、产品质量管理和政府进行经济调控的重要制度之一。

一、美国产品召回制度

【案例7—2】　“花生酱事件”与美国《食品安全现代化法》

从2008年年末开始，许多人吃了美国花生有限公司生产的产品后发病，该花生酱被一种沙门氏菌污染，造成9人死亡，引发美国历史上最大规模的食品召回之一，美国花生有限公司已经申请破产。奥巴马在白宫的一次每周例行讲话中告诉美国人民：“当我在今年年初听到花生产品正在受到污染的时候，我立刻想到了我7岁大的女儿萨沙（Sasha），她大概每周有3次的午餐是吃花生酱三明治。任何父母都不应担心自己的孩子会因为午餐生病。”①

2011年1月4日奥巴马总统签署《食品安全现代化法》，授予FDA强制召回权。FDA首次获得授权，可以对所有食品发布强制召回通知。该法案规定，若根据须报告的食品注册信息或以其他方式搜集的信息，FDA认为某食品很可能存在掺假情况或存在错误标识的情况，且食用或接触该产品将对人类或动物造成严重的健康后果，甚至导致死亡，FDA应向责任方提供停止销售和召回该食品的机会。若责任方拒绝或未在FDA规定的时间内按照FDA规定的方式、自愿停止销售或者召回该产品，FDA可采取指令的形式，要求当事人立即停止销售该产品。FDA仅在极少数情况下才会使用强制召回的权力，仍以自愿召回为主。这种强制召回权仅在食品生产企业很大程度上未按规定主动召回问题食品时才动用。

1. 美国产品召回法律

1965年“现代消费者运动之父”拉尔夫·纳德（Ralph·Nader）出版《任何速度都不安全》（*Unsafety at Any Speed*）一书，揭露汽车制造商在设计中忽视汽车安全方面的问题，引发公众关注。这促使美国国会于1966年通过了《国家交通与机动车安全法》，明确规定汽车制造商有义务召回缺陷汽车，从而开创了现代产品召回制度的先河。该法规定，汽车制造商在发现其产品由于设计或制造等方面的原因而存在缺陷，不符合法律规定时，有义务召回这些产品，公开产品召回的信息，并对汽车进行免费修理，同时应将相关情况通报交通管理部门和用户。② 此外，美国还在多项产品安全和公众健康的专门立法中引入

① ［英］珍妮·威金斯、帕提·沃德米尔：《美国花生酱和中国毒牛奶》，载（英国）《金融时报》，2009-04-20。

② 参见徐士英：《产品召回制度：中国消费者的福音》，北京，北京大学出版社，2008。

了缺陷产品召回制度，依据《联邦杀虫剂、杀真菌剂、灭鼠剂法》召回杀虫剂，依据1958年《联邦航空法》召回飞机、飞机引擎、螺旋桨或装置，依据1971年《联邦船只安全法》召回船舶或船舶的附属物以及设备；依据1938年《联邦食品、药品、化妆品法》、《禽肉制品核查法》、《联邦肉类核查法》、《蛋类产品核查法》以及2011年《FDA食品安全增强法案》等召回食品、药品、化妆品。

1972年，美国颁布了《消费品安全法》(CPSA)，授权美国消费品安全委员会（CPSC）对有缺陷的产品实施召回，标志着其缺陷产品召回制度的正式确立。至此美国已建立起一套较为成熟的产品召回制度。2008年修订的《美国消费品安全改进法案》（CPSIA/HR4040）确立了强制性追溯标签，要求制造商必须在儿童产品及相关包装上加贴永久性清晰、醒目的标志，使消费者可以辨别和确定制造商的名称、生产日期和产地，以及其他相关生产信息，从而确保产品的可追溯性，以便回收。此外，该法案还要求建立消费品安全公共数据库。除了《消费品安全法》外，美国消费品安全委员会（CPSC）负责实施的法律还有《联邦危险物品法》、《危险物品包装法》、《儿童保护及玩具安全法》、《儿童汽油灼伤预防法》、《易燃织物法》、《冰箱安全法》等。《联邦危险物品法》要求对于具有一定危险性的产品在其标签上作出警示标志，提示消费者产品存在的潜在危险，并指示他们在这些危险出现时如何保护自己；任何有毒的、腐蚀性的、可燃易燃的、强致敏性的、刺激性的物品以及能够通过腐烂、加热或其他原因产生电的产品都需要在标签中加以警示；如果物品在合理操作或正常使用中以及被儿童触摸时可能引起人身伤害或疾病，也应在标签中加以标识，以保护公众健康。1970年《危险物品包装法》要求家用电器必须有儿童保护包装以避免儿童受到伤害，要求产品的设计既能防止5岁以下儿童在一定时间内打开产品，又能方便成人正常开启。《儿童安全法》要求在特定产品上作出警示标签，并要求制造商、进口商、分销商、零售商报告某些令人窒息的事件，以更好地保护儿童免受窒息危险。《儿童汽油灼伤预防法》要求在美国销售的便携式汽油容器包装符合防止儿童打开的安全要求。《易燃织物法》规定消费品安全委员会可以发布易燃的服装织物和室内装饰品以及用于服装、地毯、儿童衣物等的聚乙烯塑料的安全标准，要求这些物品进入市场销售前必须进行燃烧测验，并保存记录。《冰箱安全法》主要是防止儿童进入废弃或放置不当的冰箱而不能出来的危险。

2. 美国产品召回主管机构

【案例7—3】　2013年上半年美国消费品安全委员会对华产品召回通报综述

2013年上半年，美国消费品安全委员会共发布151项产品召回通报，同比下降1.3%。中国大陆产品被召回的通报最多，占该时期召回总数的62.9%，同比增长3.3%；其次为美国本土产品，占比14.6%，同比下降26.7%；中国台湾位居第三，占比7.9%，同比持平；墨西哥和意大利同居第四位，分别占比2.6%。

在涉及中国大陆产品的召回通报中，高居首位的是家居和园艺产品，占通报总数的49.5%；其次为儿童用品，占比27.4%；再为玩具，占比12.6%；最后为运动和休闲用品，占比10.5%。

美国主管产品召回的政府机构共有6个：

(1) 美国消费品安全委员会（CPSC)。CPSC是一家由法律授权的独立政府机构，直接对国会负责，主要负责一般消费品的监控和召回，以保护消费者及其家人免受消费品引发的火、电、化学和机械的危险以及可能给儿童带来的危险，降低使用消费品导致的伤亡率。CPSC监控的产品在15 000种以上，大致包括5类：儿童产品类（包括儿童玩具）、家用产品类、户外用品类、运动娱乐产品类和专业产品类。CPSC的监控对象主要包括玩具、婴儿床、服装、家用电器、电动工具、打火机以及家用化学制品。CPSC发布召回的产品超过4 000种。CPSC直接面向企业和消费者，接受消费者投诉，并根据投诉情况，建议制造商和经销商召回有缺陷的产品并提供协助。

（2）食品与药品监督管理局（FDA），主要负责除肉、禽和蛋类制品之外的食品、药品、化妆品、医疗设备等的召回。

（3）农业部食品安全检验局（FSIS），主要负责肉、禽和蛋类产品的召回。

（4）美国环保署（EPA），主要负责可能对环境造成破坏或污染的产品如机动车辆、农药等的召回。

（5）国家公路交通安全管理局（NHTSA），主要负责监管汽车、儿童安全座椅、摩托车及相关设备、轮胎等产品的召回。美国至今已总计召回了2亿多辆整车，两千四百多万条轮胎。涉及的车型有轿车、卡车、大客车、摩托车等多种，全球几乎所有汽车制造厂在美国都经历过召回案例。

（6）美国海防警卫队（U. S. Coast Guard），主要负责监管娱乐船、艇及其配套产品的召回。

二、英国产品召回制度

【案例7—4】 英国苏丹红召回事件

2005年2月2日，英国第一食品公司（Premier Foods）向英国环境卫生部门报告，该公司2002年从印度进口的5吨辣椒粉中含有“苏丹一号”染料，并且已经生产为辣椒酱等调料销往众多下游食品商。2月18日英国食品标准署确认了这个污染，并追查了使用第一食品公司供应的原料的食品商，分4批列举了575种含有“苏丹一号”的食品，并警告消费者不要冒险食用以减少可能导致癌症的几率，同时要求这些食品必须在2月24日12时之前在监督下从货架上全部撤除，对已销售的清单上的产品需要提供无条件退货。英国食品标准署称这是英国历史上最大规模的食品召回事件。据预计，英国食品行业因此遭受的损失可能超过1 500万英镑。

英国在消费者安全方面的法律、法规主要是《一般产品安全规定》，适用于消费者使用的所有产品（包括二手产品）。该法规定：任何有安全隐患的产品不得进入市场；任何生产厂家不得为市场供应或同意供应不安全产品；批发商应该严格确保产品的安全性，特别不应该销售或拥有或同意供应不安全产品给任何人，等等。《一般产品安全规定》中规定了3项义务来曝光不安全产品：第一项是某些具有重大危险需要紧急处理的产品，第二项是危险不大需要处理的产品，这两项需要当地相关机构上报到贸易工业部。第三项是生产者和批发商发现它们销售到市场上的产品存在安全隐患时，有义务通知当地相关机构。对于一些特殊的商品或服务，英国另有专门规定，比如化学产品，婴幼儿产品、化妆品、烟火，等等。

产品召回分为自主召回和强制召回。依据英国《公平交易法》，强制召回由主管消费者事务的大臣发布召回令，适用的情形有：一是，产品不符合其描述的安全标准；二是，主管大臣认为产品可能引起人身伤害。英国保护消费者利益的法律都有对伪劣、污染、有毒和有害产品的召回政策专属规定并分别设有具体分管产品召回的部门，如负责电子产品的，负责食品、药品、医用设备和有毒物质的，主管汽车、座椅安全带、头盔等产品的。

三、日本产品召回制度

日本自1969年开始实施汽车召回，是亚洲第一个实施召回的国家。其召回法规多，相关法律最严密。召回制度已明确列入《公路运输车辆法》(在2002年作了进一步修改)，日本政府还通过《道路运输车辆安全标准》以及《机动车型式制定规则》等法规，严格规定了召回的程序、范围和处理方式，并交专门部门执行。汽车召回中的汽车包括汽车与特定后配装置：汽车是指为不使用轨道或电力网线，依靠发动机在陆地上移动而制造的工具，或为带发动机自行车之外、依靠牵引在陆地上移动而制造的工具。特定后配装置是指轮胎及少儿辅助乘车装置，即指幼儿及其他少儿乘车时具有代替安全带功能的乘车装置或为确保安全带功能而固定在座位上的乘车装置。

2002年日本颁布《汽车再利用法》，这是一部专门针对汽车报废回收处理的法律，其制定和实施使日本汽车的报废回收处理行业更加规范。汽车的最终所有人决定报废汽车后，将汽车交废旧汽车收购商。收购商将废车依次交氟利昂回收厂、解体工厂、粉碎工厂进行回收处理，处理程序完成后，向日本汽车回收再利用促进中心报告。该中心核实汽车处理全部完成后，通过废旧汽车收购商通知车主，车主根据该中心提供的车辆处理信息向国土交通省下属的各地陆运支局申请永久注销汽车登记。

四、欧盟产品召回制度

欧盟委员会《通用产品安全指令》(2001/95/EC)是欧盟产品召回的基本法律，根据该指令，确保市场上销售的产品安全是生产商的责任，要求市场上销售的所有产品以及以其他方式向消费者供应的一切产品均应满足安全要求，只允许合乎安全标准的产品推出市场。如果产品可能引起危险，生产商及分销商必须向执法机关汇报，采取适当行动，有效处理回收工作，如将产品从市场下架、给予消费者足够或有效警告，或向消费者收回产品。要求分销商必须保存文件记录，以便发现不安全产品时，可追踪产品的流向。如有需要，执法机关可下令强制召回。

欧盟产品召回法律还包括其他产品安全以及消费者保护专门指令中的召回规定，如欧盟《通用食品法》(178/2002号)第19、20条规定了食品和饲料行业经营者在召回行动中的责任，如果经营者认为或有理由相信所进口、生产、加工、制造或流通的食品或饲料不符合食品或饲料安全要求，应该立即采取行动将可疑产品从市场上召回，并通知相关机构或负责人。

第三节 我国产品召回制度

【引例7—5】 “三菱”缺陷汽车问题妥善处理

2000年岁末，宁夏、云南等地相继发生日本三菱帕杰罗V31、V33越野车在正常行驶中制动突然失效的安全质量事故。2001年2月9日，国家出入境检验检疫局发布紧急公告指出，V31、V33越野车存在严重安全质量隐患，决定自即日起吊销其进口商品安全质量许可证书并禁止其进口。3天后，三菱汽车公司迫于舆论压力，在北京宣布决定召回、检修三菱帕杰罗V31、V33越野车。中消协在确认帕杰罗两款型号的汽车存在设计上的安全隐患后立即介入此案，就其所涉及的消费者权益问题同日本三菱汽车公司进行交涉。先后6次与三菱汽车公司会谈，促使对方制订了召回方案，明确了有关赔偿条款，并在中消协的监督下逐步落实。三菱汽车召回事件，成为国内因质量问题被迫召回汽车产品的第一案，也启动了我国缺陷产品召回制度。[①]

2013年《消费者权益保护法》第19、55、56、57条确立了商品和服务的召回制度，将产品召回范围扩大至所有经营者向消费者提供的商品与服务，并规定了经营者违反产品召回义务的法律责任，是我国产品召回制度的里程碑。除了《消费者权益保护法》的一般性规定之外，我国还有十几种产品的管理制度中含有召回的用语表述，如汽车、食品、药品、医疗器械、儿童玩具等。我国产品召回专门规定主要有：《缺陷汽车产品召回管理条例》规范汽车召回；《药品召回管理办法》规范药品召回；《食品召回管理规定》等确立了食品召回制度；《儿童玩具召回管理规定》规范儿童玩具召回。

一、汽车召回

【案例7—6】 法拉利玛莎拉蒂汽车国际贸易（上海）有限公司召回部分进口玛莎拉蒂汽车[②]

制造商：法拉利玛莎拉蒂汽车国际贸易（上海）有限公司。

召回时间：2013-12-02至2014-12-01。

涉及数量：25辆。

车型：2014年新总裁（Quattroporte）V8。

VIN范围：ZAMPP56E6E1069234至ZAMPP56E4E1072245。

缺陷情况：装配有不符合规范的发电机/起动机线束。

可能后果：在特定条件下，可能导致该线束发生折弯，在工作过程中过热甚至折断，导致电瓶接地，发动机将无法为电瓶充电，最终导致车辆熄火，存在安全隐患。

维修措施：对于涉及缺陷的车辆，法拉利玛莎拉蒂汽车国际贸易（上海）有限公司为客户免费更换发电机/起动机线束，从而消除隐患。

改进措施：线束供应商会缩短反光套管的长度并调整加工工艺。

投诉情况：法拉利玛莎拉蒂汽车国际贸易（上海）有限公司目前在中国未收到相关的事故、伤亡以及/或赔偿要求的报告。

汽车召回，是指由缺陷汽车产品制造商进行的消除其产品可能引起人身伤害、财产损失的缺陷的过程，包括通知、修理、更换、收回等具体措施。2012年10月30日国务院颁布《缺陷汽车产品召回管理条例》，规范汽车召回活动。

1. 汽车召回范围以及“汽车缺陷”认定

汽车召回的范围包括汽车、汽车挂车以及汽车轮胎。汽车缺陷是指由于设计、制造、标

① 参见《中消协：纪念〈消法〉颁布二十年“依法维权二十事”》，http://www.cca.cn/web/ztbd/newsShow.jsp?id=65443&cid=3741，访问时间：2013-12-04。

② 参见《国家质检总局缺陷产品召回管理中心召回公告》，http://www.dpac.gov.cn/other/zhgg/car/201312/t20131202_124553.html，访问时间：2013-12-11。

识等原因而在某一批次、型号或者类别的汽车产品中普遍存在的不符合保障人身、财产安全的国家标准、行业标准的情形以及其他危及人身、财产安全的不合理的危险。具体讲，“汽车缺陷”认定应当考虑如下因素：（1）缺陷系因设计、制造或标识等原因而导致的，即缺陷不仅包括设计上的缺陷、制造上的缺陷，而且包括标识上的缺陷。汽车标识是指汽车区别其他厂家的商标以及用以表明汽车的生产厂家、车型、发动机功率、承载量、发动机及整车的出厂编号等标识，便于销售者、使用者、维修人员、交通管理部门识别车辆的“身份”。汽车产品标识如出现缺陷，可能会导致汽车产品在销售、使用、维修和交通管理方面存在重大隐患，从而危及人身、财产安全。（2）缺陷认定的条件是“在某一批次、型号或者类别的汽车产品中普遍存在”，具体包括两种具体形式：一是存在不符合保障人身、财产安全的国家标准、行业标准的情形；二是存在其他危及人身、财产安全的不合理的危险。

2. 汽车召回主管部门及义务主体

汽车召回是指汽车产品生产者对其已售出的汽车产品采取措施消除缺陷的活动。国务院产品质量监督部门负责全国缺陷汽车产品召回的监督管理工作，其可以委托省级人民政府产品质量监督部门和进出口商品检验机构承担缺陷汽车产品召回监督管理的部分工作。国务院有关部门（主要包括汽车产品主管部门、商务主管部门、海关、公安机关交通管理部门、交通运输主管部门、工商行政管理部门等）在各自职责范围内负责缺陷汽车产品召回的相关监督管理工作。汽车召回义务主体具体包括：（1）汽车和汽车挂车的召回义务主体是汽车产品的生产者。生产者对其制造的汽车产品质量负责。在中国境内制造、出售的汽车产品（包括汽车和汽车挂车）存在缺陷的，由生产者负责召回；进口汽车产品存在缺陷的，由进口商负责召回。可见，《缺陷汽车产品召回管理条例》中所称的汽车产品生产者包括在中国境内依法设立的生产汽车产品并以其名义颁发产品合格证的企业以及从中国境外进口汽车产品到境内销售的企业。（2）轮胎的召回义务主体是轮胎生产者。汽车产品出厂时未随车装备的轮胎存在缺陷的，由轮胎的生产者负责召回。（3）销售、租赁、维修汽车产品的经营者负有协助召回义务。销售、租赁、维修汽车产品的经营者不是生产者，依法不承担召回义务，但其如获知汽车产品存在缺陷的，应协助生产者实施召回。车主亦负有配合召回义务。（4）对“缺陷”以外的汽车产品质量问题，由生产者、销售者依照《产品质量法》、《消费者权益保护法》等法律、行政法规和国家有关规定以及合同约定，承担修理、更换、退货、赔偿损失等相应的法律责任。

3. 相关召回主体的信息记录、备案、报告等义务

《缺陷汽车产品召回管理条例》特别规定了生产者、经营者的报告和备案义务，赋予所有人举报的权利，同时建立相关行政机关信息共享机制。

（1）生产者的信息记录、备案、报告等义务。生产者的信息记录义务指，生产者应当建立并保存有关汽车产品和汽车产品初次销售的车主信息记录，保存期不得少于10年。生产者的备案义务包括日常备案义务①和实施召回时的备案义务。② 生产者的报告义务也有两

---

① 《缺陷汽车产品召回管理条例》第10条规定，生产者应当向国务院产品质量监督部门备案以下五类信息：（1）生产者的基本信息；（2）汽车产品技术参数和汽车产品初次销售的车主信息；（3）因汽车产品存在危及人身、财产安全的故障而发生修理、更换、退货的信息；（4）汽车产品在中国境外实施召回的信息；（5）国务院质量监督部门要求备案的其他信息。

② 《缺陷汽车产品召回管理条例》第16条规定：生产者实施召回，应当按照国务院产品质量监督部门的规定制定召回计划，并报国务院产品质量监督部门备案。修改已备案的召回计划应当重新备案。

个方面：一是生产者获知产品可能存在缺陷时，应当立即组织调查分析，并如实向国务院产品质量监督部门报告调查分析结果。二是在实施召回过程中及结束后应分别向国务院产品质量监督部门提交实施召回的阶段性报告和总结报告。

（2）经营者的信息记录和报告义务。经营者是指从事销售、租赁、维修汽车产品的经营者。经营者的信息记录义务指，经营者应当按照国务院产品质量监督部门的规定建立并保存汽车产品相关信息记录，保存期不得少于5年。经营者的报告义务指，经营者如果获知汽车产品可能存在缺陷的，应当及时向生产者和质量监督部门报告相关信息。

（3）其他信息获取渠道以及信息共享。消费者、社会公众能够发现许多在实验室里、在测试过程中发现不了的问题，发动社会力量参与缺陷汽车召回具有重要意义。《缺陷汽车产品召回管理条例》第6条规定：任何单位和个人有权向产品质量监督部门投诉汽车产品可能存在的缺陷，国务院产品质量监督部门应当以便于公众知晓的方式向社会公布受理投诉的电话、电子邮箱和通信地址。国务院产品质量监督部门应当建立缺陷汽车产品召回信息管理系统，收集汇总、分析处理有关缺陷汽车产品信息。产品质量监督部门、汽车产品主管部门、商务主管部门、海关、公安机关交通管理部门、交通运输主管部门、工商行政管理部门等有关部门应当建立汽车产品的生产、销售、进口、登记检验、维修、消费者投诉、召回等信息的共享机制。

4. 召回程序

（1）召回启动程序。生产者获知汽车产品可能存在缺陷时，应当立即组织调查分析，确认汽车产品存在缺陷的，应当立即停止生产、销售、进口缺陷汽车产品，并实施召回；国务院产品质量监督部门经缺陷调查认为汽车产品存在缺陷的，也应当通知生产者实施召回。生产者认为其汽车产品不存在缺陷的，可以在规定期限内向国务院产品质量监督部门提出异议，国务院产品质量监督部门应当组织有关专家进行论证、技术检测或者鉴定。生产者既不按照通知实施召回，又不在规定期限内提出异议的，或者经国务院产品质量监督部门组织论证、技术检测或者鉴定确认汽车产品存在缺陷的，国务院产品质量监督部门应当责令生产者实施召回，生产者应当立即停止生产、销售、进口缺陷汽车产品，并实施召回。

（2）召回实施程序。生产者实施召回，应当按照国务院产品质量监督部门的规定制订召回计划，并按照召回计划实施召回。生产者应当将该召回计划同时通报销售者，销售者应当停止销售缺陷汽车产品。生产者应当以便于公众知晓的方式发布信息，告知车主汽车产品存在的缺陷、避免损害发生的应急处置方法和生产者消除缺陷的措施等事项。国务院产品质量监督部门应当及时向社会公布已经确认的缺陷汽车产品信息以及生产者实施召回的相关信息。生产者应当及时采取措施消除缺陷，并承担消除缺陷的费用和必要的运送缺陷汽车产品的费用，消除汽车产品缺陷的措施主要包括修正或者补充标识、修理、更换、退货等。国务院产品质量监督部门应当对召回实施情况进行监督，并组织与生产者无利害关系的专家对生产者消除缺陷的效果进行评估。

（3）召回报告程序。生产者应当按照国务院产品质量监督部门的规定提交召回阶段性报告和召回总结报告。召回阶段性报告的内容主要包括已召回车辆数量，已召回车辆占应召回车辆比例，已召回车辆地区分布，是否已经发生事故，后期召回计划（如有变更），其他情况。召回总结报告的内容主要包括：缺陷汽车产品产生的原因；召回计划实施的详细情况，包括召回的具体技术措施和方法；缺陷产品的销售范围和数量；召回效果，包括已召回并消除缺陷的和仍未召回的产品数量；对尚未召回的缺陷汽车产品的原因的说明，以及所要采取的针对性措施；对于防止同样缺陷产品再次发生和对召回行动改进的建议。

5. 加重对违法行为的处罚力度

针对生产者召回缺陷汽车产品存在的违法行为，《缺陷汽车产品召回管理条例》设定了严格的法律责任，在提高罚款额度的同时，增加了吊销行政许可等处罚措施。《缺陷汽车产品召回管理条例》第22条规定，生产者未按照规定保存有关汽车产品、车主的信息记录，或者未按照规定备案有关信息、召回计划，或者未按照规定提交有关召回报告的，最高可处以20万元罚款。《缺陷汽车产品召回管理条例》第23条规定，生产者、经营者不配合产品质量监督部门缺陷调查，或者未按照已备案的召回计划实施召回，或者未将召回计划通报销售者的，可以处50万元以上100万元以下的罚款；有违法所得的，并处没收违法所得；情节严重的，由许可机关吊销有关许可。《缺陷汽车产品召回管理条例》第24条规定：生产者存在未停止生产、销售或者进口缺陷汽车产品，或者隐瞒缺陷情况，或者经责令召回拒不召回情形的，可以处缺陷汽车产品货值金额1%以上、10%以下的罚款，还可以处以没收违法所得和吊销有关许可等处罚措施。隐瞒缺陷，如在汽车产品的生产过程中，已发现存在一定安全隐患，仍继续生产、销售该款汽车产品；在汽车产品投入市场后，发现或确定汽车产品存在缺陷，但未如实或及时向国务院产品质量监督部门报告。这些措施，可以有效促使生产者履行缺陷汽车产品的召回责任。

二、药品召回

【案例7—7】　外资制药巨头频繁召回药品

2010年12月20日，辉瑞制药宣布将召回19 000瓶降压药立普妥。这已经是当年立普妥的第四次召回，前三次分别发生在今年8月和11月，累计召回立普妥已达到38.8万瓶。①

2010年堪称强生的“召回年”，前不久，强生“一年召回问题产品14次”的新闻刚引起一片哗然，不到10天，强生居然又爆发了第15次召回——12月1日，美国强生公司证实，由于会引发眼睛刺痛等问题，公司共召回约49.2万盒日抛隐形眼镜。除了隐形眼镜，强生今年召回的产品还包括感冒药泰诺、儿童抗过敏药可他敏以及止痛药美林等。2010年，强生公司旗下的麦克尼尔公司已经召回超过40种儿童非处方液体药物，一家制药厂被迫停产，2010年的销售额也因此减少6亿美元。②

我国2007年《药品召回管理办法》，在药品召回的责任主体、范围、时限、分级、主动召回、责令召回、法律责任等各个方面作出了规定。

1. 召回范围

药品召回，是指药品生产企业（包括进口药品的境外制造厂商）按照规定的程序收回已上市销售的存在安全隐患的药品。安全隐患，是指由于研发、生产等原因可能使药品具有的危及人体健康和生命安全的不合理危险。

2. 召回主管机构

召回药品的生产企业所在地省、自治区、直辖市药品监督管理部门负责药品召回的监

---

① 参见《辉瑞召回降压药立普妥　或致损失数亿元》，载《21世纪经济报道》，2011-01-03。

② 参见李研：《强生一年召回问题产品15次　2010成为强生召回年》，载《中国经济周刊》，2010-12-14。

督管理工作，其他省、自治区、直辖市药品监督管理部门应当配合、协助做好药品召回的有关工作。国家食品药品监督管理总局监督全国药品召回的管理工作。国家食品药品监督管理总局和省、自治区、直辖市药品监督管理部门应当建立药品召回信息公开制度，采用有效途径向社会公布存在安全隐患的药品信息和药品召回的情况。

3. 药品缺陷调查与评估

药品生产企业应建立信息系统：建立、健全药品质量保证体系和药品不良反应监测系统，收集、记录药品的质量问题与药品不良反应信息，并按规定及时向药品监督管理部门报告。

开展药品缺陷调查：药品生产企业应当对药品可能存在的安全隐患进行调查。药品监督管理部门对药品可能存在的安全隐患开展调查时，药品生产企业应当予以协助。药品经营企业、使用单位应当配合药品生产企业或者药品监督管理部门开展有关药品安全隐患的调查，提供有关资料。药品安全隐患调查的内容包括：已发生药品不良事件的种类、范围及原因；药品使用是否符合药品说明书、标签规定的适应证、用法用量的要求；药品质量是否符合国家标准，药品生产过程是否符合GMP等规定，药品生产与批准的工艺是否一致；药品储存、运输是否符合要求；药品主要使用人群的构成及比例；可能存在安全隐患的药品批次、数量及流通区域和范围；其他可能影响药品安全的因素。

通过药品安全隐患评估来确定药品安全隐患的严重程度，并根据评估结果的严重程度将药品召回分为：一级召回，使用该药品可能引起严重健康危害的；二级召回，使用该药品可能引起暂时的或者可逆的健康危害的；三级召回，使用该药品一般不会引起健康危害，但由于其他原因需要收回的。药品安全隐患评估的主要内容包括：该药品引发危害的可能性，以及是否已经对人体健康造成了危害；对主要使用人群的危害影响；对特殊人群尤其是高危人群的危害影响，如老年、儿童、孕妇、肝肾功能不全者、外科病人等；危害的严重与紧急程度；危害导致的后果。

4. 主动召回

主动召回是指药品生产企业发现药品存在安全隐患时主动实施召回措施。主动召回的程序如下：

（1）召回决定。药品生产企业，发现药品存在安全隐患的，应当决定召回。

（2）召回计划。药品生产企业在作出药品召回决定后，应当制订召回计划并组织实施，通知到有关药品经营企业、使用单位停止销售和使用，并向所在地省、自治区、直辖市药品监督管理部门报告，主管部门应当将收到一级药品召回的调查评估报告和召回计划报告国家食品药品监督管理总局。调查评估报告包括以下内容：召回药品的具体情况，包括名称、批次等基本信息；实施召回的原因；调查评估结果；召回分级。召回计划应当包括以下内容：药品生产、销售情况及拟召回的数量；召回措施的具体内容，包括实施的组织、范围和时限等；召回信息的公布途径与范围；召回的预期效果；药品召回后的处理措施；联系人的姓名及联系方式。

（3）过程报告。药品生产企业在实施召回的过程中，向所在地省、自治区、直辖市药品监督管理部门报告药品召回进展情况。

（4）召回总结报告。药品生产企业在召回完成后，应当对召回效果进行评价，向所在地省、自治区、直辖市药品监督管理部门提交药品召回总结报告。省、自治区、直辖市药品监督管理部门应当对报告进行审查，并对召回效果进行评价，经过审查和评价，认为召回不彻底或者需要采取更为有效的措施的，药品监督管理部门应当要求药品生产企业重新召回或者扩大召回范围。

5. 责令召回

责令召回是指药品存在安全隐患，生产企业应当召回而未主动召回时，药品监督管理部门责令生产企业召回药品的活动。责令召回的程序主要有：

(1) 药品监督管理部门作出责令召回决定，并将责令召回通知书送达药品生产企业。通知书包括召回药品的具体情况，包括名称、批次等基本信息；实施召回的原因；调查评估结果；召回要求，包括范围和时限等内容。

(2) 药品生产企业在收到责令召回通知书后，应当通知药品经营企业和使用单位，制定、提交召回计划，并组织实施。

(3) 药品生产企业应当向药品监督管理部门报告药品召回的相关情况，进行召回药品的后续处理。药品监督管理部门应当对药品生产企业提交的药品召回总结报告进行审查，并对召回效果进行评价。经过审查和评价，认为召回不彻底或者需要采取更为有效的措施的，药品监督管理部门可以要求药品生产企业重新召回或者扩大召回范围。

三、儿童玩具召回

【案例 7—8】 广东童车致幼童致残，消委会呼吁保障儿童安全

2002 年 5 月，广东省消费者朱某向省消委会投诉，其 3 岁的儿子在骑国产 14 寸儿童自行车时，不慎被童车链罩和链轮夹断中指致残，向厂家索赔遭拒。经调查，当时童车安全标准滞后，标准中没有预防儿童伤害的保护性要求。广东省消委会在积极帮助消费者寻求赔偿的同时，及时向有关部门反映标准缺失的问题，呼吁对国标中链罩保护一项中不合理的部分进行修改，并引起有关部门的高度重视。最终，于 2007 年 1 月 1 日实施的新版国标 GB 14746—2006《儿童自行车安全要求》中，增加了关于车轮转动精度和车轮间隙的要求，以更好地避免儿童在使用或玩耍自行车时夹伤手指，保障广大儿童安全。①

2007 年国家质检总局《儿童玩具产品召回管理规定》是我国规范儿童玩具召回的专门法规。“儿童玩具”，是指设计或预定供 14 岁以下儿童玩耍，经过加工制作并用于销售的产品；但生产者明示不供儿童玩耍的除外。“缺陷”，是指因设计、生产、指示等方面的原因使某一批次、型号或类别的儿童玩具中普遍存在的具有同一性的、危及儿童健康和安全的不合理危险。召回，是指按照规定程序和要求，对存在缺陷的儿童玩具，由生产者或者由其组织销售者通过补充或修正消费说明、退货、换货、修理等方式，有效预防和消除缺陷可能导致的损害的活动。

1. 召回主管机关和召回主体

国家质检总局在职责范围内负责统一组织协调儿童玩具召回的监督管理工作。省级质检部门在本行政区域内负责组织实施儿童玩具召回的监督管理工作。

生产者应当对其生产的儿童玩具质量安全负责，并对儿童玩具进行缺陷调查、风险评估以及实施召回。

---

① 参见《中消协：纪念〈消法〉颁布二十年“依法维权二十事”》，http: //www. cca. cn/web/ztbd/newsShow. jsp? id=65443&cid=3741，访问时间：2013-12-04。

2. 信息系统与信息管理

生产者应当加强儿童玩具设计、原料采购、生产销售和产品标识以及消费者投诉、产品伤害事故、产品伤害纠纷、产品在国外召回情况等信息管理，建立、健全相关信息档案。生产者应当将其从业基本信息以及消费者投诉或举报、产品伤害事故、产品伤害纠纷、产品在国外召回情况等信息向所在地的质量技术监督部门备案。省级质监部门按照国家质检总局有关规定组织管理前述信息备案工作。销售者应当加强儿童玩具进货、销售等信息管理，妥善保存消费者投诉、产品伤害事故、产品伤害纠纷等信息档案。任何单位和个人可以向各级质监部门投诉或举报儿童玩具缺陷和伤害等有关信息。各级地方质监部门在本行政区域内负责收集、处理儿童玩具缺陷和伤害投诉、举报、备案等信息，并将有关信息逐级上报。国家质检总局可以通过儿童玩具缺陷和召回信息管理系统统一收集、处理、发布与儿童玩具缺陷、伤害、召回和消费预警等有关的信息。国家质检总局应当组织建立儿童玩具缺陷和召回信息管理系统，包括儿童玩具缺陷信息收集系统以及与有关部门共同建立的儿童玩具伤害监测系统等。

3. 缺陷调查与风险评估

（1）缺陷调查

生产者获知其提供的儿童玩具可能存在缺陷的，应当立即启动缺陷调查，确认是否存在缺陷。生产者应当及时将缺陷调查结果报告发出调查通知的省级以上质监部门。省级以上质监部门获知儿童玩具可能存在缺陷的，可以启动缺陷调查，并通知生产者。省级质监部门可以对本行政区域内生产者生产的儿童玩具进行缺陷调查，并报告国家质检总局。省级质监部门应当及时将缺陷调查结果通知生产者并报告国家质检总局。国家质检总局可以对损害结果严重或影响较大的儿童玩具进行缺陷调查，并通知生产者所在地的省级质监部门。国家质检总局应当及时将缺陷调查结果通知省级质监部门和生产者。生产者、销售者等经营者应当配合省级以上质监部门进行的缺陷调查，提供调查所需要的有关资料。

（2）风险评估

经调查确认儿童玩具存在缺陷的，应当根据儿童玩具缺陷对儿童健康和安全产生损害的可能性、程度、范围等，对缺陷进行风险评估，并根据风险评估结果实施召回。省级以上质监部门可以组织设立专家委员会，为缺陷调查和风险评估提供技术支持。省级以上质监部门可以委托具有法定资质的产品质量检验机构或实验室，为缺陷调查和风险评估提供技术支持。

4. 主动召回

（1）确认儿童玩具存在缺陷的，生产者应当立即停止生产、销售存在缺陷的儿童玩具，依法向社会公布有关儿童玩具缺陷等信息，通知销售者停止销售存在缺陷的儿童玩具，通知消费者停止消费存在缺陷的儿童玩具，并及时实施主动召回。

（2）生产者召回儿童玩具的，应当及时将主动召回计划提交所在地的省级质监部门备案。省级质监部门应当及时报送国家质检总局。召回计划应当包括：停止生产、销售存在缺陷的儿童玩具的情况；通知销售者停止销售存在缺陷的儿童玩具的情况；通知消费者停止消费存在缺陷的儿童玩具的情况；向社会公布有关信息的情况；召回的实施组织、联系方法、范围和时限等；召回的具体措施，包括补充或修正消费说明、退货、换货、修理等；召回的预期效果；存在缺陷的儿童玩具退换后的无害化处理措施；其他有关内容。

（3）省级以上质监部门可以根据需要，对生产者实施主动召回的情况进行监督。生产者应当在主动召回报告确定的召回完成后应及时向所在地的省级质监部门提交主动召回总结。省级质监部门应当对生产者主动召回总结进行审核，并将有关情况及时报送国家质检总局。

5. 责令召回

【案例 7—9】 国家质检总局责令 31 家企业召回缺陷玩具①

国家质检总局 2013 年 8 月 6 日发布公告，责令河北、浙江、江苏、安徽、福建、广东、山东、河南以及湖北 9 个省份的 31 家企业召回其生产的缺陷玩具。召回公告指出，根据《儿童玩具召回管理规定》的规定，经调查认定，河北益盟车业有限公司生产的儿童自行车、广宗县宝乐星童车厂生产的儿童自行车、宁波爱乐宝婴儿用品有限公司生产的小兔摇铃玩具等产品存在缺陷，因此责令企业立即召回。此次被责令召回的产品缺陷包括机械强度未达标、产生可触及的锐利边缘、制动装置不合格等。

（1）确认儿童玩具存在缺陷，生产者应当主动召回但未召回的，或者经确认国家监督抽查中发现生产者生产的儿童玩具存在安全隐患，可能对人体健康和生命安全造成损害的，国家质检总局应当向生产者发出责令召回通知或公告，并通知所在地的省级质监部门，依法采取相应措施。

（2）生产者在收到国家质检总局发出的责令召回通告后，应当立即停止生产、销售所涉及的儿童玩具，并及时向国家质检总局提交召回报告。

（3）国家质检总局对召回报告进行审查、批准，召回报告经国家质检总局审查、批准的，生产者应当按照召回报告及时实施召回。召回报告未获国家质检总局批准的，生产者应当按照国家质检总局提出的召回要求实施召回。

（4）在责令召回实施过程中，生产者应当按照国家质检总局的要求，提交阶段性召回总结。

（5）国家质检总局可以根据生产者提交的阶段性召回总结对召回实施情况进行监督，决定是否要求生产者采取更为有效的召回措施，或者依法采取其他措施。

（6）生产者应当制作并保存完整的责令召回记录，并在召回完成时限期满后及时向国家质检总局提交召回总结。国家质检总局应当对生产者召回总结进行审核，对召回效果进行评估，并将有关情况通知省级质监部门和生产者。

四、食品召回

食品召回，是指食品生产者、经营者按照规定程序，对由于生产原因造成的某一批次或类别的不安全食品，通过换货、退货、补充或修正消费说明等方式，及时消除或减少食品安全危害的活动。我国《食品安全法》确立了食品召回制度，食品召回主管部门是相关食品安全监督管理部门。

（一）不安全食品的认定

根据 2007 年《国务院关于加强食品等产品安全监督管理的特别规定》第 9 条的规定，不安全食品是指“存在安全隐患，可能对人体健康和生命安全造成损害”的食品。我国

---

① 参见国家质量监督检验检疫总局《质检总局关于责令对缺陷玩具产品实施召回的公告》（2013 年第 113 号），http：//www.dpac.gov.cn/xwzl/gnxw/201308/t20130806_122796.html，访问时间：2013-12-12。

《食品安全法》规定的不安全食品是指“不符合食品安全标准”的食品。所以，不安全食品是指不符合食品安全标准或者存在其他可能对人体健康和生命安全造成危害的危险的食品。

判定食品是否属于不安全食品，应当进行食品安全危害调查和食品安全危害评估。食品安全危害调查的主要内容包括：是否符合食品安全法律、法规或标准的安全要求；是否含有非食品用原辅料、添加非食品用化学物质或者将非食品当做食品；食品的主要消费人群的构成及比例；可能存在安全危害的食品数量、批次或类别及流通区域和范围。食品安全危害评估的主要内容包括：该食品引发的食品污染、食源性疾病，或对人体健康造成的危害，或引发上述危害的可能性；不安全食品对主要消费人群的危害影响；危害的严重和紧急程度；危害发生的短期和长期后果。

（二）主动召回

食品生产者发现其生产的食品不符合食品安全标准的，应当立即停止生产，召回已经上市销售的食品，通知相关生产经营者和消费者，并记录召回和通知情况。食品经营者发现其经营的食品不符合食品安全标准，应当立即停止经营，通知相关生产经营者和消费者，并记录停止经营和通知情况。食品生产者认为应当召回的，应当立即召回。主动召回的程序如下：

（1）发现不安全食品并主动召回。一是，食品生产者发现其生产的食品不符合食品安全标准，应当立即停止生产，召回已经上市销售的食品。二是，食品经营者发现其经营的食品不符合食品安全标准，应当立即停止经营，通知相关生产经营者和消费者，并记录停止经营和通知情况。生产者认为应当召回的，应当立即召回。

（2）通知、报告召回事宜。食品生产者应当及时通知相关生产经营者停止生产经营，通知消费者停止消费。食品生产者应当记录召回和通知的情况，如食品召回的批次、数量，通知的方式、范围等。食品生产经营者应当将食品召回和停止生产经营的情况向食品安全监督管理部门报告。

（3）无害化处理措施。食品生产者应当及时对召回的不安全食品根据具体情况采取补救、无害化处理、销毁等措施。对于根据有关规定应当销毁的食品，应当及时予以销毁，防止不安全食品再次流入市场。

（4）食品生产者应当及时向食品安全监督管理部门报告食品召回和处理情况，主要包括：停止生产不安全食品的情况；通知销售者停止销售不安全食品的情况；通知消费者停止消费不安全食品的情况；食品安全危害的种类、产生的原因、可能受影响的人群、严重和紧急程度；召回措施的内容，包括实施组织、联系方式以及召回的具体措施、范围和时限等；召回的效果；召回食品后的处理措施等。食品安全监督管理部门应当依法对食品生产经营者食品召回和处理或者停止经营的情况进行监督。

（三）责令召回

食品安全监督管理部门在日常监督检查中发现食品不符合食品安全标准的，应责令食品生产经营者召回其生产经营的食品。食品生产经营者未主动召回或者停止经营不符合食品安全标准的食品的，相关食品安全监督管理部门可以责令其召回或者停止经营。责令召回的程序如下：

（1）责令召回。食品安全监督管理部门发现食品生产经营者未依法召回或者停止经营不符合食品安全标准的食品的，可以责令其召回或者停止经营。

（2）食品生产者在接到责令召回的通知后，应当立即停止生产，并依法召回不符合食品安全标准的食品。

（3）食品经营者在接到责令停止经营的通知后，应当立即停止经营。

（四）召回后处理措施

食品生产经营者应当对召回的食品采取补救、无害化处理、销毁等措施，并将食品召回和处理情况向相关食品安全监督管理部门报告。对于被召回的食品，食品生产者应当进行无害化处理或者予以销毁，防止其再次流入市场。对于因标签、标识或者说明书不符合食品安全标准而被召回的食品，食品生产者在采取补救措施且能保证食品安全的情况下可以继续销售；销售时应当向消费者明示补救措施。相关食品安全监督管理部门应当将食品生产者召回不符合食品安全标准的食品的情况，以及食品经营者停止经营不符合食品安全标准的食品的情况，记入食品生产经营者食品安全信用档案。

【经典书目】

（一）著作

1. 徐士英主编．产品召回制度：中国消费者的福音．北京：北京大学出版社，2008

2. 王振民，吴革主编．消费者权益保护及产品责任指导案例与审判依据．北京：法律出版社，2011

（二）论文

1. 王利明．关于完善我国缺陷产品召回制度的若干问题．法学家，2008（2）

2. 徐孟洲，王强．构件产品召回制度的法律思考．见：李昌麒主编．经济法论坛．第2卷．北京：群众出版社，2003

3. 王宗玉．论我国食品召回制度的改革及完善．法学家，2009（3）

4. 杨慧．论缺陷产品召回制度对消费者权益的保护．安徽大学学报（哲学社会科学版），2007（4）

5. 刘淼．缺陷产品召回制度的经济法性质解读——对〈缺陷产品召回管理条例（征求意见稿）〉的思考．江苏大学学报（社会科学版），2010（1）

6. 刘哲．缺陷产品召回制度应实行惩罚性赔偿．天津商学院学报，2005（5）

7. 胡君旸．我国缺陷产品召回制度立法的若干思考．湖北大学学报（哲学社会科学版），2010（4）

【思考题】

1. 试述产品召回的概念和特征。
2. 产品召回的方式有哪些？
3. 简述《缺陷汽车产品召回管理条例》的主要内容。
4. 分析《消费者权益保护法》有关产品召回的规定。
5. 案例分析：

河北“三鹿奶粉”事件阴云未散，食品召回漏洞亟待填补，问题产品销毁过程亟待监管。据新华社报道，超标三聚氰胺奶粉再次“现身”。警方查明，在青海省一家乳制品厂，检测出三聚氰胺超标达五百余倍，而原料来自河北等地。另据报道，甘肃省质量技术监督局副局长王忠习表示，日前在青海省发现的三聚氰胺超标奶粉属2008年集中销毁“问题奶粉”时不法分子藏匿之物，查出的38吨三聚氰胺超标奶粉来自河北。已经封存的三聚氰胺奶粉为什么会流入市场?

请思考：如何监管召回食品的处理、销毁？如何完善产品召回程序？

第八章 消费争议解决机制

内容摘要

消费争议解决机制是指国家通过制定法律、法规而设计的解决消费纠纷的一系列诉讼与非诉讼的方法和制度。消费争议解决机制遵循国家支持原则、便利当事人原则与社会保护原则。我国《消费者权益保护法》确立了商品销售者先行赔付的基本规则，设计了广告发布者、网络交易平台经营者的连带责任制度。我国消费争议解决途径具体包括5种：与经营者协商和解；请求消费者协会或者依法成立的其他调解组织调解；向有关行政主管部门投诉；根据与经营者达成的仲裁协议提请仲裁机构仲裁；向人民法院提起诉讼。2013年《消费者权益保护法》在已有的消费者调解、消费者投诉、消费者诉讼等相关规定的基础上，赋予消费者协会对侵害众多消费者合法权益的行为提起公益诉讼的资格，但仍需进一步充实与完善。

第一节 消费争议解决机制概述

一、消费争议概述

消费者购买、使用商品或接受服务的过程中，可能会与经营者就权利、义务发生争执而引起消费争议。及时、有效、合理地解决消费争议，是保护消费者合法权益的关键所在，对于维护市场经济秩序具有重要意义。为此，我国《消费者权益保护法》规定了5种消费争议解决途径，规定了消费争议请求赔偿对象的确定规则等内容。

（一）消费争议的概念

消费争议是指消费者与经营者之间因消费者权益而发生的纠纷。消费者在购买、使用商品或接受服务中，因经营者不依法履行义务或不适当履行义务致其合法权益受到损害，或者消费者对经营者提供的商品或服务不满意，双方产生矛盾、纠纷。①

① 参见国家工商行政管理局条法司编：《消费者权益保护法讲话》，137页，北京，新华出版社，1993。

(二) 消费争议的特征

1. 消费争议在消费领域或消费过程中产生。根据我国《消费者权益保护法》的规定，消费争议是消费者为生活消费需要购买、使用商品或者接受服务过程中与经营者之间产生的争议；经营者在为消费者提供其生产、销售的商品或者提供服务时与消费者产生的争议；农民在购买、使用直接用于农业生产的生产资料过程中与经营者发生的争议。

2. 消费争议与消费者权利或者经营者义务相关。《消费者权益保护法》赋予消费者安全权、知情权、公平交易权等一系列权利，同时也规定了经营者应承担的一系列义务，有些义务是和消费者权利相对应的，如保证商品和服务安全的义务，提供商品和服务真实信息的义务、保证商品和服务质量的义务。消费争议必然涉及权利的行使和义务的履行问题。

3. 消费者在经济实力与获得信息能力方面处于劣势。在消费争议发生和解决过程中，消费者通常经济实力相对较弱，有时不能采取有效的维权行动，而具有经济实力的经营者明显处于优势地位。另外，相对生产者和销售者而言，消费者获取商品或服务的知识和信息的能力不足，存在严重的信息不对称现象。[①]

二、消费争议解决机制概念

消费争议解决机制是指国家通过制定法律、法规而设计的解决消费纠纷的一系列诉讼与非诉讼的方法和制度。我国已形成了包括和解、调解、行政投诉、仲裁、诉讼在内的多元化消费争议解决机制，各种争议解决途径之间相互联系、相互协调，共同发挥着争议解决的法律功能。

【案例8—1】 旅行社为游客住宿被盗埋单[②]

2005年3月9日，徐州市某旅行社与该市某公司签订了一份4日游国内旅游合同，合同约定住宿标准为二星级酒店双标间以及应参观的景点，同时约定了双方违约责任等。随后受徐州市某旅行社委托的九江市某旅行社将该团安排入住在某宾馆。3月11日早晨张某夫妇发现随身携带的财物被盗。张某夫妇要求旅行社赔偿未果，诉至法院。法院经审理认为，徐州市某旅行社与某公司签订的旅游合同合法、有效，双方当事人均应按照合同的约定履行。张某夫妇作为某公司工作人员，又是该次旅游的成员，对于在旅游中所遭受的损失，有权向徐州市某旅行社主张权利。徐州市某旅行社在旅游合同的履行过程中，确实存在违约行为，没有能够提供合同约定的二星级宾馆；同时张某夫妇也未能妥善保管财物，双方均有过错。遂判决徐州市某旅行社赔偿张某夫妇现金1 750元，财物折款8 226元，住宿费差价款32元，共计10 008元。

三、消费争议解决的主要途径

根据我国《消费者权益保护法》第39条的规定，消费者和经营者发生消费者权益争议的，可以通过下列途径解决：与经营者协商和解；请求消费者协会或者依法成立的其他调解组织调解；向有关行政主管部门投诉；根据与经营者达成的仲裁协议提请仲裁机构仲裁；向人民法院提起诉讼。这五项解决争议的途径，为消费者在购买、使用商品或接受服务时，合法权益受到侵害提供了保护方法。

---

① 参见孙颖：《消费者保护法律体系研究》，218～219页，北京，中国政法大学出版社，2007。

② 参见《旅行社为游客住宿被盗埋单》，http://china.findlaw.cn/xfwq/jingyingzhedeyiwu/bzaqyw/595.html，访问时间：2013-10-30。

（一）与经营者协商和解

消费者购买商品后，发现商品的质量不合格，或者在接受服务时，对服务质量、态度不满意，可以直接与经营者进行交涉，说明情况，提供证据，表明态度，友好协商，提出合理要求，促使纠纷及时解决。

（二）请求消费者协会或者依法成立的其他调解组织调解

消费者协会和其他消费者组织是依法成立的对商品和服务进行社会监督的保护消费者合法权益的社会组织。当自身权益受到侵害时，消费者可以请求消费者协会或者依法成立的其他调解组织，在调查事实的基础上进行调解。

（三）向有关行政主管部门投诉

消费者在合法权益受到侵害后，也可以向工商、物价、技监、标准、计量、卫生等相关行政主管部门投诉，这些行政主管部门可以在其职责范围内，依据有关法律规定，作出相应的处理，保护消费者的合法权益。

（四）根据与经营者达成的仲裁协议提请仲裁机构仲裁解决

仲裁是指纠纷当事人双方自愿将消费争议提交仲裁机构作出裁决的准司法活动。消费争议仲裁的一个前提条件是，双方在购买商品或服务的合同里约定了仲裁条款，或者事后双方达成书面仲裁协议。

（五）向人民法院提起诉讼

诉讼是消费者提请人民法院通过司法审判程序解决消费争议的司法救济途径，是维护消费者利益的最后保障。当权益受到严重侵害，甚至人身和重大财产受到侵害时，消费者可以向人民法院提起诉讼，请求法律保护。对于侵害众多消费者合法权益的行为，中国消费者协会以及在省、自治区、直辖市设立的消费者协会，可以向人民法院提起诉讼。

【案例 8—2】　乘车意外摔伤索赔偿[①]

2010 年 12 月 28 日下午，顾某某乘坐合肥某公司营运的车辆，途中司机紧急刹车致使顾某某摔倒受伤。自 2010 年 12 月 30 日至 2012 年 2 月 8 日，顾某某数次去医院就诊、复查，治疗期间花去医疗费用共计 81 592.79 元。2012 年 3 月 16 日，顾某某向法院提起侵权诉讼，请求判令该公司赔偿医疗费、误工费、营养费等总计 286 974.91 元。法院经审理认为，顾某某与合肥某公司形成客运合同关系，该公司作为承运人应当在约定期间或者合理期间内将顾某某安全送达目的地，并应对运输过程中非旅客故意、重大过失或自身健康原因造成的伤亡承担损害赔偿责任。故判决合肥某公司于判决生效之日起 10 日内赔偿顾某某 270 409.49 元；驳回顾某某其他诉讼请求。后本案上诉至合肥市中级人民法院，法院判决驳回上诉，维持原判。

四、消费争议解决的原则

消费争议解决的原则是解决消费争议必须遵守的根本准则。消费争议解决应遵循国家支持原则、便利当事人原则和全面保护原则。

（一）国家支持原则

消费者具有分散性、弱势性等特点，消费者合法权益容易受到不法侵害。国家支持消费者依法维权，保护消费者的合法权益，惩罚经营者的违法行为。我国《消费者权益保护法》第 5 条第 1、2 款规定：国家保护消费者的合法权益不受侵害。国家采取措施，保障消

① 参见《合肥公布 2012 年度十大消费者维权案例》，http：//news.hefei.cc/2013/0328/021569866.shtml，访问时间：2013－10－30。

费者依法行使权利，维护消费者的合法权益。

（二）便利当事人原则

便利当事人原则是指在消费争议解决程序设置以及纠纷解决活动中，应方便当事人行使权利，保障当事人的程序权利和实体权利。消费争议解决制度设计，尽量从便利当事人出发，节约当事人成本，方便当事人及时、高效解决争议；在具体的程序机制方面，尽量简化相关法律程序，以及时有效维护消费者的合法权益。

（三）社会保护原则

社会保护原则的实质，就是在国家保护的基础上将对消费者权益的保护扩大到全社会范围，动用社会力量对经营者及其他可能或实际侵害消费者的行为进行预防、控制、规范和监督，动员消费者协会、政府职能部门、新闻媒体、社会公众等社会力量及时有效解决消费争议，维护消费者的合法权益不受侵害。我国《消费者权益保护法》第6条规定：保护消费者合法权益是全社会的共同责任。国家鼓励、支持一切组织和个人对损害消费者合法权益的行为进行社会监督。大众传播媒介应当做好维护消费者合法权益的宣传，对损害消费者合法权益的行为进行舆论监督。

五、消费者求偿对象的确定规则

损害赔偿是在大多数消费者权益争议中消费者所主张的要求。有效解决争议，就必须首先确定消费者请求损害赔偿的主体。消费者购买、使用商品或接受服务，直接或间接与多个经营者产生利害关系，如商品的销售者、服务的提供者、商品的生产者、商品广告的发布者、商品销售市场的提供者等。为了防止和避免生产者与销售者、销售者与商品销售市场的提供者等之间相互推诿，提升消费者权益保护的实效性，《消费者权益保护法》在有利于消费者求偿的理念下，确立了明确消费者求偿对象的具体确定规则，根据这些规则，最终提供商品或服务的经营者不一定是承担损害责任的唯一主体，其他环节的经营者对商品或服务也可能负有一定的法律责任。

（一）消费者求偿对象确定的一般规则

1. 消费者在购买、使用商品或接受服务时，其合法权益受到损害的，可以向商品销售者或服务提供者要求赔偿。

购买、使用商品而造成消费者合法权益的损害，可能是商品销售者或生产者违法履行义务或不适当履行义务造成的。为防止商品销售者与生产者之间出现“踢皮球”现象，我国《消费者权益保护法》确立了一般情况下销售者先行赔偿消费者损失的基本规则。消费者在购买、使用商品时，其合法权益受到损害的，销售者负有先行赔偿消费者损失的法定义务。如果造成消费者损害的责任在于生产者或向销售者提供商品的其他销售者，先行赔偿的销售者在赔偿了消费者的损失后，即取得追偿权，有权向有责任的生产者或其他销售者追索赔偿。

相对于商品消费，服务消费具有直接的特点，不需中间环节。消费者在接受服务过程中合法权益受到损害，通常是由提供服务的人违法或不适当履行义务造成的，故消费者在接受服务时，合法权益受到损害的，可直接向与消费者缔约的或者实际提供服务的服务者要求赔偿。

2. 消费者或其他受害人因商品缺陷造成人身、财产损害的，可以向销售者要求赔偿，也可以向生产者要求赔偿。

因商品缺陷造成人身、财产损害的，消费者或者其他受害人可选择商品销售者或生产者作为求偿对象。生产者或销售者在向消费者履行赔偿义务后，有权向违法或不适当履行义务造成消费者损害的经营者追偿。具体来说，属于生产者责任的，销售者向消费者赔偿后，有权向生产者追偿；属于销售者责任的，生产者赔偿后，有权向销售者追偿。

《消费者权益保护法》第40条第2款如此规定，实际上是产品责任的要求和体现。根据我国《产品质量法》的规定，"缺陷"是指产品存在危及人身、财产安全的不合理的危险；产品有保障人体健康和人身、财产安全的国家标准、行业标准的，是指不符合该标准。承担产品责任不要求有直接的合同关系，因此，商品缺陷所造成的"财产损害"，并非消费者购买、使用的商品受损害，而是消费者购买、使用商品以外的财产受损害；求偿主体也不限于直接购买商品的消费者，还包括因该缺陷受到损害的其他受害人。其他受害人，是指商品在消费过程中，因偶然原因，在事故发生现场，受该商品损害的，购买、使用该商品者以外的其他人。赋予消费者或者其他受害人在这种情况下对求偿对象的选择权，既有利于使消费者求偿权得以方便和充分地实现，也有利于加重生产者和销售者之间的连带责任，以切实保护消费者的合法权益。①

（二）消费者求偿对象确定的特殊规则

确定消费者请求损害赔偿对象的一般性规则，虽然能解决通常情况下的求偿问题，但还不能完全解决由于经济生活复杂多变而可能出现的各种特殊情形。为此，我国《消费者权益保护法》规定了特殊情形下消费者求偿对象的确定规则。

1. 企业分立、合并情形下求偿对象确定规则

现实生活中，生产经营企业因合并、分立等法律行为而自身形态发生变化。企业分立或合并不仅直接影响其自身权利行使及义务履行，而且直接涉及他人利益和社会利益。在经营企业发生合并或分立的情况下，原经营企业所承担的义务及法律责任并非消失或免除，而应转由承受其权利的企业承担。我国《消费者权益保护法》第41条明确规定，消费者在购买、使用商品或者接受服务时，其合法权益受到损害，因原企业分立、合并的，可以向变更后承受其权利、义务的企业要求赔偿。

具体而言，在企业分立情况下，如果原企业终止的，因所成立的若干独立的新企业都承受了原企业的权利与义务，这些企业对原企业的行为均应承担连带责任，消费者可以要求其中任何一个企业对其所受损害予以赔偿；若原企业仍然存在的，应向原企业要求赔偿，其他新成立的企业承受原企业权利、义务的，这些企业应承担连带责任，消费者可以向其中任何一个企业请求损害赔偿。在企业合并的情况下，消费者应向合并后的企业要求赔偿。

2. 使用他人营业执照的违法经营者提供商品或者服务情形下的求偿对象确定规则

虽然使用他人营业执照进行经营活动是一种违法行为，提供营业执照供他人使用也是一种违法行为，但实践中仍存在这类违法行为。为避免违法使用他人营业执照的经营者与营业执照的持有人相互推诿，逃避法律责任，切实保护消费者的合法权益，《消费者权益保护法》专门规定，消费者可以向使用他人营业执照的违法经营者要求赔偿，也可以向营业执照的持有人要求赔偿。

3. 消费者在展销会、租赁柜台购买商品或者接受服务情形下的求偿对象确定规则

为保证消费者在展销会及租赁柜台上购买商品或接受服务，其合法权益所受损害及时得到补救，我国《消费者权益保护法》规定：在展销会结束或者柜台租赁期届满后，展销会的举办者、柜台的出租者向消费者承担先行赔付责任。消费者在展销会、租赁柜台购买商品或者接受服务，其合法权益受到损害的，可以向销售者或者服务者要求赔偿。展销会

① 参见王先林：《消费者权益保护法概论》，149页，合肥，安徽人民出版社，2004。

结束或者柜台租赁期满后，也可以向展销会的举办者、柜台的出租者要求赔偿。展销会的举办者、柜台的出租者赔偿后，有权向销售者或者服务者追偿。

4. 消费者通过网络交易平台购买商品或者接受服务情形下的求偿对象确定规则

与展销会或柜台不同，网络交易平台具有虚拟性的特点，并且网络交易平台上销售商品的电商数量庞大。我国《消费者权益保护法》并未对网络交易平台提供者与展销会举办方、租赁柜台出租方适用相同的条件，而是对网络交易平台提供者的责任作出了特别规定：（1）网络交易平台提供者先行赔付责任的构成要件。消费者通过网络交易平台购买商品或者接受服务，其合法权益受到损害的，可以向销售者或者服务者要求赔偿。网络交易平台提供者不能提供销售者或者服务者的真实名称、地址和有效联系方式的，消费者也可以向网络交易平台提供者要求赔偿；网络交易平台提供者作出更有利于消费者的承诺的，应当履行承诺。网络交易平台提供者赔偿后，有权向销售者或者服务者追偿。（2）网络交易平台提供者的连带责任。网络交易平台提供者明知或者应知销售者或者服务者利用其平台侵害消费者合法权益，未采取必要措施的，依法与该销售者或者服务者承担连带责任。与《侵权责任法》第36条第3款所规定的“知道”相比①，《消费者权益保护法》第44条第2款明确将连带责任的主观要件规定为“明知或应知”，从而将网络交易平台提供者因侵害消费者权益而承担的连带责任“客观化”，扫清了法解释学上的障碍。

5. 消费者因经营者利用虚假广告或者其他虚假宣传方式提供商品或者服务情形下的求偿对象确定规则

所谓虚假广告或其他虚假宣传，就是指广告宣传或其他宣传的内容与商品或服务的客观情况不符，或有其他引人误解的宣传内容。其本质的特征就是引人误解。具体讲，就是使人对经营者或其提供的商品或服务的质量、数量、价格、用途、性能等与商品或服务密切相关的方面产生错误的认识，从而达到诱导他人购买或接受经营者提供的商品或服务的目的。为使消费者在受到损害时能够方便求偿，《消费者权益保护法》明确规定了消费者在此种情况下的权利、求偿对象及有关违法经营者的义务。

消费者权益因虚假广告或其他虚假宣传行为而遭受损失的，原则上应向利用虚假宣传的经营者要求赔偿。而广告经营者、发布者应当承担责任的情形和类型主要包括：（1）广告经营者、发布者发布虚假广告的，消费者可以请求行政主管部门予以惩处。法律赋予消费者对广告经营者发布虚假广告的行为请求行政主管部门予以惩处的权利。一方面，行政主管部门能够及时发现和制止虚假广告，防止虚假广告给消费者造成实际或更大的损害。另一方面，有利于消费者行使对商品和服务及行政机关保护消费者权益工作进行监督的权利。消费者不论是否受到损害，都有权请求行政机关对发布虚假广告的广告经营者予以惩处。（2）广告经营者、发布者不能提供经营者的真实名称、地址和有效联系方式的，应当承担赔偿责任。（3）设计、制作、发布关系消费者生命、健康的商品或者服务的虚假广告，造成消费者损害的，应当与提供该商品或者服务的经营者承担连带责任。社会团体或者其他组织、个人在关系消费者生命、健康的商品或者服务的虚假广告或者其他虚假宣传中向消费者推荐商品或者服务，造成消费者损害的，应当与提供该商品或者服务的经营者承担连带责任。

---

① 《侵权责任法》第36条规定：网络用户、网络服务提供者利用网络侵害他人民事权益的，应当承担侵权责任。网络用户利用网络服务实施侵权行为的，被侵权人有权通知网络服务提供者采取删除、屏蔽、断开链接等必要措施。网络服务提供者接到通知后未及时采取必要措施的，对损害的扩大部分与该网络用户承担连带责任。网络服务提供者知道网络用户利用其网络服务侵害他人民事权益，未采取必要措施的，与该网络用户承担连带责任。

第二节 消费争议和解

【引例 8—3】 美容美发商品爆炸案[①]

白菊花美容美发院因业务关系，经常与A批发部打交道，从该批发部购进各种美容美发专用品。2004年3月7日，白菊花美容美发院又一次从该批发部购进“B牌”摩丝26瓶。购进摩丝后，白菊花美容美发院的负责人赵女士将其中的4瓶摆放在工作台上供随时使用。3月9日，忽听一声巨响，前日所购摩丝爆炸了。这一爆炸产生直接经济损失982元，并导致4天无法营业。赵女士将摩丝爆炸情况告知给了A批发部，该批发部迅速赶往白菊花美容美发院，查看现场，寻求解决问题的具体途径。双方经过协商，达成如下协议：(1) A批发部赔偿白菊花美容美发院直接经济损失982元；(2) A批发部承担白菊花美容美发院整修营业场所费用1 500元；(3) 赔偿间接损失1 000元。

消费争议发生后，经营者和消费者双方可以在没有第三人实质参与的情况下，本着平等、自愿、互利的原则，就争议问题相互交换意见，达成和解协议，以使纠纷得以妥善解决。

一、协商和解的概念

协商和解是指消费者与经营者在发生争议后，就与争议有关的问题进行协商，在自愿、互谅的基础上，通过直接对话，摆事实、讲道理，分清责任，达成和解协议，使纠纷得以解决的方式。

协商和解在消费纠纷双方之间进行，是一种高效、便捷的争议解决途径，是消费纠纷解决最理想的方式。协商和解程序简单、灵活，能充分反映当事人的意愿。日常生活中大量的消费者权益争议可以通过协商和解方式予以解决。对于标的额较小的纠纷，采用此种方式解决往往能获得较为圆满的结果。但协商和解的成功与否很大程度上取决于经营者的态度和诚意，如果经营者没有诚意来解决纠纷，处于弱势地位的消费者也无法达成和解协议。

二、协商和解的特点

1. 有利于快速解决争议。消费纠纷发生后，一方当事人可以立即向对方提出解决争议的意愿。只要双方具有诚意，经过友好协商，就有可能达成和解协议，及时解决消费纠纷。

2. 有利于保守商业秘密。由于没有第三方的参与，双方可以就任何涉及商业秘密的争议进行商谈，双方间的争议也会在较为秘密的情况下予以解决，这也符合双方当事人的利益。

3. 有利于维护友好关系。协商的基础是双方当事人共同寻求解决纠纷办法，促进双方达成和解协议，友好解决消费纠纷。这种方式既有利于维护经营者的良好形象，也有利于维护双方友好关系，有利于延续和巩固过去形成的客户关系。

---

① 参见王兴运主编：《消费者权益保护法条文释义与典型案例》，120～121页，西安，陕西人民出版社，2007。

三、协商和解的原则

1. 自愿原则。协商和解是否进行以及采取何种方式进行，必须由当事人自己决定，不得强迫协商，更不得采用暴力手段强迫对方接受某种和解条件。消费者与经营者应在融洽的气氛中，在互相谅解的基础上，本着实事求是、团结协作的精神，通过摆事实、讲道理，分清责任，自愿达成和解协议。

2. 平等原则。消费争议当事人应当具有平等的和解权利。消费者和经营者要在平等的前提下自行协商解决消费者权益争议。不允许一方凭借优势地位，以强凌弱、以大压小，享有特权，获得不平等的利益。消费者与经营者应在自愿、互谅的基础上，根据法律规定和约定，公平协商解决争议。

3. 合法原则。协商和解的程序及内容应当合法，涉及的权利和义务必须是当事人可以处分的权利、义务。例如，经营者对其伪劣商品给消费者造成的损害虽然答应赔偿，但以消费者对其假冒商标的行为不得举报为条件，该约定没有法律效力。此外，损害国家利益和第三方合法利益的协议应为无效。

四、协商和解的一般方式

实践中，消费者在其权益受到侵犯时如选择与经营者协商和解，可以及时与经营者进行交涉。消费者应带上有关证据，如购货凭证或者服务单据以及受损失证据，找到经营者说明情况，并提出解决意见和具体要求。

一般情况下，只要消费者提供的证据确凿，要求合理，多数经营者为了维护商业信誉，会给予恰当的处理。如果经营者觉得消费者的意见和要求合理，可能会予以接受。如果经营者觉得消费者的要求过高，可能会要求消费者降低其要求。经过一番协商后，达成一个双方都愿意接受的协议，经营者全面履行和解协议。

五、和解协议的效力

消费争议协商和解，是纠纷双方当事人以平等协商的方式和平解决纠纷，是纠纷主体自行解决纠纷。和解协议也相当于当事人之间订立了一份新合同，一方若不履行，另一方可根据新合同起诉。和解协议作为一种合同对纠纷当事人具有合同上的约束力。和解协议本身不具有强制执行力，和解协议达成后，由当事人自觉履行。不愿和解或和解协议达成后反悔的，应通过向消费者协会投诉、向行政机关投诉、仲裁和起诉等途径解决。

第三节　消费争议调解

【引例 8—4】　高价储存脐带血，不到一月就失效[①]

2009 年 10 月 15 日，吴女士在扬州某医院分娩，经医生推荐交纳了 12 880 元，将小孩的脐带血储存在某生物科技有限公司提供的脐血干细胞库。11 月中旬，吴女士收到该公司通知，称脐带血的核细胞数低于储存标准，不再适合储存，即脐带血没有任何作用了。吴女士在多次交涉无果的情况下，于 2010 年 4 月将此案投诉至消费者协会。经消费者协会主持调解，最终该公司全额退还吴女士 12 880 元。

---

① 参见《省消协公布十大典型案例：脐带血储存 30 天竟失效》，http：//news.cntv.cn/20110316/106995.shtml，访问时间：2013－10－30。

根据我国《消费者权益保护法》的规定，消费者可以请求消费者协会或者依法成立的其他调解组织调解。消费者协会是社会组织，没有行政强制力，而是依靠社会力量，通过调解、督促和社会监督等方式，发挥保护消费者权益的作用。

一、消费争议调解的概念

消费争议调解是指在消费者协会或者依法成立的其他调解组织的主持下，由纠纷双方当事人就有关争议问题进行自愿协商，达成协议，从而解决纠纷的一种方式。[①] 从《消费者权益保护法》的规定看，消费者争议调解是应当事人请求而进行。消费者协会或者依法成立的其他调解组织对消费纠纷进行调解处理，是国际上通行的做法，也是由消费纠纷的特点所决定的。

二、消费争议调解的特点

1. 解决争议较为快捷。调解程序较为便捷，时间与成本较低。消费者协会或者依法成立的其他调解组织居中说服当事人双方互谅互让，有利于争议的迅速解决。

2. 调解书具有约束力。通过调解促使当事人达成调解协议，一定程度上解决了双方之间的争议。该协议其实质是当事人之间的新的契约关系，一方当事人如果拒不履行，应当承担违约责任。

3. 有利于维持双方友好关系。消费者协会或者依法成立的其他调解组织在双方当事人自愿的前提下进行调解，故一般不会损及双方当事人之间的友好关系，可以避免关系恶化与矛盾激化。

三、消费争议调解的原则

消费者协会或者依法成立的其他调解组织对消费争议进行调解要遵循合法原则、自愿原则和尊重当事人权利原则。

1. 合法原则。调解过程必须合法，双方当事人、消费者协会或者依法成立的其他调解组织，不得提出违法的方案，达成协议的内容也必须符合法律规定；双方当事人对各自权利的处分不得损害国家、社会、集体与第三人的合法利益。

2. 自愿原则。调解要建立在双方当事人自愿的基础之上。消费者协会或者依法成立的其他调解组织在调解过程中，应尊重当事人的意思表示，引导当事人自愿参加纠纷调解，在相互理解的基础上达成共识，从而使纠纷得到圆满解决。双方必须都同意由消费者协会或者其他依法成立的调解组织居中调解。调解过程中，如果任何一方不愿意继续进行调解，调解就应终止；调解协议的达成必须是双方自愿与意思一致的结果。[②]

3. 尊重当事人权利原则。消费者协会或者依法成立的其他调解组织在调解过程中，应尊重当事人的权利。当事人平等享有请求消费者协会主持调解和自行和解的权利；当事人可以自行和解或请求消费者协会调解。调解不成或无效，应引导消费者依法寻求并行使其他救济权利。

四、消费者协会调解的程序

根据《消费者协会受理消费者投诉工作导则》（2006 年），消费者协会调解一般应经过

---

① 参见申峥峥：《消费者争议的 ADR 解决机制》，载《当代经理人》，2005（18）。

② 参见贾俊玲、张智勇：《中国消费者权益保护法讲座》，132 页，北京，改革出版社，1995。

以下几个程序：

（一）纠纷受理

消费者与经营者发生争议后，协商和解不成，需要及时向消费者协会反映情况。向消费者协会反映情况可通过电话、信函、面谈等形式进行。消费者要求解决消费争议的，应当提供能够证明消费关系的商品实物、购物凭证、服务单据或者其他证据。消费者投诉要有文字材料或有投诉人签字、盖章的详细口述笔录，投诉材料的内容应包括：(1) 投诉方和被投诉方的基本信息，包括投诉方的姓名、身份证号码、地址、邮政编码、联系电话等；被投诉方的单位名称、地址、邮政编码、联系人、联系电话等；(2) 损害事实发生的时间、地点、过程及与经营者协商的情况；(3) 有关证据，消费者要提供与投诉有关的证据，证明购买、使用商品或接受服务与受损害存在因果关系，法律、法规另有规定的除外；(4) 明确、具体的诉求。

消费者协会应当在收到投诉材料之日起10个工作日内决定是否受理，特殊情况需要延长审查期限的，应及时告知消费者，延长期不得超过10个工作日。符合受理投诉规定的，予以受理，并告知消费者。需要由其他消费者协会或有关行政主管部门处理的，转给其他消费者协会或有关行政主管部门处理，并告知消费者；或者告知消费者向其他消费者协会或有关行政主管部门投诉。不符合受理投诉规定的，不予受理，并书面告知消费者及理由，将投诉材料退回消费者。

（二）调查分析

对于已受理的投诉，要及时调查，认真研究，充分听取争议双方陈述，严格审查相关证据，对争议问题进行核实，准确定性。调查可以采取电话、函件、现场察看、当面询问等方式。外出调查一般应安排两人以上，情节简单的也可安排一人。必要时，消费者协会可向投诉方、被投诉方及其他有关人员发出投诉调查（调解）通知书，明确告知被投诉方自接到通知之日起10个工作日内应就消费者投诉事项向消费者协会作出答复。投诉方接到通知，无正当理由，逾期不到消费者协会指定地点接受调查的，可视为投诉撤回，消费者协会存档备案。被投诉方接到通知，未在规定时限内作出答复的，消费者协会应向被投诉方发出催办函；对于被投诉方无正当理由推诿、拖延，拒不接受消费者协会依法调查的，消费者协会应及时告知消费者，并可运用反映建议、揭露批评、支持诉讼等其他法定职能处理；必要时，消费者协会可就投诉事项向有关行政主管部门进行查询。

在解决争议过程中，经与争议双方协商，消费者协会可就投诉事项涉及的商品和服务质量问题，委托或指定有资质的检测、鉴定机构检测、鉴定，检测、鉴定机构应当出具书面报告，所需费用由当事人书面约定垫付，责任方承担；如双方均有责任的，按责任大小分担费用。对于凭借生活常识即可判断的责任不应提请检测、鉴定，法律、法规另有规定的除外。争议任何一方对检测、鉴定机构作出的结论有异议，申请再次检测、鉴定的，消费者协会应组织双方再行协商，协商不成的，消费者协会应告知消费者通过其他合法途径解决；必要时，消费者协会可应消费者的请求出具公函送检测、鉴定。

（三）进行调解

消费者协会组织调解的地点一般应在消费者协会办公室；消费者协会参加调解人员一般为两人以上，情节简单的也可一人；调解过程应作笔录。调解双方及调解人员应在调解笔录上签字或盖章。调解人员是争议双方当事人的亲属或与当事人有利害关系，可能影响投诉调解公正处理的，应当回避。通知投诉方和被投诉方参加调解可以采用电话方式，必要时，应向投诉方和被投诉方发出书面投诉调查（调解）通知书。参加调解的应为争议双方当事人，如因特殊情况不能亲自到场，须委托代理人，被委托人必须向调解主持人递交有效委托书，并出示身份证明。通过调解达成协议的，由调解主持人填写投诉调解协议书。由于争议双方分歧过大，无法达成一致意见，调解不成的，由调解主持人填写投诉终止调解通知书，同时告知双方解决消费争议的其他渠道。投诉调解协议书在争议双方签字后，由调解主持人签名并加盖消费者协会投诉专用章，一式数份，交争议各方和消费者协会留存。

在调解过程中，出现以下情况，消费者协会应终止调解，存档备案，并告知相关当事人：（1）争议双方自行和解的；（2）投诉方撤回投诉的；（3）争议一方或双方已向法院起诉、申请仲裁或行政申诉的；（4）争议一方或双方接到调解通知书后，无正当理由不参加调解的；（5）被投诉方明确表示不接受调解，或者在消费者协会发出投诉调查（调解）通知书和催办函后在规定期限仍不予答复的。（6）其他应当终止调解的情况。

消费者协会受理投诉后，一般应在50个工作日内结束调查调解，情况复杂的投诉，调查调解时间可适当延长，但延长时间不得超过20个工作日。消费者协会在调查、调解下列投诉事项时，可以组织听证：（1）当事人一方或各方就投诉事项要求听证的投诉；（2）调查取证困难或者侵害责任难以认定的投诉；（3）当事人各方分歧意见过大，以一般方式调解难以达成一致意向的投诉；（4）因商品或服务质量缺陷，造成人身、财产损害且争议金额较大的投诉。

对于涉及面广、侵害事实清楚、情节恶劣、无法调解的投诉，消费者协会可在调查核实后采取下列措施：（1）向有关行政主管部门反映，提出合理建议或要求依法查处；（2）通过大众传播媒介予以揭露、批评；（3）发布消费提示、警示；（4）支持消费者诉讼。

五、调解协议的效力

消费者协会或者依法成立的其他调解组织促成的双方当事人达成的调解协议合法、有效，其效力类似合同的约束力，但是在法律上没有强制执行力，如果当事人反悔，可依据调解书向法院提起诉讼。如果调解协议是真实、有效的，法院一般应支持调解协议，但是对方可以主张调解协议无效或者不公平。

第四节　消费争议投诉

【引例8—5】　刚买汽车有问题，要求换车合依据[①]

2012年9月6日，周口市韩先生在某品牌4S店买了一部新汽车，提车时发现挡风玻璃膜破损，要求换车，但店方不同意，韩先生遂向周口市工商管理行政部门进行申诉。市工商局专业分局交通工商所执法人员经调查，韩先生投诉情况属实。根据《中华人民共和国消费者权益保护法》规定，消费者享有公平交易的权利。消费者在购买商品或者接受服务时，有权获得质量保障、价格合理、计量正确等公平交易条件，有权拒绝经营者的强制交易行为。工商执法人员进行了调查处理，并主持调解，店方最终为消费者更换了新车。

消费者在购买、使用商品或接受服务过程中，由于经营者不依法履行义务或履行义务不适当，使消费者的合法权益受到侵害时，消费者有权向有关行政主管部门投诉。这是《消费者权益保护法》规定的解决消费者权益争议的重要途径之一。行政机关对受理的消

① 参见《河南省工商局发布2013年3·15十大消费侵权案例》，http://news.ifeng.com/gundong/detail_2013_03/15/23158548_0.shtml，访问时间：2013-10-30。

费争议，应及时审查，获取证据，分清责任，可在自愿、合法的前提下，组织双方调解，达成协议。有关行政主管部门发现经营者违反法律、行政法规，认为经营者有侵害消费者权益行为的，依法可以对经营者进行行政处罚，并责令其改正、向消费者退款和赔偿损失等，以此维护消费者的权益；发现有犯罪嫌疑的，应移交司法机关处理。就工商行政管理部门而言，各地工商行政管理部门接到消费者的申诉，应及时立案，并依法进行调解；调解不成时，应作出行政裁决，解决纠纷；对于经营者侵害消费者权益的违法行为，应依法予以行政制裁。

一、投诉的概念

作为消费纠纷解决途径的投诉，是指消费者在合法权益受到侵害时，就有关事实以口头或书面形式向有关行政机关反映情况，请求解决消费纠纷，维护自身的合法权益，处理经营者的违法行为。

消费者向有关行政主管部门投诉，也是实践中解决消费纠纷的一种常见方法。我国《消费者权益保护法》对此作了明确规定。消费者合法权益受到侵害后，根据商品和服务消费争议的性质，可以向工商、物价、技术监督、标准、计量、商标、卫生等相关行政主管部门投诉。相关行政主管部门可以在其职责范围内，依法作出处理，维护消费者的合法权益。

行政机关对消费者的投诉，应本着保护消费者合法权益的宗旨，依法及时、高效处理有关消费者权益争议。行政机关对于受理的消费者投诉案件，应当根据事实，依照法律、行政法规和规章，公平、合理地处理。行政机关在其职权范围内受理消费者投诉的案件属于民事争议的，实行调解制度。行政机关依法对消费纠纷进行调解，当事人双方达成的调解协议具有法律效力，应当予以执行。

二、投诉当事人、受理机关及案件管辖

投诉当事人是指与经营者产生消费争议或纠纷的消费者。我国《消费者权益保护法》第46条规定，消费者向有关行政主管部门投诉的，该部门应当自收到投诉之日起7个工作日内，予以处理并告知消费者。

受理机关是指保护消费者权益的相关行政主管部门，如工商行政管理部门、质量监督管理部门、卫生行政管理部门等，这些行政主管部门具有分工负责与协作关系。例如，《河南省消费者权益保护条例》（2009年）第43条规定，消费者和经营者发生权益争议提出申诉的，由以下有关行政主管部门受理：（1）因产品质量、标准、计量问题的申诉，由质量技术监督部门、工商行政管理部门受理；（2）因假冒他人注册商标、商品包装、装潢的申诉，由工商行政管理部门受理；（3）因虚假或者引人误解的广告的申诉，由工商行政管理部门受理；（4）因价格问题的申诉，由价格主管部门受理；（5）因食品、化妆品等安全问题的申诉，由卫生、质量技术监督、农业、食品药品监督、工商行政管理部门受理；（6）因房地产、旅游、教育培训等问题的申诉，由住房与城乡建设、旅游、教育、人力资源和社会保障等部门受理；（7）因购买、使用商品或者接受服务的其他问题的申诉，由法律、法规规定的部门受理。

工商行政管理部门的管理范围最广，亦可受理消费者的投诉。根据《工商行政管理机关受理消费者申诉暂行办法》，工商行政管理部门受理消费者申诉的程序是：工商行政管理部门接到消费者的申诉，应及时立案，并依法进行调解；调解不成时，应作出行政裁决，解决纠纷。对于经营者侵害消费者权益的违法行为，应依法予以行政制裁。

工商行政管理机关负责的消费者投诉案件，由经营者所在地工商行政管理机关管辖，具体而言：县、市工商行政管理机关管辖本辖区内发生的消费者申诉案件。工商行政管理机关的派出机构管辖其上级机关授权范围内的消费者申诉案件。上级工商行政管理机关有权办理下级工商行政管理机关管辖的案件。下级工商行政管理机关管辖的案件，认为需要由上级工商行政管理机关办理的，可以报请上级工商行政管理机关确定管辖机关。工商行政管理机关发现消费者申诉的案件不属于自己管辖时，应当及时告知消费者向有管辖权的机关申诉。

三、投诉受理与处理程序

国家行政机关应遵循规定的投诉受理与处理程序。以工商行政管理机关为例，介绍消费争议的受理与处理程序。根据国家工商行政管理总局《工商行政管理机关受理消费者申诉暂行办法》(1998 年)，受理与处理消费争议投诉的具体程序如下：

(一) 投诉的形式要件

消费者投诉应当符合下列条件：有明确的被诉方；有具体的投诉请求、事实和理由；属于工商行政管理机关管辖范围。消费者申诉应当采用书面形式，一式两份，并载明下列事项：消费者的姓名、住址、电话号码、邮政编码；被申诉人的名称、地址；投诉的要求、理由及相关的事实根据；申诉的日期。消费者委托代理人进行投诉活动的，应当向工商行政管理机关提交授权委托书。消费者为 2 人以上，其投诉的是共同标的的，工商行政管理机关认为可以合并受理，并经当事人同意的，为共同投诉。共同投诉可以由消费者推选 2 名代表进行申诉，代表人的投诉行为对其所代表的消费者发生效力，但代表人变更、放弃投诉请求，或者进行和解，应当经被代表的消费者同意。

(二) 投诉的受理

工商行政管理机关应当自收到投诉书之日起 5 日内，作出以下处理：投诉符合规定的，予以受理，并书面通知申诉人；投诉不符合规定的，应当书面通知申诉人，并告知其不予受理的理由。不予受理或者受理后未能处理的，应当说明理由，并告知消费者可以选择的其他解决争议的途径。

下列投诉不予受理或者终止受理：超过保修期或者购买后超过保质期的商品，被投诉方已不再负有违约责任的；达成调解协议并已执行，且没有新情况、新理由的；法院、仲裁机构或者其他行政机关已受理或者处理的；消费者知道或者应该知道自己的权益受到侵害超过 1 年的；消费者无法证实自己的权益受到侵害的；不符合国家法律、行政法规及规章的。

(三) 投诉的处理程序

工商行政管理机关受理消费者投诉，可以立案。立案应当填写投诉立案报告表，同时附上有关材料，由县级及县级以上工商行政管理局局长批准，指定两名以上办案人员负责调查或者授权其派出机构调查处理。办案人员是本案当事人的近亲属或者与当事人有其他利害关系，可能影响投诉公正处理的，应当回避；当事人对办案人员提出回避申请的，应当由县级及县级以上工商行政管理局局长决定。工商行政管理机关受理投诉案件后，应当在 5 日内将投诉书副本发送被投诉人；被投诉人收到投诉书副本后，应当在 5 日内提交答辩书和有关证据。当事人应当对自己的投诉提供证据。工商行政管理机关认为有必要收集证据，可以根据有关法律、行政法规及规章的规定，自行收集或者召集有关当事人实施当庭调查；需要委托其他工商行政管理机关协助调查、取证的，应当出具书面委托证明，受委托的工商行政管理机关应当积极予以协助。工商行政管理机关对专门性问题认为需要鉴定或者检测的，可以交由当事人约定的法定鉴定或者检测部门鉴定，也可以由工商行政管理机关指定的法定鉴定或者检测部门鉴定；对于难以鉴定或者检测的，经营者应当提供无过错的证据，不能提供无过错证据的，应当承担责任。

消费者投诉后，还可以协商和解，达成调解协议的，可以请求工商行政管理机关根据和解协议作出调解书，也可以撤回投诉书。工商行政管理机关组织双方当事人进行调解达成协议的，应当制作调解书。调解书应当写明申诉请求和当事人协议的结果。调解书由办案人员签名，加盖工商行政管理机关印章送达双方当事人。工商所对于按照简易程序处理的消费者投诉，以自己的名义制作调解书。调解书经双方当事人签收后，当事人应当按照调解协议履行义务。经营者拒不履行调解书，由工商行政管理机关依照有关法律、法规或者规章另案处罚。工商行政管理机关应当在收到消费者投诉书之日起60日内终结调解，调解不成的也应当终止调解。经调解达成协议并能够即时履行的，可以不制作调解书，但应当对协议内容进行记录，并由双方当事人、办案人员签名或盖章。该记录在案的协议与工商行政管理机关制作的调解书具有同等效力。经调解不成的，或者调解书生效后无法执行的，消费者可以按照国家法律、行政法规的规定向有关部门申请仲裁或者提起诉讼。

第五节　消费争议仲裁

【引例8—6】　房屋装修消费争议仲裁案[①]

2013年5月，林女士因与某装修公司发生争议，向深圳仲裁委消费争议仲裁办公室申请仲裁。2013年5月15日，深圳仲裁委在第三仲裁庭开庭审理该项消费争议。双方在法定期限内没有约定仲裁员，深圳仲裁委主任指定了一位资深仲裁员独任仲裁，并适用简易程序审理案件。进入仲裁调解程序后，在仲裁庭的努力下，双方握手言和，某装修公司承认堵门喷字的错误并减免部分工程款。

仲裁机构可对消费者权益争议进行仲裁，其仲裁裁决可由人民法院强制执行。仲裁，是指双方当事人在争议发生之前或者争议发生之后达成协议，自愿将争议交由第三方作出裁决，以解决争议的法律制度。消费者与经营者产生消费争议后，如果双方协商和解不成，消费者可以根据事前仲裁条款或事后与经营者达成的仲裁协议向仲裁机构申请仲裁。

一、消费争议仲裁的概念

仲裁是指纠纷当事人双方自愿将争议提交第三方作出裁决的一种居中解决争议的方法。[②] 消费争议仲裁是指消费者与经营者双方当事人发生消费争议时，根据有关规定和当事人之间的协议，仲裁机构以第三者的身份，对争议的事实和权利义务关系进行审理，依法作出裁决的准司法活动。受理消费者权益争议的仲裁机构有两类：一类是社会团体仲裁机构，如各级消费者协会成立的消费仲裁委员会或消费仲裁庭；另一类是国家行政机关仲裁机构，如技术监督部门设立的产品质量仲裁机构。消费者可以根据实际情况，自主选择向某一类仲裁机关申请仲裁。

我国《仲裁法》第2条规定，平等主体的公民、法人和其他组织之间发生的合同纠纷

---

① 参见《我市首宗消费争议仲裁案解决》，http://news.sina.com.cn/o/2013-05-17/073927149201.shtml，访问时间：2013-10-30。

② 参见牛丽：《消费者权益保护法百问》，94页，长春，吉林人民出版社，2008。

和其他财产权益纠纷，可以仲裁。根据这一规定，提请仲裁的纠纷应当同时具备以下条件：（1）发生纠纷的当事人应当是平等的主体。（2）仲裁事项应当是当事人有权处分的事项。（3）纠纷属于仲裁范围。仲裁主要适用于合同纠纷，也可以适用于非合同的其他财产权益纠纷。可见，消费者可以就因消费合同引发的纠纷和因涉及消费者民事权益引发的侵权纠纷提起仲裁。在消费者权益争议发生后，消费者可以根据事先订立的仲裁条款或事后达成的仲裁协议，提请仲裁机构进行裁决，以求争议的最终解决。

二、仲裁的特点

仲裁的最明显特点是其自愿性，这决定了实行协议仲裁的必要性。仲裁是受到普遍欢迎的、成本低廉的、以非司法途径解决消费纠纷的最佳方式。仲裁主要有以下特点：

（1）仲裁具有自愿性。仲裁的基础是双方当事人自愿商定采取仲裁方式解决消费争议，自愿商定由某个仲裁机构进行仲裁。仲裁涉及有关当事人可以处分的权利，能充分反映当事人的意志。

（2）仲裁裁决具有强制性。当事人不履行裁决，对方可以直接向人民法院申请强制执行。仲裁裁决具有法律效力，但法院对仲裁具有监督权，如果没有仲裁协议或者仲裁程序违法，当事人可以向法院申请撤销仲裁裁决。

（3）仲裁实行一裁终局制。一裁终局制能实现迅速地解决纠纷。鉴于仲裁解决消费争议具有高效、便捷、经济的优势，消费争议双方往往通过合同约定将仲裁作为解决争议的首选方式。

（4）仲裁实行不公开审理。不公开审理有利于保护消费者的隐私和经营者的商业秘密。仲裁机构的自律性强，仲裁实行协议管辖，裁判中可以保持最大的中立性，有利于公正地维护当事人双方的合法权益。

三、消费者申请仲裁的条件

《消费者权益保护法》第39条第4项规定，消费者和经营者发生消费者权益争议的，消费者可以根据与经营者达成的仲裁协议提请仲裁机构仲裁。根据《仲裁法》第21条的规定，消费者提请仲裁应当具备以下条件：

（1）有仲裁协议。仲裁协议是指消费者与经营者双方以书面形式，载明自愿把消费纠纷提请仲裁机构进行裁决的法律形式。仲裁协议是仲裁机构对消费者与经营者之间的纠纷取得管辖权的依据，也是消费者申请仲裁的首要条件。如果没有达成仲裁协议，或者虽有仲裁协议，但一方已经向人民法院提起了诉讼，另一方应诉的，仲裁机构对仲裁申请将不予受理。

（2）有具体的仲裁请求和事实、理由。具体的仲裁请求，是指消费者请求仲裁机构所要解决的具体问题，如请求经营者返还货款、赔偿损失等。具体的事实和理由，是指消费者提出仲裁请求的事实依据和法律依据。

（3）属于仲裁机构的受案范围。属于仲裁机构受理范围的消费者权益争议，只限于作为平等主体的公民、法人和其他组织之间发生的合同纠纷和其他财产权益纠纷。对于消费者来讲，对于因消费合同引发的纠纷和涉及消费者民事权益引发的侵权纠纷，均可提请仲裁。

（4）向仲裁机构提交仲裁协议、仲裁申请书及其副本。仲裁条款与仲裁协议是向仲裁机构提出仲裁申请的必要条件，仲裁申请书及其副本的提交是仲裁受理的前提。

四、仲裁裁决的撤销

撤销仲裁裁决是指当事人申请并经人民法院组成合议庭审查核实后，认为仲裁裁决违反法律规定的，可裁定撤销仲裁裁决。仲裁庭对消费者权益争议作出裁决后，消费者或者经营者如果提出证据证明仲裁裁决有下列情形之一的，可以在收到仲裁裁决书之日起6个月内，向仲裁机构所在地的中级人民法院申请撤销仲裁裁决：（1）没有仲裁协议的；（2）裁决的事项不属于仲裁协议的范围或者仲裁机构无权仲裁的；（3）仲裁庭的组成或者仲裁的程序违反法定程序的；（4）裁决所根据的证据是伪造的；（5）双方当事人隐瞒了足以影响公正裁决的证据的；（6）仲裁员在仲裁该案时有索贿受贿、徇私舞弊、枉法裁决行为的。人民法院经组成合议庭审查核实仲裁裁决有以上情形之一的，或者认定仲裁裁决违背社会公共利益的，应当裁定撤销仲裁裁决。

五、仲裁裁决的强制执行

仲裁作为解决争议的一种方式具有强制性，依法作出的仲裁裁决，对当事人双方都有法律约束力，都应当自觉履行，否则，另一方当事人有权申请人民法院强制执行。仲裁庭作出仲裁裁决后，作为双方当事人的消费者与经营者应当自觉、全面、及时地履行仲裁裁决。仲裁裁决书自作出之日起，即具有法律效力，对双方当事人具有约束力和强制执行力，当事人拒绝履行的，将承担相应的法律后果。《仲裁法》第62条规定：当事人应当履行裁决。一方当事人不履行的，另一方当事人可以依照民事诉讼法的有关规定向人民法院申请执行。

人民法院执行仲裁裁决以消费者申请执行为条件，不存在仲裁机构移送执行的情况，消费者应当向经营者所在地或者被执行财产所在地的基层人民法院申请执行，并应当提交执行申请书。如果消费者书写确有困难的，可以口头申请，由执行人员记录在案。申请执行有一定的期限，必须严格执行：双方或者一方当事人为公民的，申请执行的期限为1年；双方是法人或者其他组织的，申请执行的期限是6个月。无正当理由逾期提出执行申请的，人民法院可以驳回申请，不予执行。

消费者申请执行仲裁裁决，经营者提出证据证明仲裁裁决有下列情形之一的，经人民法院组成合议庭审议核实，裁定不予执行：（1）当事人在合同中没有订立仲裁条款或者事后没有达成书面仲裁协议的；（2）裁决事项不属于仲裁协议的范围或者仲裁机构无权仲裁的；（3）仲裁庭的组成或者仲裁的程序违法的；（4）认定事实的主要证据不足的；（5）适用法律有错误的；（6）仲裁员在仲裁该案时有贪污受贿、徇私舞弊、枉法裁决行为的；（7）仲裁裁决违背社会公共利益的。

六、小额消费争议仲裁

（一）小额消费争议仲裁的概念

小额消费争议仲裁是处理消费争议的简易途径，有利于为消费者提供简捷、快速解决消费争议的新途径，降低维权成本，有效化解大量因消费纠纷引起的社会矛盾。联合国《保护消费者准则》第3条规定：“各国政府应制定或维持法律和（或）行政措施，使消费者或有关组织能够通过迅速、公平、耗资少和便于利用的正式或非正式程序取得赔偿。这类程序必须特别照顾到低收入消费者的需要。”① 小额消费争议仲裁的优点也在于确保消费争议解决应做到快捷、简便和低成本。

（二）小额消费争议仲裁的必要性

实践中小额消费争议占大多数，消费投诉呈现“面广、量大、标的小”的特点。消费

---

① 彭文皓：《从美国立法看我国消费争议解决途径之拓展》，载《工商行政管理》，2003（22）。

者和经营者发生纠纷时，消费者除了向消费者协会投诉或向政府职能部门申诉外，很少通过诉讼和现有仲裁途径解决，主要原因是程序复杂、时间太长和费用较高。

消费者与经营者相比，往往处于弱者地位。消费者的这一弱者地位，恰恰说明了妥善处理小额消费纠纷的必要性和紧迫性。小额消费争议仲裁具有成本低、效率高的显著特点。仲裁机构有必要制定、实施适于处理小额消费争议的简易仲裁程序，对小额消费纠纷进行仲裁。建立实施小额消费争议仲裁制度，有利于公正而及时地解决小额消费纠纷，维护消费者的合法权益，促进国民经济的健康发展，维护公正而自由的市场秩序。

(三) 小额消费争议仲裁的立法及实践

我国一些地方的仲裁机构就小额消费争议仲裁制度进行了有益的探索与实践。小额消费争议仲裁机构及规则充分体现了简便、快捷的原则。例如，《浙江省实施〈中华人民共和国消费者权益保护法〉办法》第47条明确规定，仲裁委员会可以在消费者协会设立消费争议仲裁办事机构，为当事人解决消费争议提供方便。仲裁委员会可以制定小额争议仲裁规则。我国《消费者权益保护法》应明确规定小额消费争议仲裁机构及程序规则，以更好地维护消费者的合法权益。

第六节　消费争议诉讼

【引例8—7】　饲料作祟，苗鸡死亡——生产商承担产品质量责任①

徐州AB公司系肉鸡前期配合饲料生产商，范某某系该饲料经销商，陈某某系肉鸡饲养户。2004年9月，陈某某在范某某处购买510肉鸡前期配合饲料喂养肉鸡，后苗鸡出现大批死亡现象。新沂市畜牧兽医站验明：涉案肉鸡饲料中的蛋氨酸及粗蛋白的含量过低，均未达国家标准。经鉴定，陈某某的损失值为13 100元。陈某某与经销商和生产商协商无果，诉至法院，要求赔偿13 100元。法院经审理认为：生产者应当对其生产的产品质量负责。涉案的饲料中蛋氨酸及粗蛋白的含量经检验均明显低于该产品的国家标准，故原告的损失与被告AB公司生产的该饲料质量不合格具有因果关系。该饲料质量不合格表现为产品成分含量不足，系生产者的制造缺陷导致，且被告AB公司未就法律规定的免责事由完成举证责任，故应由被告AB公司依法承担赔偿责任。被告范某某作为销售商对此不存在过错，故不承担赔偿责任。遂判决：被告徐州AB公司赔偿原告陈某某经济损失13 100元、鉴定费143元。

诉讼是解决消费争议最具权威性的方式。消费者在与经营者协商无果，或者在由消费者组织调解达不成解决协议，或者经由有关行政机关处理仍未能最终解决争议的情况下，可以向人民法院起诉，以求得具有强制力的裁决。当然，消费者在认为自身消费权益被经营者侵害后，也可以直接向人民法院起诉。消费争议发生后当事人在没有仲裁协议的情况下，可以向人民法院提起诉讼，人民法院根据民事诉讼法的规定，应及时立案审理，使纠纷得以及时解决。

一、消费争议诉讼概述

消费争议诉讼是指消费者在购买、使用商品或者接受服务时合法权益受到侵害，在法

① 参见《饲料作祟 苗鸡死亡》，http://china.findlaw.cn/xfwq/xiaofeichangshi/shpc/596.html，访问时间：2013-10-30。

定期限内，依法向人民法院起诉，请求人民法院按照司法程序对消费者权益纠纷案件进行审理的活动。消费争议诉讼是消费者权益纠纷处理过程中一个重要环节，也是对消费者权益纠纷案件的最终处理。诉讼是人民法院代表国家行使审判权的体现，是最为权威的一种争议解决方式，其判决结果具有强制执行的效力。

二、消费争议诉讼的特点

（1）诉讼是解决消费争议的有效途径。诉讼可以是一方当事人用尽一切救济办法后的最终解决争议的方式。诉讼的范围一般不受限制，消费争议都可以通过诉讼途径予以解决。

（2）法院生效判决具有强制执行力。法院可以采取强制措施，以确保诉讼程序的顺利进行。法院可以采取强制执行措施，诉讼判决一般能得到快速执行。

（3）经营者与消费者的力量对比不均衡。消费者与经营者之间，二者无法达到实质上的均衡和对等。现代社会，大型跨国企业日益占据了大量的市场份额，远超单个消费者之间的实力。在此种情况下，纠纷的解决，不仅关系到受害的消费者个人，甚至有时会关系到重大社会利益。①

（4）诉讼成本相对较高。对于数额小、涉及面广、需要及时解决的消费纠纷，民事诉讼并非是最佳的选择。民事诉讼的形式化、程序化必然要花费较多时间及金钱，此外，诉讼程序相对仲裁而言复杂烦琐，时间较长，成本较高。

三、人民法院受理消费争议案件的条件

《消费者权益保护法》第35条规定，人民法院应当采取措施，方便消费者提起诉讼。对于符合《中华人民共和国民事诉讼法》起诉条件的消费者权益争议，必须受理，及时审理。可见，人民法院受理的消费者权益争议必须是符合法定条件的争议，应当具备以下条件：

（1）原告适格。原告原则上必须是与本案有利害关系的公民、法人和其他组织。原告必须是在购买、使用商品或者接受服务时合法权益受到侵害的消费者或者其他受害人。当事人因故不能起诉的，可以委托代理人代为起诉。

（2）有明确的被告。消费者必须能明确地说明案件的被告，说明为其提供商品或者服务的经营者是谁，其合法权益的损害是由何经营者直接或者间接造成的，违约、侵权行为人是何经营者，何经营者应当对其遭受的损害承担民事赔偿责任。

（3）有具体的诉讼请求和事实根据。具体的诉讼请求是指消费者向人民法院提起诉讼要求解决的问题。消费者或者其他的受害人必须明确、具体地提出要求经营者承担民事责任的方式，如要求经营者停止侵害、消除影响、赔礼道歉、赔偿损失、支付应当支付的费用或者修理、重作、更换、退货、补足数量、退还货款和服务费用等，可以要求经营者以其中的一种或数种方式来承担民事责任。消费者提出的诉讼请求要有事实根据，包括消费者权益争议事实和争议的证据事实。

（4）属于人民法院受理民事诉讼的范围和受诉人民法院管辖。属于人民法院受理民事诉讼的范围是指提起诉讼的消费者权益争议事项是消费者同经营者之间因财产关系和人身关系而引起的民事诉讼；属于受诉人民法院管辖是指符合民事诉讼法规定的级别管辖、地域管辖或者指定管辖、移送管辖的要求，即通常应当向被告住所地或者侵权行为地、合同

① 参见汤维建、张曙光《论我国消费者权益诉讼机制的建立》，载《政法论丛》，2008（3）。

履行地的基层人民法院提起诉讼，有重大影响的案件，则可以由中级人民法院管辖。

四、举证责任的配置

（一）举证责任的概念

所谓举证责任是指当事人对自己提出的诉讼主张，有责任提出证据加以证明。举证责任包括以下含义：（1）当事人对自己主张的事实，应当提供证据；（2）当事人所提供的证据，应当能够证明其主张的真实性；（3）当事人对其主张不能提供证据，或所提供证据不能证明其主张具有真实性，而且人民法院依据职权收集不到证实其主张的证据的，当事人要承担不利的法律后果。举证责任承担的规则为“谁主张，谁举证”，即原告、被告和第三人对其主张负有提供证据加以证明的责任。

（二）消费争议举证责任的承担规则

1. 消费合同争议举证责任的承担

（1）过错推定原则

消费合同争议中，对于违约责任的确定实行过错推定原则。消费者要求经营者承担违约金支付、解除合同、修理、更换、退货等责任的，应当证明合同的合法、有效以及经营者有违反合同的行为。只要从上述两方面提出充分证据，即可以确定经营者应当承担的法律责任。消费者还要求经营者承担赔偿责任的，除上述内容需要证明外，还要证明经营者的违法行为与其所受损害之间存在因果关系。违约责任实行过错推定原则，消费者无须证明经营者存在过错，但经营者要否认自己存在过错，可以因举证证明而免责。

（2）举证责任倒置

举证责任倒置属于举证责任的一种特殊分配，按照一般举证规则本应由一方当事人举证的部分事实，法律规定由对方当事人来举证。应当注意，举证责任倒置并不意味着案件中的所有事实的举证责任均倒置。一般来说，倒置的举证责任所涉及的案件事实往往只是案件事实的主要部分或一部分，原告也必须对案件的某些基本事实承担举证责任。[①] 我国《消费者权益保护法》第 23 条第 3 款规定，经营者提供的机动车、计算机、电视机、电冰箱、空调器、洗衣机等耐用商品或者装饰装修等服务，消费者自接受商品或者服务之日起 6 个月内发现瑕疵，发生争议的，由经营者承担有关瑕疵的举证责任。此种情形下，实行举证责任倒置规则，经营者对有关瑕疵负有举证责任。

2. 消费侵权争议举证责任的承担

（1）直接的人身侵权案件，一般适用过错责任原则。消费者需要证明以下事实：经营者存在侵权行为；消费者有实际的损害；经营者主观上存在过错；侵权行为与实际损害之间存在因果关系等。如消费者被经营者殴打、侮辱或经营者因疏忽而使消费者受到伤害，就适用过错责任原则。

（2）间接侵权案件，一般适用过错推定责任或无过错责任原则，消费者只需要证明以下事实：有损害事实发生；有损害结果存在；事实和损害间有因果关系等。经营者要免责，必须自己提出充分的证据证明自己没有过错。如消费者由于经营者经营场所的建筑物或其他设施及其上面的搁置物、悬挂物发生倒塌、脱落、坠落造成损害的侵权案件，适用过错推定原则。

（3）生产者生产缺陷产品给消费者的人身及财产造成损害的案件，生产者承担无过错责任。在该类案件中，消费者要证明以下事实：损害的存在；损害与产品缺陷之间存在因

---

① 参见牛丽编著：《消费者权益保护法百问》，110 页，长春，吉林人民出版社，2008。

果关系等。生产者不得通过证明其对产品缺陷的形成无过失而免责，但生产者能够证明有下列情形之一的，不承担赔偿责任：第一，未将产品投入流通的；第二，产品投入流通时，引起损害的缺陷尚不存在的；第三，将产品投入流通时的科学技术水平尚不能发现缺陷存在的。根据《最高人民法院关于民事诉讼证据的若干规定》第4条，缺陷产品致人损害的，举证责任倒置，即被告对部分案件事实承担举证责任：消费者因缺陷产品而受到损害的，只需证明其所受的损失是产品原有的缺陷所致，即可向人民法院提起诉讼；经营者则应当对案件的主要事实，如产品是否有缺陷、损害事实与损害结果之间是否有因果关系等，承担举证责任。

五、诉讼程序

（一）一般规定

因产品存在缺陷造成损害要求赔偿的诉讼时效期间为两年，自当事人知道或者应当知道其权益受到损害时起计算。因产品存在缺陷造成损害要求赔偿的请求权，在造成损害的缺陷产品交付最初消费者满10年后丧失，但是，尚未超过明示的安全使用期的除外。我国《消费者权益保护法》明确规定：人民法院应当采取措施，方便消费者提起诉讼，对符合《中华人民共和国民事诉讼法》起诉条件的消费者权益争议，必须受理，及时审理。这是对人民法院履行保护消费者合法权益的职责要求。对于事实清楚、情节简单、责任明确、争议金额不大的消费者权益争议，可以依法适用简易程序。上述规定的目的在于方便消费者通过诉讼方式解决争议，维护自身的合法权益。

（二）上诉与申诉程序

消费者不服人民法院一审判决的，根据不同情况，分别作出处理：不服人民法院尚未生效的一审判决的，可以提起上诉。根据《民事诉讼法》的有关规定，提起上诉的条件是：（1）上诉人有权提起上诉。可以作为上诉人的是第一审程序中的原告、被告、共同诉讼人、诉讼代表人、有独立请求权的第三人和判决其承担民事责任的无独立请求权的第三人等。（2）当事人只能对依法允许上诉的判决或裁定提起上诉。包括地方各级人民法院适用普通程序、简易程序作出的判决以及人民法院所作的不予受理、对管辖有异议驳回起诉的裁定等，除此之外的判决、裁定均不得上诉。当事人不服人民法院第一审判决的，应当在收到判决书之日起15日内提起上诉；不服人民法院第一审裁定的，应当在收到裁定书之日起10日内提起上诉。不服人民法院已经发生法律效力的一审判决的，可以向人民法院提出申诉，要求对案件进行再审，但申诉期间必须执行已生效的判决。

六、小额消费争议诉讼

（一）小额消费争议诉讼的概念及特点

小额诉讼程序是现代民事诉讼程序体系中较为特殊的一种，其是为了案件审理的简便、迅速和经济，针对请求小额金钱或者其他替代物所规定的一种审理程序。[①] 小额消费争议诉讼具有以下特点：

1. 程序简化。传统的简易程序是根据诉讼标的额或纠纷的性质及复杂性进行划分的，小额诉讼程序的适用范围更加单纯，基本上限于债权债务纠纷，通常被设计为独立于一般简易程序的特别程序。小额消费争议诉讼是一种比简易程序更加简化的程序，这不仅减轻

① 参见孙颖：《论消费者纠纷的解决机制》，载《法学评论》，2008（3）。

了消费者的诉讼成本，而且使国家的司法资源得到了高效的利用。

2. 方便、快捷。小额消费争议诉讼是一种快捷、方便和低廉的诉讼救济制度，有利于维护消费者的权益，尽可能降低诉讼成本。

3. 注重调解。小额消费争议诉讼一般采取调解与审判一体化，在审理过程中可通过谈话的方式，让原告和被告直接对话，促成当事人和解。

4. 节约成本。小额消费争议诉讼属于一种民事诉讼程序，原则上由职业法官主持审判，目的在于为公民提供一种低成本的、简便的司法救济。

（二）小额消费争议诉讼制度的适用范围

1. 小额消费诉讼制度适用的纠纷类型。小额消费诉讼制度是专门用于解决消费纠纷的，特别是小额消费纠纷，是在消费者与经营者之间基于消费活动而发生的纠纷。

2. 小额消费诉讼制度适用的当事人范围。小额消费诉讼制度的价值取向和程序目标就是低成本、高效率，保障当事人接近司法救济的权利的平等性。虽然根据相关国家和地区的立法规定，在一般情况下，对当事人的原告资格不加限制，可以是消费者个人，也可以是作为法人或商人的经营者，但是基于制度设计的理念，作为弱势一方的小额消费者应当成为本诉讼制度的适用主体。

3. 小额消费诉讼制度适用的标的额范围。小额消费诉讼制度的一个重要的关键词就是“一定数额以下”，即诉讼标的额的大小。各地的高级人民法院根据当地的经济发展水平和生活水平，在国家规定的范围内，制定出本地区适用该制度的标的额的范围。

（三）小额消费争议诉讼的审判机构

我国《民事诉讼法》第 162 条规定：小额消费争议诉讼实行一审终审制。基层人民法院和它派出的法庭审理符合本法第 157 条第 1 款规定的简单的民事案件，标的额为各省、自治区、直辖市上年度就业人员年平均工资 30%以下的，实行一审终审。因此，我国包括消费争议在内的小额诉讼制度已经确立，下一步需要法院完善审理规则，提高审理效率，确保公平、公正、高效地解决民事纠纷。鉴于小额消费纠纷比较普遍，为提高消费争议的解决效率，降低消费者的诉讼成本，我国应结合《民事诉讼法》2012 年修订的相关小额诉讼条款，建立、完善小额消费争议诉讼制度。

七、消费争议的公益诉讼

（一）公益诉讼的概念

公益诉讼是与私益诉讼相对而言的概念，是指特定的国家机关与相关的团体与个人，根据法律的授权，对于侵犯国家利益、社会公共利益或不特定的他人利益的行为，向法院起诉，由法院依法追究相对人法律责任的诉讼活动。我国《民事诉讼法》第 55 条规定了公益诉讼制度，对于污染环境、侵害众多消费者合法权益等损害社会公共利益的行为，法律规定的机关和有关组织可以向人民法院提起诉讼。可见，国家机关、有关组织等可以作为起诉的主体，维护众多消费者的合法权益。

（二）消费者协会提起的公益诉讼

消费者协会是依法成立的对商品和服务进行社会监督的保护消费者合法权益的社会组织，消费者协会就损害消费者合法权益的行为，支持受损害的消费者提起诉讼或者依照《消费者权益保护法》的规定提起诉讼，是其履行的公益性职责之一。我国《消费者权益保护法》第 47 条为消费者公益诉讼提供了制度基础。对于侵害众多消费者合法权益的行为，中国消费者协会以及在省、自治区、直辖市设立的消费者协会，可以向人民法院提起诉讼。但该规定仍需进一步充实与完善，例如，“侵害众多消费者”中的“众多”应如何解释；消费者协会向法院提起诉讼，能够请求的责任承担方式具体有哪些，除停止侵害、排除妨碍外，是否可以请求损害赔偿，等等。①

【经典书目】

1. 王兴运．消费者权益保护法条文释义与典型案例．西安：陕西人民出版社，2007
2. 孙颖．消费者保护法律体系研究．北京：中国政法大学出版社，2007
3. 聂振光．香港消费者权益保护．北京：工商出版社，1997
4. 王先林．消费者权益保护法概论．合肥：安徽人民出版社，2004

【思考题】

1. 简述消费争议的概念及特征。
2. 简述消费争议的解决途径。
3. 简述消费者求偿对象的确定规则。
4. 简述消费争议协商和解的概念、特点及原则。
5. 简述请求消费者协会调解的程序。
6. 简述消费争议的申诉与受理程序。
7. 简述消费争议仲裁的概念及特点。
8. 简述小额消费争议仲裁的概念及必要性。
9. 简述消费争议诉讼的概念及特点。
10. 简述小额消费争议诉讼的概念及特点。
11. 案例分析：

2012年3月，郭某在上海甲公司购买了一台由江苏省乙日用电器厂生产的不锈钢热水器一台，并在家里安装。同年4月，郭某之妻在使用该淋浴器时被电击身亡。郭某要求公司赔偿，甲公司遂以该淋浴器是乙日用电器厂的产品、其责任由产品制造者承担为由，拒绝承担责任。郭某起诉到法院。后经查，郭某之妻死亡的主要原因是淋浴器质量不合格导致漏电。

请问：（1）甲公司是否应承担法律责任？

（2）郭某之妻的何种权利受到侵害？经营者应承担何法律责任？

（3）本案应如何处理？

---

① 参见赵红梅：《有关消费者公益诉讼的三个关键性问题》，载《中国审判》，2013（6）。

第九章
消费者权益保护法律责任

内容摘要

法律责任是指经营者违反保护消费者的法律规定的或经营者与消费者约定的义务而依法承担的法律后果，是保证经营者依法履行义务的惩罚措施，是保护消费者权利的重要手段。本章重点阐述消费者权益保护法律责任的概念、类型及承担形式等内容。根据违法行为的性质不同，法律责任可以分为民事责任、行政责任和刑事责任。民事责任是经营者损害消费者的合法权益、违反民事义务所应承担的法律后果。我国要进一步健全惩罚性赔偿制度，完善并落实消费领域的民事赔偿优先原则，加强对广大消费者权益保护。经营者的行政责任，是指经营者在消费领域违反国家有关行政管理法规所应承担的法律责任；行政责任承担方式主要包括罚款、没收违法所得、责令改正、吊销许可证等。刑事责任，是指经营者等主体在消费领域触犯刑律构成犯罪所应承担的法律责任。

第一节　法律责任概述

一、消费者权益保护法律责任的概念

广义的法律责任，是指任何组织和个人都有遵守法律的义务，都应当自觉维护法律的尊严，如果实施了违反法律的行为，应接受法律的制裁。狭义的法律责任，则专指法律关系主体实施违法行为所应承担的法律结果。消费者权益保护法律责任是指经营者违反法律规定的或经营者与消费者约定的义务而依法承担的法律后果，是保证经营者依法履行义务的措施，是保障消费者权益顺利实现的重要手段。①

① 参见王先林：《消费者权益保护法概论》，185页，合肥，安徽人民出版社，2004。

二、消费者权益保护法律责任的承担形式

根据违法行为性质的不同，法律责任种类包括民事责任、行政责任和刑事责任等，具体包括经营者因侵犯消费者合法权益而应当承担的民事、行政和刑事责任，以及国家机关工作人员因违反法律、玩忽职守或包庇侵害消费者合法权益的行为而应承担的法律责任。

1. 民事责任，即指经营者在民事活动中因实施了民事违法行为，侵害了消费者的合法权益，依法所承担的对其不利的民事法律后果，或者基于法律特别规定而应承担的民事法律责任。经营者承担的民事责任主要表现为财产责任，并带有明显的补偿性质。经营者承担的民事责任范围和民事违法行为所造成的权利损害相对应，以使消费者的权利损失得到恢复或补偿。根据我国《民法通则》的规定，经营者承担民事责任的方式主要有：停止侵害；排除妨碍；消除危险；返还财产；恢复原状；修理、重作、更换；赔偿损失；支付违约金；消除影响、恢复名誉；赔礼道歉等。

2. 行政责任，即指经营者或其他相关主体因违反行政法或因行政法规定而应承担的法律责任。行政责任主要是指经营者因违反消费领域行政管理法规而应承担的法律责任。经营者承担行政责任的方式主要有：警告；罚款；没收违法所得、没收非法财物；责令停产停业；暂扣或者吊销许可证、暂扣或者吊销执照；行政拘留等。

3. 刑事责任，即指依据国家刑事法律规定，对实施犯罪行为的经营者等主体，依照刑事法律的规定追究的法律责任。刑事违法性质最为严重，故刑事责任也最为严厉。刑事责任对于打击消费领域的犯罪分子具有惩罚与威慑效应。根据我国《刑法》的规定，经营者等相关主体承担刑事责任的方式有主刑和附加刑两种，主刑包括管制、拘役、有期徒刑、无期徒刑、死刑，附加刑包括罚金、剥夺政治权利、没收财产。

第二节　民事责任

【引例 9—1】　变质食品坑人，消费者依法维权①

2012 年 8 月 6 日，消费者王某在开封县范村乡某副食批发部以 15 元的价格购买了一袋枣糕切片，给两个孩子食用后发生呕吐、头痛、发烧现象，住院治疗花费 2 386 元。要求经销商赔偿医疗费遭到拒绝后，王某来到开封县工商局万隆工商所申诉。接到申诉后，该所执法人员立即进行现场查看，发现该食品确已变质，生产厂家为郑州某食品有限公司，工商所执法人员在与厂家联系的同时，3 次驱车近百里到开封市，找到第一批发商进行调解，最终赔偿王某医疗费、护理费、营养费、交通费及食品 10 倍赔偿金，共计 4 400元。

一、民事责任概述

（一）民事责任的概念

民事责任是经营者损害消费者的合法权益、违反民事义务所应承担的法律后果。经营者损害消费者合法权益的行为，表现为经营者不承担法定或约定的民事义务，而使消费者

① 参见《变质食品坑人，消费者依法维权》，http：//www. kftv. net. cn/xx _ xx. asp? id＝16693，访问时间：2013－10－30。

的财产或人身受到侵害。民事责任是保护消费者权益的最基本、最普遍的法律责任形式。民事责任的最大特点是实行补偿或赔偿的原则，即当侵害他人权益造成损失后，侵害者一方必须补偿受害者一方遭受的实际损失，当然也可能承担惩罚性赔偿责任。

(二) 民事责任主体

法律责任必须首先明确责任的承担者。经营者是民事责任的重要主体，消费者权益保护法重视经营者责任的基本原因在于：消费者是消费者权益保护法律关系的权利主体，是消费者权益保护法所保护的对象。在消费者权益保护法律关系中，消费者作为权利主体，其享有的权利的对应义务，当然就是经营者所负有的义务。民事法律责任是追究经营者的违法行为、保护好消费者的合法权益的重要责任方式之一。

(三) 经营者因侵犯消费者权益而应承担民事责任的行为

经营者因侵犯消费者合法权益而应承担民事责任的行为，主要包括以下表现形式：

1. 经营者提供的商品或服务存在瑕疵。具体包括：商品或者服务存在缺陷；不具备商品应当具备的使用性能而出售时未作说明；不符合在商品或者其包装上注明采用的商品标准；不符合商品说明、实物样品等方式表明的质量状况；生产国家明令淘汰的商品或者销售失效、变质的商品；销售的商品数量不足；服务的内容和费用违反约定；对于消费者提出的修理、重作、更换、退货、补足商品数量、退还货款或服务费用或者赔偿损失的要求，故意拖延或者无理拒绝；法律、法规规定的其他损害消费者权益的情形。

2. 经营者对消费者未尽到安全保障义务。安全保障义务存在与否，根据个案的不同情况而定，法律很难完全列举不同情形下安全保障义务的内容，且安全保障义务规则适用本身也需适应社会生活的不断发展而变化。实践中应考察如下因素：(1) 安全保障义务人的保障行为是否符合法定要求，即凡是法律、法规、规章及其他规范性文件对当事人行为规范有明确规定的，义务人应严格遵照有关规定行事。(2) 安全保障义务人的保障行为是否达到了同类经营活动或者社会活动的从业者现阶段所应当达到的通常程度。在没有法定标准可供参照的情况下，行业规范或通常做法也可作为合理与否的判断标准。(3) 安全保障义务的履行是否达到作为一个理性、审慎、善良的人所应达到的合理注意程度。没有法定标准及行业做法可予借鉴的，应遵循一定社会发展阶段所公认的公平正义价值观来衡量。同时，对合理限度的理解亦要考虑安全保障义务人在不同的客观环境或自身状态下，对于危险防止或者控制所应具备的能力。①

3. 经营者侵害消费者人身权与财产权。具体包括：经营者提供商品或服务，造成消费者或者其他受害人人身伤害；侵害消费者的人格尊严，侵犯消费者人身自由或者侵害消费者个人信息；侮辱诽谤、搜查身体等侵害消费者或者其他受害人人身权益；造成消费者财产损害等。

4. 经营者违约。例如，经营者以预售款方式提供商品或者服务，未按照约定提供。

二、《消费者权益保护法》相关民事责任规定

《消费者权益保护法》作为保护消费者权益的基本法律，对于经营者损害消费者人身权、财产权应承担的民事责任作了如下规定：

---

① 参见王岑：《试论安全保障义务》，载《人民司法》，2011 (15)。

（一）关于侵犯人身权方面的规定

1. 经营者造成人身伤害的赔偿责任规定

《消费者权益保护法》第49条规定："经营者提供商品或者服务，造成消费者或者其他受害人人身伤害的，应当赔偿医疗费、护理费、交通费等为治疗和康复支出的合理费用，以及因误工减少的收入。造成残疾的，还应当赔偿残疾生活辅助具费和残疾赔偿金。造成死亡的，还应当赔偿丧葬费和死亡赔偿金。"经营者的责任形式主要是赔偿损失，其赔偿对象有两类：消费者与其他受害人。其他受害人是指不是购买、使用商品或服务的消费者，而是在事故现场出现而受害的第三人。

经营者的赔偿范围包括：

（1）医疗费。一般是指因直接治疗伤害而支出的必要医疗费用，包括诊查费、医药费、治疗费、住院费、手术费等。这些费用一般应以所在地治疗医院的诊断证明、医疗费、住院费的单据为凭。医疗费是治疗消费者或其他受害人伤势而必需的，如果消费者或其他受害人私自购买与治疗无关的药品、营养品，将不受赔偿。尚需继续治疗的费用，经有关医疗机构证明，也可予以一次性给付。

（2）治疗期间的护理费。这是指消费者或其他受害人因伤势严重无法自理时必须有专人护理所花费的费用。专人护理是否需要，由医院视病人病情决定。护理人可以是受害人的亲属，或雇佣人护理。护理费包括：雇人护理的费用、护理人的误工补助等。护理人的误工补助可以按收入的实际损失计算，应得奖金一般可以计算在应赔偿的数额内。护理人没有工资收入的，其补偿标准应以当地的一般临时工的工资标准为限。

（3）因误工减少的收入。这是指消费者或其他受害人因伤不能工作、劳动、经营而无法得到的收入。消费者或其他受害人的误工日期，应按其实际损害程度、恢复状况并参照治疗医院出具的证明或者法医鉴定等认定。赔偿费用的标准，可以按消费者或其他受害人的工资标准或者实际收入的数额计算。如果消费者或其他受害人是承包经营户或个体商户的，其误工费的计算标准，可以参照一定期限内的平均收入酌定。

如果经营者造成消费者或其他受害人残疾的，还应支付残疾者生活辅助具费和残疾赔偿金：

（1）残疾者生活辅助具费。这是指消费者或其他受害人因身体某一部位或某一器官遭受严重伤害而永久性地丧失正常功能，为日常生活而必须购买一定辅助器具的费用，比如助听器、轮椅、义肢等。

（2）残疾赔偿金。根据《消费者权益保护法》的规定，只要造成消费者或其他受害人残疾，就应支付残疾赔偿金，数额视残疾轻重程度而应有不同。

【案例9—2】 消费者受伤有权获得精神损害赔偿——"贾国宇人身损害赔偿"案①

1995年3月8日晚7时许，17岁的女孩贾国宇与家人及邻居在位于北京市海淀区的春海餐厅聚餐时，发生卡式炉爆炸，导致贾国宇容貌被毁，并丧失30%的劳动能力。今后她还需治疗等费用约5万元至6万元，再行手术费用1万元，但治疗后面部及双手仍将遗留部分瘢痕难以消除。春海餐厅使用的是北京国际气雾剂有限公司生产的边炉石油气，龙口市厨房配套设备用具厂生产的卡式炉。经鉴定，边炉石油气罐的爆炸是由于气罐不具备盛

① 参见《消费者受伤有权获得精神损害赔偿》，http：//bj.9ask.cn/xiaofeiweiquan/xiaofeizhebaohuanli/200909/233715.html，访问时间：2013-10-30。

装边炉石油气的承压能力引起，卡式炉也存在漏气的可能性。为此，贾国宇向法院提起诉讼，要求损害赔偿。北京市海淀区人民法院于1997年3月15日对本案作出判决：判令北京国际气雾剂有限公司、龙口市厨房配套设备用具厂连带赔偿贾国宇治疗费6 247.20元，营养品费3 809.48元，护理费7 051.50元，交通费4 293.90元，残疾者生活辅助具费3 559.35元，残疾者生活补助费78 296.40元，今后治疗费70 000元，残疾赔偿金100 000元，总计273 257.83元。北京国际气雾剂有限公司承担70%的责任，龙口市厨房配套设备用具厂承担30%的责任。

2. 经营者造成死亡的赔偿责任规定

此种情形下，经营者的责任形式仍是赔偿损失，赔偿对象仍为消费者和其他受害人。经营者的赔偿范围包括：(1) 丧葬费，指安葬死者需支付的费用，比如火葬费等。(2) 死亡赔偿金。死亡赔偿金的支付具有对死者亲属的安慰性质，其数额可由经营者与消费者和其他受害人协商，协商不成，可由民政、法院等部门处理。

【案例9—3】　安装质量不合格害人性命案

2005年2月，原告何某某、唐某某从安徽省肥东县某五交化公司（以下简称“五交化公司”）的商场灶具柜台（实际为许某某经营）购买一台家用燃气快速热水器，随后许某某派人为原告安装热水器。2007年2月17日晚，何某某、唐某某的女儿何某在家中卫生间洗澡，长时间未出卫生间，家人进浴室发现何某倒在浴盆内，遂送至医院，经抢救已无生命体征，检查死者胃内有大量积水，体表未发现伤痕，推断何某为一氧化碳中毒后溺水死亡。为此，原告请求法院判令五交化公司、许某某赔偿死亡赔偿金、丧葬费等费用，合计855 494元。2011年，此案经安徽省肥东县人民法院一审后，五交化公司、许某某不服，提起上诉。安徽省合肥市中级人民法院经审理认为，燃气热水器安装是销售燃气热水器的附随义务，不论是燃气热水器本身存在缺陷还是安装存在缺陷所引起的产品质量责任，均为同一产品质量责任；权威部门作出的鉴定报告结论为：事故燃气快速热水器安装不符合规定与何某死亡存在因果关系。故判决五交化公司、许某某共同赔偿何某某、唐某某死亡赔偿金、丧葬费等费用，合计850 494元；驳回何某某、唐某某的其他诉讼请求。

3. 经营者侵犯名誉权与人身自由的民事责任规定

名誉权、人格尊严与人身自由也是消费者人身权的组成部分，经营者侵犯了消费者的这些权益也应承担民事责任。《消费者权益保护法》第27条规定，经营者不得对消费者进行侮辱、诽谤，不得搜查消费者的身体及其携带的物品，不得侵犯消费者的人身自由。第50条规定：经营者侵害消费者的人格尊严、侵犯消费者人身自由或者侵害消费者个人信息依法得到保护的权利的，应当停止侵害、恢复名誉、消除影响、赔礼道歉，并赔偿损失。停止侵害是指经营者停止其对消费者人格尊严、人身自由侵害的行为，比如侮辱、搜身等。恢复名誉、消除影响是经营者应澄清事实，消除其行为给消费者名誉造成的不良影响的责任形式。赔礼道歉是经营者向消费者承认错误，表示歉意的责任形式。

《消费者权益保护法》第51条规定：“经营者有侮辱诽谤、搜查身体、侵犯人身自由等侵害消费者或者其他受害人人身权益的行为，造成严重精神损害的，受害人可以要求精神损害赔偿。”经营者提供商品或者服务，侵害消费者人格尊严或者人身自由，给消费者造成社会评价降低或者思想情感创伤的，应当承担精神损害赔偿责任。

【案例9—4】 “顾客遭搜身请求精神损害赔偿”案①

1998年7月8日上午10时许，上海外国语大学学生钱某离开屈臣氏公司四川北路店时，由于店门口警报器不断鸣响，被带入该店办公室内。在女保安员及另一女文员在场的情况下，钱某解脱裤扣接受女保安的检查。店方未检查出钱某身上带有磁信号的商品，方允许钱某离店。1998年7月20日，钱某起诉到上海市虹口区人民法院，以自己在屈臣氏公司四川北路店无端遭到搜身，被两次脱裤检查，使自己心理受到极大伤害为由，要求屈臣氏公司公开登报赔礼道歉，赔偿精神损失费人民币50万元。一审法院判决屈臣氏赔偿钱某精神损失费人民币25万元。屈臣氏不服，上诉。上海市第二中级人民法院判决撤销一审法院判决，改判赔偿精神损害人民币1万元。

（二）关于侵犯财产权方面的规定

1. 经营者造成消费者财产损害的民事责任形式

《消费者权益保护法》第52条规定，经营者提供商品或者服务，造成消费者财产损害的，应当依照法律规定或者当事人约定承担修理、重作、更换、退货、补足商品数量、退还货款和服务费用或者赔偿损失等民事责任。

（1）修理，是指经营者按消费者的要求将有瑕疵的商品修复为合乎合同或消费者要求或者有关标准的行为。修理费用应由经营者承担。

（2）重作，是指经营者按消费者的要求重新制作应当支付的商品的责任形式。这一责任形式适用于商品是应消费者特定要求制作的，不重作将无法满足消费者的要求，消费者也没有通过其他方式和商品来满足需求的可能。

（3）更换，是指经营者按照消费者的要求，将未达到消费者要求标准的商品替换为合格的同类、同样商品的责任方式。

（4）退货，是指消费者将不合乎要求的商品退还给经营者，经营者收回商品的行为。退货一般在修理、更换、重作达不到消费者要求或无法进行时适用。当然，经营者退货后，还应赔偿对消费所造成的损失。

（5）补足商品数量，即经营者补足提供给消费者的商品应该交付而未交付的数量的责任形式。

（6）退还货款或服务费用，即经营者将收取的消费者的货款或服务费退还给消费者。这在消费者与经营者有合同时经营者因严重违约应承担的责任。

（7）赔偿损失，是指经营者赔偿给消费者造成的财产损失。财产损失是指全部的实际损失，包括消费者财产的直接减少和失去的可得利益。《民法通则》第112条第1款规定，当事人一方违反合同的赔偿责任，应当相当于另一方因此所受的损失。《民法通则》第117条规定：侵占国家的、集体的财产或者他人财产的，应当返还财产，不能返还财产的，应当折价赔偿。损坏国家的、集体的财产或者他人财产的，应当恢复原状或者折价赔偿。受害人因此遭受其他重大损失的，侵害人应当赔偿损失。

---

① 参见《顾客遭超市搜身请求精神损害赔偿》，http：//www.lawtime.cn/info/xiaofeizhe/xiaofeiqinquan/qinquananli/20111013/46219.html，访问时间：2013-10-30。

【案例 9—5】　坡道积水致人摔骨折[①]

2012 年 3 月 27 日，原告刘某某在被告安徽某公司管理的位于合肥市绩溪路上的某菜市场购物时，因该市场内水产区附近的通道坡面有水，致刘某某通行时不慎摔伤。事发后，刘某某被送往医院救治，经诊断为左尺桡骨远端骨折，随后刘某某住院治疗。后因双方未能就赔偿事宜达成协议，刘某某诉诸法律。法院经审理查明，在原告刘某某摔伤处，被告未采取任何防滑措施和设立警示标志。法院判决被告安徽某公司于判决生效之日起 10 日内赔偿原告刘某某医疗费、营养费等合计 53 220 元；驳回原告的其他诉讼请求。后安徽某公司不服，提起上诉。经合肥市中级人民法院调解，双方自愿达成协议，安徽某公司于 2013 年 1 月 31 日前将 46 000 元一次性赔付给刘某某，刘某某自愿放弃精神损害抚慰金 5 000 元。

2. 经营者违反以预收款方式提供服务或商品义务的责任规定

《消费者权益保护法》第 53 条规定：经营者以预收款方式提供商品或者服务的，应当按照约定提供。未按照约定提供的，应当按照消费者的要求履行约定或者退回预付款；并应当承担预付款的利息、消费者必须支付的合理费用。

3. 经营者提供不合格商品的退货责任规定

根据我国《消费者权益保护法》第 54 条的规定，依法经有关行政主管部门认定为不合格的商品，消费者要求退货的，经营者应当负责退货。所谓不合格商品，是指商品存在危及人身、财产安全的不合理的危险；不符合有关保障人体健康和人身、财产安全的国家标准、行业标准；不具备商品应当具有的使用性能；不符合在商品或包装上注明采用的产品标准，不符合以产品说明、实物样品等方式表明的质量状况。不合格商品又可分为处理品和劣质品两类。前者虽然不符合应当达到的质量要求，但是不存在危及消费者人身、财产安全的危险，具有一定的使用价值，其可以在标明“处理品”等字样后降价销售；后者是指产品质量不符合安全、卫生标准的要求，存在危及消费者人身、财产安全的危险，或者失去了产品应当具备的使用性能，其不得销售，更不得冒充合格品销售。依法经有关行政主管部门认定为不合格的商品，若消费者提出退货的要求，经营者就应当予以退货，而不论经营者对此有无过错。这也体现了严格责任原则。

如果经营者发现或者有事实证明其提供的商品存在严重缺陷，还应承担停止销售、召回产品等民事责任。我国一些地方性消费者权益保护立法作出了相应规定，例如，《山东省消费者权益保护条例》（2008 年）第 16 条规定：经营者发现或者有事实证明其提供的商品存在严重缺陷，即使正确使用仍有可能对消费者人身、财产安全造成危害的，应当立即停止销售，采取紧急措施告知消费者；商品已售出的，应当负责对该商品进行修理、更换、退货或者销毁，并立即报告有关行政管理部门。国家对缺陷产品有召回规定的，从其规定。经营者发现或者有事实证明其提供的服务存在严重缺陷，即使正确接受服务仍有可能对消费者的人身、财产安全造成危害的，应当立即停止服务，采取相应的补救措施，并立即报告有关行政管理部门。商品修理、更换、销毁等补救措施的费用由经营者承担。

---

① 参见《合肥 14 日公布 2012 年度十大消费者维权案例》，http://news.hexun.com/2013-03-14/152079323.html，访问时间：2013-10-30。

（三）惩罚性赔偿

【案例 9—6】 小额服务欺诈行为请求双倍赔偿的尝试——“邱建东电话服务欺诈双倍索赔”案[①]

1997 年 1 月，邱建东在北京出差期间，发现两家公话代办处在收取电话费时，没有执行邮电部关于夜间、节假日长话收费半价的规定，分别向其多收了 0.55 元话费。于是邱建东分别向北京市西城区人民法院和东城区人民法院提起诉讼，要求双倍赔偿多收取的 0.55 元话费，即各索赔 1.10 元。打官司期间，邱建东两度自费数千元飞往北京出庭。1997 年年底，两个案件分别审结，其结果为一胜一负——北京市西城区人民法院支持邱建东的诉讼请求即“双倍赔偿”，判决被告向原告邱建东支付 1.10 元；而北京市东城区人民法院判决支持“原值赔偿”，即赔偿 0.55 元话费。邱建东在北京市西城区人民法院获得的胜利使该案被评选为“1997 年全国侵害消费者权益十大案件”之一。

1. 惩罚性赔偿的概念

惩罚性赔偿制度是在补偿性损害赔偿金制度外，为惩罚侵权人之不法行为以及威吓侵权人或他人于将来从事相类似不法行为，判定侵权人另外支付赔偿金额的一种法律制度。[②]根据惩罚性赔偿制度，当侵权行为人恶意实施该行为，或对行为有重大过失时，以对行为人实施惩罚和追求一般抑制效果为目的，法院在判令侵权人支付通常赔偿金的同时，还可以判令侵权人支付高于受害人实际损失的赔偿金。[③]

《消费者权益保护法》关于惩罚性赔偿的规定，突破了传统的赔偿实际损失原则，体现了对消费者权益的重点保护。我国《侵权责任法》第 47 条也规定，明知产品存在缺陷仍然生产、销售，造成他人死亡或者健康严重损害的，被侵权人有权请求相应的惩罚性赔偿。

2. 我国惩罚性赔偿规定

我国《消费者权益保护法》规定：经营者提供商品或者服务有欺诈行为的，应当按照消费者的要求增加赔偿其受到的损失，增加赔偿的金额为消费者购买商品的价款或者接受服务的费用的 3 倍，增加赔偿的金额不足五百元的，为五百元。法律另有规定的，依照其规定。该项条款适用于经营者有欺诈行为的情况，需要消费者提出要求，实行先赔偿再加 3 倍计算的原则。

惩罚性赔偿金不仅对消费者有补偿作用，还对经营者有惩戒作用。惩罚性赔偿金适用的条件是经营者提供商品或服务有欺诈行为。欺诈是行为人主观上的故意，经营者通过欺诈行为使消费者上当受骗而错误地选择了其提供的商品和服务。欺诈是一种性质严重的过错。经营者提供商品或者服务中的欺诈行为多种多样，既包括消极地隐瞒真实情况，如提供假冒他人注册商标、名优标志、认证标志、厂名、产地的商品或服务等。对于采用欺诈手段的经营者，令其承担惩罚性赔偿金，是对他的惩戒和对其他经营者的警示，是对消费者权益的特别保护，也是公平原则的体现。

---

① 参见《“邱建东电话服务欺诈双倍索赔”案》，http：//china. findlaw. cn/xfwq/xiaofeizhengyi/pczr/558. html，访问时间：2013－10－30。

② 参见黄鸿途：《惩罚性损害赔偿制度之研究》，中国政法大学 2006 年博士学位论文，13 页。

③ 参见张严方：《中国消费者保护法立法的未来走向》，http：//www. civillaw. com. cn/article/default. asp?id＝38131，访问时间：2013－10－30。

《消费者权益保护法》第55条第2款规定，经营者明知商品或者服务存在缺陷，仍然向消费者提供，造成消费者或者其他受害人死亡或者健康严重损害的，受害人有权要求经营者依照本法第49条、第51条等法律规定赔偿损失，并有权要求所受损失2倍以下的惩罚性赔偿。该条款针对明知商品或者服务存在缺陷，仍然向消费者提供，造成消费者或者其他受害人死亡或者健康严重损害的经营者，规定了惩罚性赔偿措施，有利于加大经营者的违法成本，保障消费者的合法权益。

我国《食品安全法》也是广义上的消费者权益保护法，对食品消费者的合法权益具有重要的保障功能。我国《食品安全法》规定的食品生产行为承担惩罚性赔偿的要件是：食品生产者只要生产了不符合食品安全标准的食品，就除应当向消费者赔偿损失外，并应当向消费者支付价款10倍的赔偿金。《食品安全法》规定的惩罚性赔偿制度之要义在于"食品不符合食品安全标准"。对于生产者来说，"生产不符合食品安全标准的食品"是承担10倍赔偿的条件。实践中，举证责任的分担实行倒置原则，即当消费者主张食品不符合食品安全标准时，生产者只要能举证证明生产的食品符合食品安全标准，就应免除其惩罚性的10倍赔偿责任。对于销售者来说，销售"明知是不符合食品安全标准的食品"是承担10倍赔偿的条件。

三、民事赔偿优先原则

（一）民事赔偿优先原则的含义

民事赔偿优先原则是指根据法律规定，在同一行为应当承担民事赔偿责任和缴纳罚款行政责任、缴纳罚金刑事责任的情形之下，当侵权人的财产不足以支付全部责任款项时，应先承担侵权造成的民事赔偿责任。

一般来说，基于同一法律事实或法律行为产生的民事责任与行政责任、刑事责任可以并存。当然，责任形式的聚合适用可能会发生冲突，典型的情形就是几种法律责任都针对违法主体的财产作出，但违法主体的责任财产不足以承担所有的法律责任，此时便产生了优先顺序的问题。民事赔偿优先原则是各国在处理此类情形时公认的原则。

（二）我国民事赔偿优先原则的确立

我国《侵权责任法》规定了民事赔偿优先原则，因同一行为应当承担侵权责任和行政责任、刑事责任，侵权人的财产不足以支付的，先承担侵权责任。这是我国民事法律对民事赔偿优先原则的确立。我国《消费者权益保护法》规定，经营者违反本法规定，应当承担民事赔偿责任和缴纳罚款、罚金，其财产不足以同时支付的，先承担民事赔偿责任。该项规定确立了我国消费者权益保护领域民事赔偿优先原则，有利于有效保护消费者的合法权益。作为广义上的消费者权益保护法，《食品安全法》也规定了民事赔偿优先制度：应当承担民事赔偿责任和缴纳罚款、罚金，其财产不足以同时支付时，先承担民事赔偿责任。《侵权责任法》、《消费者权益保护法》、《食品安全法》三部法律的适用，应坚持特别法优于一般法的原则：在食品消费领域应首先适用《食品安全法》相关规定；在非食品消费领域，应适用《消费者权益保护法》。在《消费者权益保护法》、《食品安全法》未予规定的情形下，《侵权责任法》可作为一般法予以适用。

第三节 行政责任

一、行政责任概述

（一）行政责任的概念

行政责任，是指经营者等主体在消费领域违反国家有关行政管理法规所应承担的法律后果。消费者权益保护中的行政责任是行政责任在消费领域的具体体现，严格地说，它既包括行政机关及其工作人员违反法定职责而应承担的法律责任，也包括经营者违反国家有关保护消费者的行政管理法规规定的义务而应承担的法律责任，但后者无疑是其中最主要的部分。

（二）行政责任的主体

经营者存在行政违法行为，便成为行政责任的主体。经营者的违法行为在损害消费者合法权益的同时，往往也违反了国家的行政管理法规，损害了社会公共利益。对于经营者违法经营的行政责任，我国《消费者权益保护法》、《产品质量法》、《反不正当竞争法》、《食品卫生法》、《广告法》等，都作了明确的规定。《消费者权益保护法》也规定了经营者应承担行政责任的主要情形，一旦经营者的违法行为符合所列情形，损害了消费者的权益，有关行政机关有权依法予以行政处罚。

（三）承担行政责任的违法行为

根据我国《消费者权益保护法》，经营者在下列情形下，应当承担相应的行政责任：

（1）经营者提供的商品或服务存在瑕疵，例如，提供的商品或者服务不符合保障人身、财产安全要求；在商品中掺杂、掺假，以假充真，以次充好，或者以不合格商品冒充合格商品；生产国家明令淘汰的商品或者销售失效、变质的商品；伪造商品的产地，伪造或者冒用他人的厂名、厂址，篡改生产日期，伪造或者冒用认证标志等质量标志；销售的商品应当检验、检疫而未检验、检疫或者伪造检验、检疫结果。

（2）经营者侵害消费者人格尊严、侵犯消费者人身自由或者侵害消费者个人信息依法得到保护的权利。

（3）经营者特定的作为或不作为构成违法。例如，对商品或者服务作虚假或者引人误解的宣传；拒绝或者拖延有关行政主管部门责令对缺陷商品或者服务采取停止销售、警示、召回、无害化处理、销毁、停止生产或者服务等措施；对消费者提出的修理、重作、更换、退货、补足商品数量、退还货款或服务费用或者赔偿损失的要求，故意拖延或者无理拒绝；拒绝、阻碍有关行政主管部门工作人员依法执行职务，未使用暴力、威胁方法，等等。

（四）行政责任形式

根据我国《消费者权益保护法》的规定，经营者行政责任的承担方式主要包括：

（1）责令改正。责令改正不以主观过错为归责要件，也不考虑除行为违法外的其他因素。只要行为具有违法性，行政执法机构便应责令改正。这体现了行政处罚法中处罚与教育相结合的原则。

（2）没收违法所得与罚款。没收违法所得与罚款都以行为违法为归责要件且均不要求行为主体的主观过错。有违法所得的，没收违法所得，并处以违法所得1倍以上、10倍以下罚款。没有违法所得的，处以50万元以下的罚款。

其中，认定违法所得的基本原则是，以当事人违法生产、销售商品或者提供服务所获得的全部收入扣除当事人直接用于经营活动的适当的合理支出，为违法所得。违法生产商品的违法所得，按违法生产商品的全部销售收入扣除生产商品的原材料购进价款计算。违法销售商品的违法所得，按违法销售商品的销售收入扣除所售商品的购进价款计算。违法提供服务的违法所得，按违法提供服务的全部收入扣除该项服务中所使用商品的购进价款计算。

（3）责令停业整顿与吊销营业执照。吊销营业执照与责令停业整顿属于能力罚，是一种限制或剥夺相对人特定行为能力或资格的、比较严厉的处罚方式。其目的在于为制止、威慑违法行为提供足够的保障，它们适用范围相对狭窄，且均以行为违法和情节严重为归责要件。①

二、相关法律、法规的具体行政责任规定

（一）生产、销售的商品不符合保障人身、财产安全要求的行政责任

1.《产品质量法》规定，生产、销售不符合保障人体健康和人身、财产安全的国家标准、行业标准的产品的，责令停止生产、销售，没收违法生产、销售的产品，并处违法生产、销售产品货值金额等值以上3倍以下的罚款；有违法所得的，并处没收违法所得；情节严重的，吊销营业执照。

2.《食品安全法》规定，违反本法规定，有下列情形之一的，由有关行政主管部门按照各自职责分工，没收违法所得、违法生产经营的食品和用于违法生产经营的工具、设备、原料等物品；违法生产经营的食品货值金额不足1万元的，并处2 000元以上、5万元以下罚款；货值金额1万元以上的，并处货值金额5倍以上、10倍以下罚款；情节严重的，吊销许可证：（1）用非食品原料生产食品或者在食品中添加食品添加剂以外的化学物质和其他可能危害人体健康的物质，或者用回收食品作为原料生产食品；（2）生产经营致病性微生物、农药残留、兽药残留、重金属、污染物质以及其他危害人体健康的物质含量超过食品安全标准限量的食品；（3）生产经营营养成分不符合食品安全标准的专供婴幼儿和其他特定人群的主辅食品；（4）经营腐败变质、油脂酸败、霉变生虫、污秽不洁、混有异物、掺假掺杂或者感官性状异常的食品；（5）经营病死、毒死或者死因不明的禽、畜、兽、水产动物肉类，或者生产经营病死、毒死或者死因不明的禽、畜、兽、水产动物肉类的制品；（6）经营未经动物卫生监督机构检疫或者检疫不合格的肉类，或者生产经营未经检验或者检验不合格的肉类制品；（7）经营超过保质期的食品；（8）生产经营国家为防病等特殊需要明令禁止生产经营的食品；（9）利用新的食品原料从事食品生产或者从事食品添加剂新品种、食品相关产品新品种生产，未经过安全性评估；（10）食品生产经营者在有关行政主管部门责令其召回或者停止经营不符合食品安全标准的食品后，仍拒不召回或者停止经营的。

（二）在商品中掺杂、掺假，以假充真，以次充好，或者以不合格商品冒充合格商品的行政责任

1. 在产品中掺杂、掺假，以假充真，以次充好，或者以不合格产品冒充合格产品的，

① 参见吴宏伟、董笃笃：《中国竞争法行政责任的类型化研究》，载《法治研究》，2013（11）。

责令停止生产、销售，没收违法生产、销售的产品，并处违法生产、销售产品货值金额50%以上、3倍以下的罚款；有违法所得的，并处没收违法所得；情节严重的，吊销营业执照。这是我国《产品质量法》的规定。

2. 未取得《药品生产许可证》、《药品经营许可证》或者《医疗机构制剂许可证》而生产药品、经营药品的，依法予以取缔，没收违法生产、销售的药品和违法所得，并处违法生产、销售的药品（包括已售出的和未售出的药品）货值金额2倍以上、5倍以下的罚款。《药品管理法》第74条规定：生产、销售假药的，没收违法生产、销售的药品和违法所得，并处违法生产、销售药品货值金额2倍以上、5倍以下的罚款；有药品批准证明文件的予以撤销，并责令停产、停业整顿；情节严重的，吊销《药品生产许可证》、《药品经营许可证》或者《医疗机构制剂许可证》。该法第75条规定：生产、销售劣药的，没收违法生产、销售的药品和违法所得，并处违法生产、销售药品货值金额1倍以上、3倍以下的罚款；情节严重的，责令停产、停业整顿或者撤销药品批准证明文件，吊销《药品生产许可证》、《药品经营许可证》或者《医疗机构制剂许可证》。

（三）生产、销售国家明令淘汰的产品的行政责任

生产国家明令淘汰的产品的，销售国家明令淘汰并停止销售的产品的，责令停止生产、销售，没收违法生产、销售的产品，并处违法生产、销售产品货值金额等值以下的罚款；有违法所得的，并处没收违法所得；情节严重的，吊销营业执照。这是我国《产品质量法》的规定。

（四）伪造商品的产地、伪造或者冒用他人的厂名、厂址，伪造或者冒用认证标志、名优标志等质量标志的行政责任

1. 伪造产品产地的，伪造或者冒用他人厂名、厂址的，伪造或者冒用认证标志等质量标志的，责令改正，没收违法生产、销售的产品，并处违法生产、销售产品货值金额等值以下的罚款；有违法所得的，并处没收违法所得；情节严重的，吊销营业执照。

2. 经营者擅自使用知名商品特有的名称、包装、装潢，或者使用与知名商品特有的名称、包装、装潢，造成和他人的知名商品相混淆，使购买者误认为是该知名商品的，监督检查部门应当责令停止违法行为，没收违法所得，可以根据情节处以违法所得1倍以上、3倍以下的罚款；情节严重的，可以吊销营业执照。

（五）对商品或服务作引人误解的虚假宣传的行政责任

经营者利用广告或者其他方法，对商品作虚假宣传，监督检查部门应当责令停止违法行为，消除影响，可以根据情节处以1万元以上、2万元以下的罚款。广告的经营者，在明知或者应知的情况下，代理、设计、制作、发布虚假广告的，监督检查部门应当责令停止违法行为，没收违法所得，并依法处以罚款。这是我国《反不正当竞争法》的规定。《消费者权益保护法》第45条第1款中规定，广告经营者发布虚假广告的，消费者可以请求行政主管部门予以惩处。

（六）销售的商品应当检验、检疫而未检验、检疫或者伪造检验、检疫结果的行政责任

违反《进出口商品检验法》的规定，对列入《种类表》的和其他法律、行政法规规定，必须经商检机构检验的进口商品未报经检验而擅自销售或者使用的；对列入《种类表》的和其他法律、行政法规规定，必须经商检机构检验的出口商品未经检验合格的，由商检机构处以罚款。

第四节 刑事责任

【引例 9—7】 全国首例发布虚假广告获刑案①

2005 年 7、8 月间，浙江省杭州华夏医院在各类媒体上发布一则医疗广告，称该院“首家引进香港国际类风湿病研究院独创的‘免疫平衡调节微创手术’，治疗类风湿性关节炎、强直性脊柱炎，手术安全可靠，无痛苦，术后无需长期服药”。有 38 位患者先后在该院接受手术，结果不仅病没有治好，还不同程度地出现了声音嘶哑、咳嗽、恶心等症状。经鉴定，其中 14 人为九级伤残。杭州华夏医院因涉嫌刑事犯罪被杭州市江干区人民检察院提起公诉。杭州市江干区人民法院经审理认为：杭州华夏医院在未取得有效医疗广告证明的情况下通过媒体向社会公众发布医疗广告。广告内容违反《广告法》的规定，就医疗服务的技术来源、医疗效果、医生资历作虚假宣传，涉案患者基本未能达到广告宣传的医疗效果，并致使 14 名患者九级伤残，情节严重，其行为均已构成虚假广告罪。2007 年 11 月 9 日，该院作出一审判决，黄某某等 4 名医院负责人均被裁定构成虚假广告罪，分别被判处一至两年有期徒刑并处罚金。

一、刑事责任概述

刑事责任，是指经营者等主体在消费领域触犯刑律构成犯罪所应承担的法律责任。刑事责任只能对行为已构成犯罪的经营者适用。与其他责任形式相比，刑事责任是最严厉的，可以终身剥夺犯罪者的人身自由，甚至直接剥夺犯罪者的生命。经营者的违法行为如果情节严重，构成犯罪的，要承担刑事责任。

根据我国《刑法》，刑罚，分为主刑和附加刑两类，主刑有管制、拘役、有期徒刑、无期徒刑和死刑 5 种，附加刑有罚金、剥夺政治权利和没收财产。附加刑可以独立适用，也可以与主刑合并适用；对于犯罪的外国人，可以独立适用或者附加适用驱逐出境。对于犯罪情节轻微，不需要判处刑罚的，可以免予刑事处分，但可以根据案件的不同情况，予以训诫或者责令具结悔过、赔礼道歉、赔偿损失，或者由行政主管部门予以行政处分。

二、侵害消费者权益的常见犯罪行为及构成

《消费者权益保护法》规定：经营者违反本法规定提供商品或者服务，侵害消费者合法权益，构成犯罪的，依法追究刑事责任。以暴力、威胁等方法阻碍有关行政主管部门工作人员依法执行职务的，依法追究刑事责任；拒绝、阻碍有关行政主管部门工作人员依法执行职务，未使用暴力、威胁方法的，由公安机关依照《中华人民共和国治安管理处罚法》的规定处罚。国家机关工作人员玩忽职守或者包庇经营者侵害消费者合法权益的行为的，由其所在单位或者上级机关给予行政处分；情节严重，构成犯罪的，依法追究刑事责任。我国《刑法》具体规定了侵害消费者权益的相关犯罪类型与构成要件。

（一）假冒注册商标罪

假冒注册商标罪是指经营者未经注册商标权人的同意，在同种或类似商品上使用与他

---

① 参见《全国首例虚假医疗广告案 4 名被告获刑》，http：//news.163.com/07/1110/03/3STI25MG0001124J.html，访问时间：2013－10－30。

人注册商标相同或近似的标志，构成犯罪的行为。其主体一般为工商企业及其主管人员或假冒他人注册商标的个体经营者。没有营业执照的个人假冒他人注册商标，构成犯罪的，也按假冒注册商标罪论处。在客观方面，一是要有假冒他人注册商标的行为，即有在同种或类似商品上使用与他人注册商标相同或近似的标志的行为。是否为类似标志，应根据这一标志的使用是否足以引起消费者、用户将该标志与他人注册商标混同来决定。二是被假冒的商标为他人的注册商标，即该商标已经核准注册，获得商标注册证。三是假冒他人商标的行为情节严重。

假冒商标罪主观方面为故意，即行为人明知该标志为他人已注册商标标志或与他人注册商标标志极为近似，足以使消费者对二者产生混同，仍然在相同或类似的商品上使用该标志；侵犯的客体是他人注册商标专用权和国家商标管理秩序。依据《刑法》第213条，未经注册商标所有人许可，在同一种商品上使用与其注册商标相同的商标，情节严重，构成犯罪的，处3年以下有期徒刑或拘役，并处或单处罚金；情节特别严重的，处3年以上7年以下有期徒刑，并处罚金。

（二）销售假冒注册商标的商品罪

销售假冒注册商标的商品罪是指明知是假冒他人注册商标的商品而进行销售，情节严重，构成犯罪的行为。其主体、客体方面与假冒商标罪和非法制造、销售非法制造的注册商标标识罪相同，但客观方面与上述两罪不同，即犯罪主体必须有销售假冒注册商标商品的行为。构成本罪也以情节严重为条件，所谓情节严重，是指销售金额较大。在主观方面，本罪的构成要求行为人确定地知道其销售的商品非法使用了他人的注册商标，即明知销售的商品非法使用了他人的注册商标，仍予以销售。过失销售假冒注册商标的商品的，不构成犯罪。销售明知是假冒注册商标的商品，销售金额数额较大的，处3年以下有期徒刑或拘役，并处或单处罚金；销售金额巨大的，处3年以上7年以下有期徒刑，并处罚金。

（三）非法制造、销售非法制造的注册商标标识罪

构成本罪，客观方面行为人实施了伪造、擅自制造注册商标标识，销售伪造或擅自制造的注册商标标识的行为。所谓伪造，是指未经商标权人许可仿照他人注册商标的文字、图案、形态、色彩、名称等特征制作与他人注册商标相同的标识。所谓擅自制造，包括：(1) 未取得印制许可证而制造，即未取得工商行政管理机关签发的《印刷商标单位证书》而承接印制他人注册商标标识业务的行为。(2) 未获得印制授权而制造，即未取得商标权人的委托或同意而印制其注册商标标识的行为。(3) 超量印制，即未经商标权人的委托或同意，私自违反合同规定，超量印刷他人注册商标标识。这包括两种情况：第一，自己伪造或擅自制造注册商标标识而帮助他人销售牟利；第二，明知是伪造或擅自制造的商标标识而帮助他人销售牟利。对于伪造、擅自制造他人注册商标标识或者销售伪造、擅自制造的注册商标标识，情节严重的行为，处3年以下有期徒刑、拘役或管制，并处或单处罚金；情节特别严重的，处3年以上7年以下有期徒刑，并处罚金。

（四）生产、销售伪劣产品罪

生产、销售伪劣产品罪，是指生产者、销售者在产品中掺杂、掺假，以假充真、以次充好或以不合格产品冒充合格产品，情节严重，构成犯罪的行为。生产、销售伪劣产品罪以违法销售金额的大小作为认定是否构成犯罪的标准。生产、销售伪劣产品罪以违法销售金额5万元为起点，销售金额不满5万元的，不构成犯罪。违法销售金额在5万元以上、不满20万元的，处2年以下有期徒刑或者拘役，并处或单处50%以上、2倍以下的罚金；

销售金额在20万元以上、不满50万元的，处2年以上7年以下有期徒刑，并处销售金额50%以上、2倍以下的罚金；销售金额在50万元以上、不满200万元的，处7年以上有期徒刑，并处销售金额50%以上、2倍以下的罚金；销售金额在200万元以上的，处15年以上有期徒刑或无期徒刑，并处销售金额50%以上、2倍以下的罚金或者没收财产。

（五）生产、销售假药罪

生产、销售假药罪是指生产、销售假药，构成犯罪的行为。所谓假药是指药品中包含成分的名称与国家药品标准或省级药品标准规定不符，或以非药品冒充药品；生产国家卫生部门禁止使用的药品、未取得批准文号生产的药品、变质不能药用的药品，以及被污染不能药用的药品。生产、销售假药的，处3年以下有期徒刑或者拘役，并处罚金；对人体健康造成严重危害或者有其他严重情节的，处3年以上10年以下有期徒刑，并处罚金；致人死亡或者有其他特别严重情节的，处10年以上有期徒刑、无期徒刑或者死刑，并处罚金或者没收财产。只要有生产、销售假药的行为，就将被处3年以下有期徒刑或者拘役，并处罚金。

（六）生产、销售劣药罪

劣药包括成分含量与国家药品标准或省级药品标准不符合的药品、超过有效期的药品以及其他不符合药品标准规定的药品。生产、销售劣药，对人体健康造成严重危害的，处3年以上10年以下有期徒刑，并处销售金额50%以上、2倍以下的罚金；后果特别严重的，处10年以上有期徒刑或者无期徒刑，并处销售金额50%以上、2倍以下罚金或者没收财产。

（七）生产、销售不符合安全标准的食品罪

生产、销售不符合安全标准的食品罪，是指生产、销售不符合食品安全标准的食品，足以造成严重食物中毒事故或者其他严重食源性疾病的行为。犯本罪的，处3年以下有期徒刑或者拘役，并处罚金；对人体健康造成严重危害或者有其他严重情节的，处3年以上7年以下有期徒刑，并处罚金；后果特别严重的，处7年以上有期徒刑或者无期徒刑，并处罚金或者没收财产。

（八）生产、销售有毒有害食品罪

生产、销售有毒有害食品罪，是指经营者在其生产、销售的食品中掺入有毒有害的非食品原料，构成犯罪的行为。此罪的构成与生产、销售不符合安全标准的食品罪不同，在本罪的客观要件中，要求有经营者将有毒有害物质掺入食品的行为。本罪的构成也不以损害结果发生为要件，只要经营者有上述行为，即便未发生损害结果，也可构成犯罪，但损害后果的发生可作为加重情节。在本罪中，有毒有害物质是以食品原料的形式加入的，掺入有毒、有害物质的对象只能是以投放市场销售为目的的食品。若其他人为了对经营者报复而在其生产的食品中投放毒物，则应按投毒罪处理。在生产、销售的食品中掺入有毒、有害的非食品原料的，或者销售明知掺有有毒、有害的非食品原料的食品的，处5年以下有期徒刑，并处罚金；对人体健康造成严重危害或者有其他严重情节的，处5年以上10年以下有期徒刑，并处罚金；致人死亡或者有其他特别严重情节的，处10年以上有期徒刑、无期徒刑或者死刑。

（九）生产、销售不符合标准的医用器材罪

生产、销售不符合标准的医用器材罪，是指经营者生产不符合保障人身健康的国家标准、行业标准的医疗器械、医用卫生材料，或者明知是上述器械和材料而予以销售，对人体健康造成严重危害，构成犯罪的行为。此罪与生产、销售不符合安全标准的食品罪的构成要件基本一致，同样以损害结果的发生为构成要件，只是生产、销售的对象不是食品，而是医疗器械和医用卫生材料。生产不符合标准的医疗器械，对人体健康造成严重损害，构成犯罪的，处5年以下有期徒刑，并处销售金额50%以上、2倍以下罚金；后果特别严重的，处5年以上10年以下有期徒刑，并处销售金额50%以上、2倍以下罚金，其中，情节特别恶劣的，处10年以上有期徒刑或者无期徒刑，并处销售金额50%以上、2倍以下罚金或没收财产。

（十）生产、销售不符合安全标准的产品罪

生产、销售不符合安全标准的产品罪，是指经营者生产不符合保障人身、财产安全的国家标准、行业标准的电器、压力容器、易燃易爆产品或者其他产品，或明知是上述产品而进行销售，造成严重后果，构成犯罪的行为。此罪的构成要件与生产、销售不符合标准的医用器材罪基本相同，只是生产、销售的对象不同。构成本罪的，处5年以下有期徒刑，并处销售金额50%以上、2倍以下罚金；后果特别严重的，处5年以上有期徒刑，并处销售金额50%以上、2倍以下的罚金。

（十一）生产、销售伪劣农药、兽药、化肥、种子罪

生产、销售伪劣农用生产资料罪是指经营者生产假农药、假兽药、假化肥，或者销售明知是假的或者失去使用效能的农药、兽药、化肥、种子，或者生产者、销售者以不合格的农药、兽药、化肥、种子冒充合格的农药、兽药、化肥、种子，使生产遭受较大损失，构成犯罪的行为。构成本罪的，处3年以下有期徒刑或者拘役，并处或单处销售金额50%以上、2倍以下罚金；使生产遭受重大损失的，处3年以上7年以下有期徒刑，并处销售金额50%以上、2倍以下罚金；使生产遭受特别重大损失的，处7年以上有期徒刑或者无期徒刑，并处销售金额50%以上、2倍以下罚金或者没收财产。

（十二）生产、销售不符合卫生标准的化妆品罪

生产、销售不符合卫生标准的化妆品罪是指经营者生产不符合卫生标准的化妆品或销售明知是不符合卫生标准的化妆品，造成严重后果的行为。本罪与生产、销售不符合标准的医用器材罪在构成要件上基本相同，但生产、销售的对象为不符合卫生标准的化妆品。生产不符合卫生标准的化妆品，或者销售明知是不符合卫生标准的化妆品，造成严重后果的，处3年以下有期徒刑或者拘役，并处或者单处销售金额50%以上、2倍以下罚金。

（十三）虚假广告罪

虚假广告罪，是指广告主、广告经营者、广告发布者违反国家规定，利用广告对商品或服务作虚假宣传，情节严重的行为。广告主、广告经营者、广告发布者违反国家规定，利用广告对商品或者服务作虚假宣传，情节严重的，处2年以下有期徒刑或者拘役，并处或者单处罚金。单位犯本罪的，对单位判处罚金，对其直接负责的主管人员和其他直接责任人员依上述规定追究刑事责任。

三、国家机关工作人员玩忽职守或徇私舞弊的刑事法律责任

（一）国家机关工作人员玩忽职守罪

国家机关工作人员玩忽职守或者包庇经营者侵害消费者合法权益的行为，情节严重，构成犯罪的，依法追究刑事责任。所谓玩忽职守，是指国家机关工作人员不负责任，不履

行或者不正确履行职责，致使公共财产、国家和人民利益遭受损失的行为。国家机关工作人员滥用职权或者玩忽职守，致使公共财产、国家和人民利益遭受重大损失的，处3年以下有期徒刑或者拘役；情节特别严重的，处3年以上7年以下有期徒刑。

(二) 国家机关工作人员徇私舞弊罪

国家机关工作人员包庇经营者侵害消费者合法权益的行为，情节严重的，负刑事法律责任。国家机关工作人员明知经营者侵害消费者合法权益的行为已构成犯罪，仍然予以包庇使其免受刑事制裁，情节严重的，即构成犯罪，依法应承担刑事责任。所谓包庇，是指明知是违法犯罪者而予以庇护，使其逃避法律制裁的行为。行政执法人员徇私舞弊，包庇经营者，构成犯罪的，构成徇私舞弊罪，处5年以下有期徒刑或者拘役；情节特别严重的，处5年以上10年以下有期徒刑。

(三) 徇私舞弊不移交刑事案件罪

相关行政执法人员，徇私舞弊，对于依法应当移交司法机关追究刑事责任的消费领域犯罪案件不予移交，情节严重的，构成徇私舞弊不移交刑事案件罪，处3年以下有期徒刑或者拘役；造成严重后果的，处3年以上7年以下有期徒刑。

(四) 食品安全监管失职罪

食品安全监督管理部门工作人员滥用职权或者玩忽职守，导致发生重大食品安全事故或者造成其他严重后果的，构成食品安全监管失职罪，处5年以下有期徒刑或者拘役；造成特别严重后果的，处5年以上10年以下有期徒刑。徇私舞弊犯本罪的，从重处罚。

【经典书目】

1. 王兴运. 消费者权益保护法条文释义与典型案例. 西安：陕西人民出版社，2007
2. 刘益灯. 国际消费者保护法律制度研究. 北京：中国方正出版社，2005
3. 张为华. 美国消费者保护法. 北京：中国法制出版社，2000
4. 王先林. 消费者权益保护法概论. 合肥：安徽人民出版社，2004

【思考题】

1. 简述消费者权益保护法律责任的概念及类型。
2. 简述消费者权益保护法上民事赔偿优先原则的含义及确立。
3. 简述消费者权益保护法中的惩罚性赔偿制度。
4. 我国《消费者权益保护法》规定哪些行为应承担行政责任。
5. 简述我国《消费者权益保护法》中的有关刑事责任规定。
6. 简述生产、销售有毒有害食品罪的犯罪构成及刑罚规定。
7. 案例分析：

2013年8月20日，刘某从某百货公司买回一个高压锅。8月25日刘某按说明书使用高压锅，该高压锅突然爆炸，沸水溅到刘某身上，经医院检查，为二级烫伤，烫伤面积达30%，住院两个月，花去医药费2 000元。刘某康复后，要求百货公司退货并赔偿损失。

百货公司以不能证明该高压锅的缺陷为由拒绝退货和赔偿损失。后经技术鉴定部门鉴定，该锅的缺陷是由生产厂家——某家用电器公司造成的，后刘某又找到百货公司，百货公司以鉴定部门的结论认为责任在生产厂家为由只同意退货，拒绝赔偿损失，要求刘某直接找生产厂家索赔。刘某无奈，只好找到生产厂家。该家用电器公司认为技术鉴定有问题，缺陷可能是销售者在销售过程中严重碰撞造成的，因此拒绝赔偿。刘某诉至法院，经法院查明，缺陷确系家用电器公司造成的。

请回答：（1）百货公司能否以技术鉴定部门的结论为依据拒绝赔偿？为什么？

（2）本案中产品责任最终由谁承担？为什么？

（3）假设高压锅爆炸造成刘某残疾，那么根据《消费者权益保护法》，责任者应赔偿的范围有哪些？

（4）本案中，刘某因高压锅缺陷造成损害要求赔偿的诉讼时效为几年？

第十章

金融消费者保护制度

内容摘要

金融商品是具有记载金钱交易内容或本身具有金钱价值的商品或服务，它涵盖了股票、债券、基金、银行存款、财产及人身保险、信托、集合投资计划以及各种金融衍生商品，它具有专业性、复杂性、高风险性和显著的外部性等特点。金融市场存在着信息不对称、金融消费普遍使用格式合同、侵害金融消费者具有重大的社会危害等问题。金融业务经营者应保障金融消费者人身及财产安全，应保障金融消费者交易价格公平、评估公平、地理公平，应保障金融消费者信息自由支配、个人信息隐私、交易信息隐私。金融消费属于《消费者权益保护法》中"生活消费"的一类，但金融消费者是否仅应限于出于生活需要的自然人，目前尚存争议，需要立法政策的进一步明确。为加强金融消费者合法权益的保护，我国应构建以金融消费者保护为核心的法律体系，明确金融消费者的内涵、金融消费者的权利及金融业务经营者的义务。

第一节　金融消费者保护概述

一、金融商品的概念与特点

伴随着市场经济与金融产业的发展，作为经营者的银行、保险公司、证券公司等金融机构向市场提供品种繁多、内容丰富的各式商品或服务，但各国对金融商品的界定并不相同。例如，澳大利亚 2001 年《公司法》增加了"金融商品"概念并规定，除有特别例外情况，金融商品是指人们进行金融投资、管理金融风险或进行非现金支付的一种工具，包括票据、股票或政府债券，部分衍生品，利率和货币互换，保险商品（包括具有投资功能的人寿保险商品），年金利益，退休存款账户，外汇，存款机构的商品，不动产或其他财产的抵押，等等。在日本，金融商品包括了有价证券、货币、基于存款合同的权利，其他证券及类似权证，政府规定的其他证券或衍生品、交易所交易品种等。德国2004年《证券交易法》采用了“金融商品”概念并定义为有价证券、金融市场商品及金融衍生品交易等。欧盟2004年4月《金融商品市场指令》中也采用了金融商品这一概念，包括可转让证券、短期金融市场商品、集团投资计划以及金融衍生品交易。①

金融商品是金融交易的客体，是金融业务经营者向市场提供的产品，通常有狭义和广义之分：狭义的金融商品仅反映客户对资金运用的需求，仅限于金融投资工具的使用。广义的金融商品作为商品的一种，是指具有记载金钱交易内容或本身具有金钱价值的商品，涵盖了股票、债券、基金、银行存款、财产及人身保险、信托、集合投资计划以及各种金融衍生商品等。银行经营的存贷款、信用卡业务等，由银行提供信用服务；保险公司所提供的人身和财产保险，是由客户以支付保费为对价获得人身和财产保障的服务；证券公司则向客户提供股票、基金、期权、股指期货等金融产品，同时还向客户提供管理、受托、经纪等各种理财服务；信托投资公司则经营资金信托业务，受托经营动产、不动产及其他财产的信托业务，金融租赁，经济咨询，证券发行以及投资等业务。本章所讨论的金融商品是从广义上讲的，即金融企业提供给客户的所有金融商品和服务。与传统的商品和服务相比，金融商品具有以下三方面特点：

1. 专业性与复杂性

消费者可通过观察、询问、触摸、阅读说明书甚至试用的方式来了解传统商品的特性和质量。但对于金融商品，若欲了解其内容与特性，消费者则需要花大量时间来学习专业金融知识，并依赖于金融业务经营者所提供的详细说明。金融商品表现为股票、债券、基金等各种形式，它们本质上是一种合同，具体内容多来自于金融业务经营者的精心设计，往往是金融业务经营者经过长期的开发与经营实践不断加以完善的结果。

一方面，除了存款等一些基本的金融商品外，大量金融衍生品的交易条款更为专业，消费者更需借助金融专业知识，方能较为深入地理解金融衍生品的实质内容。金融衍生品产生于信用活动，是一种能够证明金融交易的金额、期限及价格的书面文件，它的功能在于转移风险、形成权威性价格、调节价格水平、提高资产管理质量、提高资信度、使收入存量和流量发生转换，产品形态可分为远期、期货、期权和掉期四大类。一般的消费者难以对金融衍生产品等金融商品的性质、结构及风险作出充分、有效的判断。

另一方面，金融商品又具有相互关联性、可分性与组合性，这又大幅提高了金融商品的复杂性。金融业务经营者往往较关注不同金融商品间的相互关联，推行商品组合营销策略，为客户提供系统化的产品和服务。这些相互关联的金融商品可根据消费者的个性化需求进行组合或拆分。金融创新的一项重要内容就是，为客户提供有吸引力的金融商品组合，提高金融商品组合的质量，创造金融商品组合的竞争优势。实践中，即使是具有多年金融从业经验的人，都难以真正理解某些金融商品的实质内容。

2. 高风险性

金融商品的交易风险明显高于传统商品，并呈现出以下特征：（1）金融商品价格波动幅度较大。除市场供求关系外，金融商品的价格更容易受到发行人信用级别、财务状况，宏观政治、经济环境，消费者心理预期等因素的影响，对这些因素的变动也更为敏感。

---

① 参见马国泉：《论金融商品的规制与监管》，载《东岳论丛》，2010（8），179页。

(2) 金融商品交易所受限制相对较小。金融商品交易以获利为目的，交易次数不稳定，可预期性大幅降低。金融商品的交易对象不特定，不存在较为稳定的交易向量关系，可期待性大幅降低，消费者心理上的不确定性大幅提高。金融商品交易原则上不受时间、空间的严格限制。伴随金融商品在全球的扩展，产品提供者与消费者之间的距离越来越远，国际、洲际交易成为普遍的趋势，消费者要想获知足够的信息还面对着距离的阻隔，信息上的劣势更加明显，导致交易风险的提升。(3) 金融商品的专业性和复杂性意味着消费者所掌握的信息与金融业务经营者之间存在着较大的不对称，使其难以对金融市场的风险作出清晰、准确的判断。为获取金融商品的高回报，并不具备足够专业能力的人盲目从事金融交易，为整个金融市场带来了更多风险。

3. 显著的外部性

外部性指由于市场活动而给无辜的第三方造成的成本。与传统商品相比，金融商品具有显著的外部性。金融产业承担着融通社会资金的重要职能，它的稳定关系到整个社会稳定和国民经济的发展。金融商品交易在宏观上构成了社会资金流通的一个环节，而金融交易普遍采用格式合同的做法决定了单个交易的风险极有可能对整个行业风险产生较大影响。一旦偿债能力下降，同时金融市场交易价格大幅下降且其所提供的流动性不足，债务关系将会加速恶化，便有可能危及整个国民经济。并且，金融商品的覆盖面较传统商品更加广泛。金融产品一般并不受制于地域的阻碍，只要具备基本的通信条件，交易者可在任何地方进行交易。随着世界各大银行、保险公司、证券交易所之间的合作日益密切，交易者将有可能选择其他国家的金融业务经营者进行交易，从而金融交易活动所带来的影响更加广泛，世界各大证券市场之间的相互影响已是不争的事实。

二、金融消费与金融消费者

1. 金融消费与“生活消费”

人们在金融市场中从事的消费即为金融消费。表面看来，金融消费的直接目的是投资获利，而不是直接满足生活需要。但事实上，人们通过金融交易获得了满足需求的能力。人们购买金融商品，如购买股票、基金、外汇、权证、债券、各种金融保险产品等，以此获得收益来实现自己的生活需求；人们还享受金融服务者提供的服务，如存款、取款、汇款、住房贷款、汽车贷款、大额消费品贷款、资产抵押、信用卡、网上银行、个人理财等，以此作为实现自己生活需求的必要途径。

由于《消费者权益保护法》中的“消费”仅指生活消费，并不包含生产消费。而金融消费以投资获利为直接目的，同时又需要对金融消费者予以保护，故多有观点主张，在金融领域，《消费者权益保护法》的适用应取消“生活消费”的限制。[①] 对此，《消费者权益保护法》并未取消“生活消费”的原则性限制，而是借助对“生活消费”进行扩充解释的方式予以回应。2013 年 8 月 26 日《全国人民代表大会法律委员会关于〈中华人民共和国消费者权益保护法修正案（草案）〉修改情况的汇报》明确提出：“‘生活消费需要’的表述涵盖范围较宽，可以为法律适用留有余地。此外，对商品房买卖、教育、医疗服务等领域的哪些活动纳入本法调整范围，各方面还有不同意见，尚未形成共识。法律委员会经研

---

① 参见叶林：《金融消费者的独特内涵——法律和政策的多重选择》，载《河南大学学报（社会科学版）》，2012 (5)，82～90 页。

究，建议暂不修改。”同时，《消费者权益保护法》第28条明确将“证券、保险、银行等金融服务的经营者”纳入消费者知情权保护制度的适用范围。因此，我们认为，金融消费已被视为《消费者权益保护法》中“生活消费”的一种类型。

2. 金融消费者的概念

金融消费的这种特殊性，也给金融消费者的界定带来了挑战。金融消费者，即在金融市场中进行消费的人。金融消费者具有以下两方面特征：

（1）金融消费者是否只应限于自然人，目前仍存在争论，其内涵应结合金融市场、金融商品和市场参与者的特点予以考量。

依照《消费者权益保护法》的一般原理，法人和其他社会组织不包括在消费者的范畴。现实中，法人和其他社会组织也会购买金融产品或接受金融服务，但其与个人相比具有更强的经济实力和专业能力，更有可能了解金融商品的详情，面对金融商品提供者也具有更强的谈判能力，故《消费者权益保护法》没有对其适用的必要。[①] 企业应对自己为了获利而在金融市场中进行的投机行为负责，其利益如遭损害，属于正常的商业风险，不应受到《消费者权益保护法》的特殊保护。

在金融消费领域，之所以要对金融消费者进行保护，原因之一就是信息不对称的金融实践。金融商品的复杂性和专业性使消费者一方处于明显的弱势地位，而金融商品接受者在购买金融商品时，主要依赖于信息的充分掌握和正确评估。为克服金融市场不完全信息所导致的市场失灵，只要交易方处于信息或谈判的弱势地位，原则上都应受到保护。例如，日本《关于销售金融商品等的法律》（简称《金融商品销售法》）规定，本法保护的对象为资讯弱势之一方当事人，即在金融商品交易之际，相对于金融机构的专业知识，一般而言，无论是自然人或法人，基本上属于资讯弱势的一方当事人。该法适用之对象，并不限于自然人。[②]

（2）金融消费者的界定是否仍应以“满足个人或家庭生活需要”这一主观因素为标准，目前也存在争论。

若依照《消费者权益保护法》的一般原理，购买金融商品的目的是满足个人或家庭的生活需要，以生产经营为目的购买金融商品的，不能成为消费者。但在金融消费领域，金融商品本身就以投资、获利为直接目的，即使借助生活消费的扩充解释将金融消费纳入其中，依然无法否认金融消费的这种特点。有观点主张以客观标准认定金融消费者，凡属于金融消费的，从服务商处取得金融商品或服务的人，无论是出于生活目的或其他目的，皆为金融消费者，从而主张将金融消费者界定为，“购买或使用金融机构提供的金融商品，享受金融机构提供的金融服务的社会成员”[③]。总之，金融消费者的内涵仍有待立法政策的进一步明确。

三、金融消费者法律保护的必要性

金融消费者问题是消费者问题在金融消费领域的具体化，具有消费者问题的一般属

---

① 参见杨良珍：《关于“金融消费者”概念之探讨》，载《黑龙江省政法管理干部学院学报》，2012（1），89～91页。

② 参见李峣：《金融消费者概念与完善金融消费保护》，载《北京政法职业学院学报》，2011（4），41页。

③ 叶林：《金融消费者的独特内涵——法律和政策的多重选择》，载《河南大学学报（社会科学版）》，2012（5），82～90页。

性。但由于金融行业的特殊性，以及金融消费者与金融行业经营者之间的实力悬殊等因素，需要对金融消费者予以特别保护。具体理由体现为以下三方面：

1. 金融市场信息不对称

充分信息是市场自由交易的重要前提。消费者由于不具备足够的专业知识，欠缺获取商品和服务信息的有效渠道，只能依赖金融业务经营者所提供的信息。随着金融创新与金融市场的发展，新的金融商品层出不穷，加剧了金融业务经营者与消费者之间的信息不对称。金融业务经营者跟消费者谈判并为之设计产品时，占据着信息和专业知识的优势与主导权，有可能在很大程度上误导消费者。例如，美国证监会指控高盛公司在抵押贷款证券上误导消费者，香港雷曼“迷你债券”风波等，这些事件皆源于金融业务经营者有意不向消费者充分说明金融商品的风险细节。① 这种信息不对称造成了金融市场交易双方利益失衡，有损于社会公平、公正的原则以及市场配置资源的效率。

2. 金融消费普遍使用格式合同

金融业务经营者在交易中为节省成本而普遍使用格式合同。格式合同不容协商的特性，使消费者的选择自由受到了限制。金融业务经营者掌握着金融商品的详细信息，由其制定的格式合同将会充分利用这种信息优势来增强其相对于消费者的优势地位。由于格式合同的使用是金融行业的普遍做法，不同金融业务经营者所提供的同一类型产品往往没有太大差异，消费者面对格式合同除了同意之外别无选择，法律所赋予的平等、自由在金融交易中便很难实现。

3. 金融消费侵害行为的社会危害较大

金融商品具有覆盖面广的特点，几乎所有人都会在生活中接触到金融商品。而侵害金融消费者权益的事件往往都不会是偶发的单独事件，所有购买同类金融商品的消费者都会受到侵害。如果消费者对金融行业失去信任，社会经济所必需的资金流通将受阻碍，国民经济将遭受损害。随着金融商品在个人和家庭财富中所占比例越来越大，金融业务经营者对金融消费者利益的损害也将在更大程度上波及人们的生活。

四、其他国家金融消费者保护的法律规范

1. 英国

在金融消费者保护领域，英国实行统一监管模式。2001 年 12 月 1 日实施的《金融服务和市场法案》成立了金融服务业的单一监管机构，即金融服务局（FSA）。FSA 的 4 项监管目标之一就是“确保消费者得到适当水平的保护”。FSA 肩负着保护金融消费者的职责，并对因金融机构破产而蒙受损失的消费者提供赔偿，向消费者提供咨询服务，出版金融消费者保护刊物，开展消费者调查。FSA 不直接受理消费者对金融业务经营者的投诉，由专门成立的金融调查服务部（FOS）负责解决客户与金融业务经营者投诉问题。2010 年 4 月，英国通过了《金融服务法案 2010》，授予 FSA 更广泛的权力，以打击少数金融业务经营者侵害消费者权益的行为。

2. 美国

美国在整体上实行金融业分业监管，但目前也设立了全国统一的消费者金融保护机

---

① 参见李红权、陈攀：《金融危机反思及金融产品消费者保护》，载《财经科学》，2012（1），18 页。

构，以保护消费者利益和维护金融市场稳定。20世纪60年代以来，美国金融消费者的保护主要包括信息披露、民事权利（如平等信贷机会）、消费者隐私保护、防止在信贷发放催收和报告过程中滥用权力等方面内容。[①]“次贷危机”发生后，2009年6月17日，奥巴马政府的《金融监管改革——新基础：重建金融监管》改革方案，强调“保护消费者和投资者免受金融滥用的损害”，建议设立一个统一的消费者金融保护机构，并制定更有力的规定，促进金融市场更加透明和公平，保障消费者和投资者获得合理的产品和服务。2010年7月，美国颁布《多德—弗兰克华尔街改革与消费者保护法案》，成立了独立的金融消费者保护机构——金融消费者保护局。

【小常识10—1】　何为“次贷”[②]

次贷，即“次级按揭贷款（subprime mortgage loan）”，是指一些贷款机构向信用程度较差和收入不高的借款人提供的贷款。“次”是指信用低，还债能力低。与传统意义上的标准抵押贷款相比，次贷对贷款者的信用记录和还款能力要求不高，贷款利率相应地比一般抵押贷款高很多，并采用浮动利率的方式偿还贷款，一旦次贷还款利率大幅上升，购房者的还贷负担加重；同时，若住房市场持续降温，购房者出售住房或者通过抵押住房再融资也会变得困难。这样，大批次贷的借款人不能按期偿还贷款，银行收回房屋，却卖不到高价，大面积亏损，引发了“次贷危机”。

3. 日本

在金融消费者保护领域，日本在统合规制的基础上，实现分类确定和类型化规制。[③]为使日本金融市场成为比肩纽约市场及伦敦市场的国际金融市场，日本从1996年开始推进金融系统改革，即“金融大爆炸”改革。目前，在金融消费者保护方面，已建立起事前防止和事后救济制度。事前防止制度主要包括对金融业务经营者提供信息的规制、广告的规制、个人信息管理的规制、不正当交易方法的规制等内容；事后救济制度主要包括存款保险制度、因伪造和盗窃银行卡与存折发生损失后的赔偿制度、针对使用盗窃存折及网上银行非正当提款的措施以及针对电话诈骗汇款的规定。这方面的法律、法规主要包括：(1)《银行法》及《银行法实施规则》，主要目的是考虑到银行业具有外部性和公共性，加强对存款人等的保护。(2)《金融商品交易法》、《金融商品交易法实施令》及《内阁府关于金融商品交易业等的法令》，主要目的是确保金融商品交易所的健康经营，确保公正发行有价证券及交易金融商品等；《金融商品销售法》，其主要目的是保护客户。(3)《消费者合同法》，鉴于消费者和银行业之间的信息不对称与协商能力的差距，对消费者权益予以保护。此外，还包括《防止不正当奖品及不正当表示法》、《个人信息保护法》、《在金融领域保护个人信息的有关指导方针》，等等。[④]

五、我国金融消费者保护的法律规范

改革开放以来，我国金融业发展迅速，出现大量面向普通消费者的金融商品，而消费

① 参见［美］肯尼斯·斯彭：《美国银行监管制度》，136页，上海，复旦大学出版社，2008。

② 关于美国“次贷危机”的介绍，参见http：//baike. baidu. com/link? url=gOh3rZzpgS-ddf2ttnZPtpSgzz5bdtXMIXzGCZVE9bKhASSWb_QV34Hy08MciJxFcDizZtFsxdHQTIgW9tZeHa，访问时间：2013-10-30。

③ 参见杨东：《我国金融消费者保护统合立法体系的构建——以日本的立法经验借鉴为视角》，载《社会科学》，2013（8），108～115页。

④ 参见温信祥：《日本金融消费者保护制度及其启示》，载《金融论坛》，2012（11），46～54页。

者对此普遍缺乏足够了解。金融业务经营者在向消费者推销产品时，大多倾向于夸大产品的优点，弱化可能存在的风险。消费者难免会对经营者提供的产品抱有过于乐观的期望而作出盲目选择。为加强金融消费者权益保护，我国已基本构建起包括《消费者权益保护法》、《商业银行法》、《保险法》、《证券法》等在内的金融消费者保护法律体系：

1.《消费者权益保护法》因尚未明确界定金融消费者，在实践中将引发能否适用的疑问；并且，除第28条明确规定了金融服务经营者的信息披露义务外，《消费者权益保护法》仅明确了消费者权益保护的一般性规范，难以满足金融消费者保护的特殊要求。例如，工商行政管理部门、消费者协会等的成员普遍不具备专业的金融知识，对金融交易缺乏足够的了解，难以为金融消费者提供充分、有效的保护。

2.《商业银行法》、《保险法》等其他法律、法规均不属于保护金融消费者权益的专门立法，保护金融消费者并非其直接目标，金融消费者的权利、金融业务经营者的义务也尚不明确、具体。例如，虽然我国《商业银行法》第三章对保护存款人的利益作了较为具体的规定，但这些规定都仅停留于对存款人和银行客户的保护，并没有明确提出对金融消费者进行保护；所涉及的具体保护措施也局限于存款安全及信息保密领域，对于现实中银行消费者受到侵害比较严重的知情权、公平交易权等都没有明确规定。为实现保险活动当事人之间的公平，《保险法》强化保险人说明义务、规范格式条款及其解释、强化保险人履约义务等，但这种努力由于消费者权益保护理念的不足，很难从根本上提升保险消费者的地位。

因此，为进一步加强金融消费者保护，我国应构建以金融消费者保护为核心的金融服务统合法律体系[①]，明确金融消费者的法律地位，明确保护金融消费者的基本原则，明确金融消费者的权利及金融业务经营者的义务，完善金融监管，完善金融消费争议处理机制，等等。

第二节 金融消费者的权利

一、金融消费者的安全权

安全权是金融消费者最基本的权利，它是指金融消费者在购买、使用金融商品或接受金融服务时享有人身、财产安全不受损害的权利。金融消费者的安全得到保障，是金融消费者从事金融交易的前提。

1. 金融消费者的人身安全。为保障金融消费者人身安全，金融业务经营者应保障其营业场所始终符合国家有关的安全、消防要求；对于容易导致消费者受到伤害的设施应予以明确警示，如在营业大厅明示“小心地滑”等。

2. 金融消费者的财产安全。为保障金融消费者的财产安全，金融业务经营者有义务确保金融消费者的存款、证券交易资金和股票等资产及相关信息的安全，不得擅自挪用客户资金，并采取必要措施避免因技术风险而导致的损失。金融业务经营者还应确保金融消费者能够获得可预期的结果，如果存在风险，这种风险必须是明示的、可预见的，不应源于

---

① 参见杨东：《金融消费者保护统合法论》，北京，法律出版社，2013。

金融业务经营者自身的疏忽或故意。①

二、金融消费者的知情权

在金融消费中，消费者应享有知悉其购买、使用的商品或者接受的服务的真实情况的权利，如了解利率、手续费、保险费、理财产品的特性，等等。金融业务经营者应向金融消费者履行信息披露义务和风险提示义务，且信息披露应符合全面、准确、及时有效、简单透明的要求。

1. 全面披露。全面披露包含两方面要求：（1）信息披露在时间上的持续性，即信息的披露应当贯穿金融交易合同缔结的前、中、后三个阶段。金融业务经营者在金融消费者购买之前、之时、之后均应履行相应的说明义务，以保证金融消费者在投资前、中、后的整个过程中都能够了解到其所购买的金融商品的信息。（2）信息披露在内容上的完整性，即信息披露的内容至少应包括产品的构成、属性、操作规则、投资建议、风险、收益以及收费标准，不能仅向金融消费者披露有利信息而不披露不利信息，不利的信息主要指的是风险性信息。金融业务经营者应在金融产品可能造成金融消费者本金亏损时向其披露相关风险，并应说明可能造成本金亏损的原因。例如，根据适合度规则（suitability rule），出券商及其关联人，应通过合理的努力获取并分析客户信息，以保证其有合理的理由确信其向客户推荐的投资策略适合该客户。②

2. 准确披露。准确披露是指金融业务经营者向金融消费者披露的所有信息的内容均应当是正确、真实的，不是虚假的、有误导性的、不正当的，从而确保金融消费者能够掌握并理解真实的信息，并依据自己对金融产品信息的准确理解作出理性的金融决策。

3. 及时有效披露。及时有效披露是指信息披露应当在规定的时间内或者必要的时间内进行，以保证金融消费者能够在第一时间了解其所购买金融产品的相关信息并及时作出相应的投资决策。

4. 简单透明披露。简单透明披露是指金融业务经营者对金融消费者的信息披露应当用通俗易懂的语言，使金融消费者易于理解；说明的形式和内容应当简单，以达到让金融消费者充分理解和知情的程度。③

三、金融消费者的隐私权

隐私权是自然人享有的对其个人的与公共利益无关的个人信息、私人活动和私有领域进行支配的一种人格权。金融消费者的隐私权是隐私权在金融消费领域的延伸，它是指金融消费者在购买、使用金融商品或者接受金融服务时享有个人信息、交易信息的支配权，不被非法收集、利用、公开，其个人生活安宁不受打扰的权利。其具体内容包括以下四个方面：

1. 金融消费者信息自由支配。金融消费者对于自己的个人信息享有支配权，有权决定如何使用自己的个人信息。在金融交易中，消费者有权决定是否向经营者提供个人信息，

---

① 参见焦洪宝：《论网络金融背景下金融消费安全的法律保护》，载《特区经济》，2012（6），244页。

② 参见马幸荣、马辉：《台湾地区金融消费者保护法适合度规则之检讨——基于对美国新适合度规则的反思》，载《河北法学》，2013（9），75～82页。

③ 参见彭真明、殷鑫：《论金融消费者知情权的法律保护》，载《法商研究》，2011（5），19页。

以及经营者可以在什么范围内使用其个人信息。经营者应当尊重消费者的这种支配权，不得在未经消费者允许的情况下获取、利用和披露消费者个人信息。

2. 金融消费者个人信息隐私。金融消费者的个人信息，是消费者在与金融业务经营者进行交易时所要提供的所有基本信息，一般包括金融消费者的姓名、性别、年龄、民族、职业、联系方式、婚姻状况、健康状况、教育背景、工作履历、财务状况等，会涉及交易内容并与消费者个人及其家庭密切相关的信息。

3. 金融消费者交易信息隐私。金融消费者在接受金融服务或者使用金融产品时的信件、电报、电话、传真以及其他任何形式的记录交易内容的信息，均属于消费者的交易信息隐私。金融交易信息反映了消费者的财产状况和交易特性等内容，如被滥用便有可能对消费者造成伤害，而这些信息往往都由金融业务经营者掌握，所以相关经营者负有保密的义务，不得滥用该信息。

4. 金融消费者生活安宁不受打扰。金融业务经营者不得在未经消费者允许的情况下利用自己手中所掌握的消费者个人信息，向消费者提供有关自己商品和服务的信息，打扰消费者的生活。掌握消费者个人信息的金融业务经营者也不得将信息提供给他人，以免消费者的生活受到其他经营者的打扰。

四、金融消费者的公平交易权与自主选择权

金融消费者享有公平交易与自主选择的权利，在购买金融商品或者接受金融服务时，有权获得公平交易条件，有权拒绝经营者的强制交易行为；金融业务经营者与消费者订立合同时，应本着公正、平等、诚实、信用的原则，不得强行向消费者提供服务，不得在合同中制定规避义务和违反公平的条款，不得对消费者实施歧视性措施。在我国，金融消费者权益保护更应强调，金融业务经营者不得实施歧视性措施，金融消费者在地理、评估、价格等方面应获得公平待遇。

1. 地理公平。如果金融消费者无法在生活和工作地就近获取金融服务，则不得不依赖公共交通系统到达相距较远的金融中介，这将影响其金融服务的公平获取。以银行业为例，我国银行业金融机构网点在城乡、区域分布上明显不均衡，相对而言，城市和东部发达省份银行业金融机构平均分布明显要高于农村和西部欠发达省份，金融的地理排斥明显存在。为此，应改善金融机构分布，实现金融服务在地理上的公平获取。

2. 评估公平。金融业务经营者往往通过风险评估程序限制部分金融消费者接近或者享受金融资源。我国城乡发展不平衡，农村地区的经济发展水平落后于城市，农民的收入总体水平较低并且波动性较大；与城市相比，农村信用环境较差，贷款发放往往缺乏有效、可靠的保障。金融业务经营者搜集和甄别农民贷款相关信息的成本较高，为控制风险，经营者对农民消费者的贷款发放大都采取了相对严格的风险评估，将部分农民消费者排斥于金融服务之外。为此，应采取公平、统一的评估标准，不得因职业、性别等信用之外的因素而有所差别对待。

3. 价格公平。如果金融商品价格过高，超出了某些金融消费者的偿付能力，就会将这些消费者排斥在金融服务之外。利率是资金价格的主要构成，但我国利率尚未实现完全市场化，贷款利率仍然以央行规定的基准利率为标准，在一定范围内上下浮动。为此，金融业务经营者应保障金融商品的价格公平，不得恣意调整贷款利率的上浮幅度，不得附加不

合理的交易条件。[①]

五、金融消费者的求偿权与监督权

金融消费者在金融消费过程中非因自己的故意或者过失而遭受人身、财产损害时，有向金融业务经营者提出赔偿请求的权利。求偿权是消费者在权益受到侵害时获得赔偿的法律依据，只有这项权利得到实现，保障消费者合法权益的目标才不至于落空。

金融消费者还享有对金融商品、金融消费者权益保护工作进行监督的权利。监督权是保护金融消费者权益必不可少的武器，通过消费者对金融商品和金融服务的监督，可以及时发现金融市场上存在的侵害消费者合法权益的行为，为行政执法机构的执法提供指引；通过消费者对有关国家机关及其工作人员的监督，可加强金融消费者权益保护的执法力度，防止执法力量懈怠、推脱、逃避职责，更能有效防止腐败的滋生。

金融消费者求偿权与监督权的实效性，将取决于金融消费者权益保护机制的有效运行，内容涉及金融监管制度、消费者权益保护行政执法制度以及民事诉讼制度的不断完善，如建立统一的金融消费者保护机构、优化金融消费纠纷解决机制、提升金融消费纠纷民事诉讼制度的效率，等等。由于金融消费者权利仍处于体系构建的过程之中[②]，尚未形成较为成熟的权利谱系，因此，金融消费者求偿权与监督权的切实保障，对于金融消费者权利体系的不断发展具有非常重要的意义。

第三节　金融业务经营者的义务

一、不得侵害金融消费者安全权

安全权是金融消费者最基本、最重要的权利，金融业务经营者作为金融商品和金融服务的提供者应当保证金融消费者的人身、财产安全不受到损害，金融业务经营者对金融消费者负有安全保障的义务。

实践中，因金融业务经营者未尽到安全保障义务，而使金融消费者的人身、财产安全受损的事件时有发生。例如，2005年，中国银行哈尔滨市某支行分理处原主任高某卷走存款6亿元逃至加拿大，暴露了银行在保障资金安全方面存在的巨大漏洞。[③] 此外，银行在身份审查上没有采取有效的措施，ATM、POS机等机器安全措施不完善等，这些问题导致消费者资金被冒领、银行卡被“克隆”、信用卡和身份证被盗等案件频频发生。随着互联网等技术的发展，电子支付、网上银行等新型银行业务的发展，对银行安全性的要求更高，而许多银行安全措施不到位或者系统得不到维护，导致客户网上银行密码被泄露、因系统故障而不能进行交易，造成客户财产损失。在证券交易领域，客户交易资金被挪用的事件也经常发生，虽然受害人未必都是金融消费者，但是却暴露出了对金融消费者财产安全的潜在隐患。

---

① 参见于春敏：《论金融消费者的公平金融服务获得权》，载《财经科学》，2012（7），34～41页。

② 参见唐应茂：《金融消费者有什么权利？——也谈美国2010年〈消费者金融保护法〉》，载《比较法研究》，2013（4），106～115页。

③ 参见《东北高速失踪存款行责任人高山携款6亿逃加拿大》，http：//news.sina.com.cn/c/2005-01-24/09254928382s.shtml，访问时间：2013-10-30。

对此，《消费者权益保护法》要求，银行等经营场所的经营者，应当对消费者尽到安全保障义务。经营者发现其提供的商品或者服务存在缺陷，有危及人身、财产安全危险的，应当立即向有关行政主管部门报告和告知消费者，并采取停止销售、警示、召回、无害化处理、销毁、停止生产或者服务等措施。最高人民法院《关于审理人身损害赔偿案件适用法律若干问题的解释》第6条规定，从事住宿、餐饮、娱乐等经营活动或者其他社会活动的自然人、法人、其他组织，未尽合理限度范围内的安全保障义务致使他人遭受人身损害，赔偿权利人请求其承担相应赔偿责任的，人民法院应予支持。

【案例10—1】　因银行经营场所的安全保障引发的人身损害赔偿纠纷①

2004年11月20日15时，储户李某到沈阳市B支行（以下简称B支行）某储蓄所办理储蓄业务，在办理完业务准备离开时，途经所内两级台阶，在下第一级台阶时，不慎摔倒，造成头部右侧损伤，并有出血。2004年12月15日上午9点，储户董某到某国有银行北京市某支行下属的某储蓄所办理养老金支取手续时，由于人数众多，被挤倒在营业厅门口，后被送往医院治疗，诊断为右股骨粗隆骨折，并因诱发冠心病于2005年1月5日去世。

二、不得侵害金融消费者知情权

金融市场存在着较大的信息不对称，金融消费者缺乏进行交易所需的充分信息，因此，应保障金融消费者知情权，使其能够对金融交易有足够的理解。实践中，损害金融消费者知情权的案件也经常发生，严重损害了金融消费者的合法权益。例如，银行在金融商品宣传、销售过程中，存在着夸大预期收益、隐瞒投资风险、不按照认购协议或产品说明擅自对客户进行宣传和承诺、宣传和承诺与实质交易内容不符等问题；有的银行对产品风险提示不足，将风险抽象化、模糊化或者在广告和宣传中故意不提风险，或将风险提示置于不显著的位置，突出产品收益率等；甚至还有的银行在销售中进行欺骗性和误导性宣传。这些不当销售和误导性宣传使金融消费者对产品的风险和收益产生误解，从而据以作出信息不充分的投资决策。

为保护金融消费者的利益和交易安全，《消费者权益保护法》要求：经营者向消费者提供有关商品或者服务的质量、性能、用途、有效期限等信息，应当真实、全面，不得作虚假或者引人误解的宣传。经营者对消费者就其提供的商品或者服务的质量和使用方法等问题提出的询问，应当作出真实、明确的答复。与此同时，《消费者权益保护法》特别规定，提供证券、保险、银行等金融服务的经营者，应当向消费者提供经营地址、联系方式、商品或者服务的数量和质量、价款或者费用、履行期限和方式、安全注意事项和风险警示、售后服务、民事责任等信息。

【案例10—2】　“银广夏”虚假陈述案②

“银广夏”通过虚假确认电视片广告收入、拍摄费用，虚构售房收入等手段虚增利润；采用多计资本化利息费用、少计经营费用、多提折旧、收取高额利息等方式“做大”利润

---

① 参见程武龙：《从两起人身损害赔偿纠纷看银行经营场所的安全保障工作》，载北大法律信息网，访问时间：2013－10－30。

② 资料来源：http：//news.xinhuanet.com/newscenter/2002－05/26/content_408962.htm，访问时间：2013－10－30。

等。1998年至2001年期间，累计虚构销售收入104 962.6万元，少计费用4 945.34万元，导致虚增利润77 156.7万元，其中，1998年虚增利润1 776.1万元，1999年、2000年、2001年上半年分别虚增利润17 781.86万元、56 704.74万元、894万元，当期实际亏损分别为5 003.2万元、14 940.1万元、2 557.1万元。此案一经揭露，众多受损的股东纷纷提起对“银广夏”的虚假陈述侵权赔偿诉讼。截至2007年2月14日，“银广夏”与八百余名中小股东持续6年之久的“虚假陈述民事诉讼案”才告终结。

三、不得侵害金融消费者隐私权

在金融交易的过程中，金融业务经营者会要求消费者提供多种个人信息，其中不乏身份证号码、联系方式、通讯地址、工作单位、婚姻家庭状况等涉及金融消费者隐私的信息。上述信息可能是进行相关金融交易所必需的，但由于其所具有的潜在价值而常常被许多推销者觊觎。实践中，银行时常会把消费者的相关信息擅自提供给其他经营者。如保险借助银行信用卡客户信息“嫁接”销售模式，其实质就是银行与保险公司联合推出依托银行信用卡业务，通过在银行营业场所内现场销售或通过电话呼叫中心联系客户等方式，向信用卡持卡人推销保险。

此外，不安全的银行系统，也将导致消费者隐私权被侵犯。信息技术和网络银行的发展使得金融机构面临交易系统被非法入侵、传输过程中信息被非法窃取或篡改、账户被非法盗用等问题。如2007年，由于信息安全漏洞，美国发生了恶意黑客窃取约四千万信用卡账户资料的事件。这是有史以来最严重的信息安全案件。① 为了扩展业务，金融业务经营者也会试图通过不正当手段获取金融消费者的个人信息，向其投放广告、发送短信等，打扰消费者正常生活。

因此，为了保护消费者安全和免受骚扰，2013年《消费者权益保护法》修订时吸收了国外相关经验并明确规定：经营者收集、使用消费者个人信息，应当遵循合法、正当、必要的原则，明示收集、使用信息的目的、方式和范围，并经消费者同意。经营者收集、使用消费者个人信息，应当公开其收集、使用规则，不得违反法律、法规的规定和双方的约定收集、使用信息。经营者及其工作人员对收集的消费者个人信息必须严格保密，不得泄露、出售或者非法向他人提供。经营者应当采取技术措施和其他必要措施，确保信息安全，防止消费者个人信息泄露、丢失。在发生或者可能发生信息泄露、丢失的情况时，应当立即采取补救措施。对此，《商业银行法》也作出了相应的规定，银行负有为储户保密的义务，不应泄露储户的开户信息。若因此导致储户受到损失的，银行将承担侵权的民事赔偿责任。

四、不得侵害金融消费者公平交易权

金融消费者在交易中享有公平交易的权利，而其交易地位的实质不平等使得这一权利在现实中受到很大的挑战。由于格式合同在金融交易中的广泛使用，金融消费者在交易处于极为被动的局面，很难进行公平交易。

在银行交易中涉及大量的格式条款，银行常利用其优势地位，利用格式条款、免责条

① 参见姜承秀：《论金融消费者隐私权的保护》，载《江西财经大学学报》，2010（2），107页。

款免除自己的责任、转嫁风险，如将第三方引发的诸多风险和损失转嫁于消费者。在保险业中也存在大量的“霸王条款”，“高保低赔”便是其中之一。所谓“高保低赔”，是指保险公司先按照不存在的价值收保费，消费者理赔时又不予赔付。银行确立的不可抗力因素引发的损失分配机制，往往对消费者不利，如因为地震、战争等引发的不安全性损失均由消费者承受。此外，银行还常在协议或服务章程中规定，收费项目和收费标准的制定和调整或者服务章程的修改，由银行单方面决定并公告，自正式执行日期对消费者有效或者消费者未提出销卡的，自公告期满对消费者有效等。这种单方面修改可能影响消费者权利的条款的做法，因缺乏协商和充分告知程序而损害消费者公平交易权。

为此，《消费者权益保护法》明确要求，经营者不得以格式条款、通知、声明、店堂告示等方式，作出排除或者限制消费者权利、减轻或者免除经营者责任、加重消费者责任等对消费者不公平、不合理的规定。

【案例 10—3】 宁波周某海理赔案①

浙江宁波的周某海 2001 年花 14 万元买了一辆新车并连续 9 年在中国人民财产保险股份有限公司宁波市海曙区支公司进行了投保。从 2001 年开始直到 2009 年，8 年时间，周某海的车每年的保险费都是按新车购置价 14 万元全额计价缴付，其中车头部分是以新车价 88 920 元作为保险金额。2009 年，这辆车发生车损事故。宁波市价格认定中心对车辆损失作了评估，认定车头部分损失为三万六千多元。事故结案后，周某海向保险公司索赔，但业务员却告知，车头部分要按折旧来计算赔款，只能赔 20 896.20 元，这和实际修理费相差了近 1.6 万元。原来保险公司经计算得出，周某海的车在出事故时车头部分实际价值只值 20 896.2 元，所以根据保险条款中车损事故赔偿不能超过车辆实际价值的规定，只能赔周某海 20 896.2 元。在“高保低赔”的情形下，保险公司让车主投了超出有效范围的保险，一旦出险就说超出车辆实际价值的投保无效；如果车主根本没出险，或者出的险理赔金额根本没达到车辆实际价值，保险公司就把根本无效的保险金额所对应的保险费白白装进了自己的口袋。

第四节 法律责任

对于侵犯金融消费者合法权益的金融业务经营者或其他主体，我国主要适用《消费者权益保护法》、《侵权责任法》等一般性规定。与此相关的特别规定主要集中于如下几个方面：

一、民事责任

金融法针对各种侵害金融消费者权益的行为，设置了以赔偿损失为主要承担方式的民事责任，如《商业银行法》第 73 条，《证券法》第 69 条、第 76 条、第 77 条和第 79 条。此外，还明确规定，民事赔偿责任优先于行政责任与刑事责任。如《证券法》第 232 条规定，违反本法规定，应当承担民事赔偿责任和缴纳罚款、罚金，其财产不足以同时支付时，先承担民事赔偿责任。

---

① 资料来源：http：//finance. sina. com. cn/consume/puguangtai/20110327/12509599308. shtml，访问时间：2013－10－30。

二、行政责任

金融法对涉及金融消费者权益保护的行政责任作出了较为细化的规定。例如，《银行业监督管理法》第五章"法律责任"，规定了取缔、责令改正、没收违法所得、罚款、责令停业整顿、吊销其经营许可证等行政责任；对银行业监督管理机构从事监督管理工作的人员设置了行政处分；对于阻碍银行业监督管理机构工作人员依法执行检查、调查职务的，由公安机关依法给予治安管理处罚。《商业银行法》第八章"法律责任"规定了责令改正、没收违法所得、罚款、责令停业整顿、吊销其经营许可证、取缔等行政责任；对商业银行工作人员规定了纪律处分。《证券法》第十一章"法律责任"规定了责令停止发行、取缔、罚款、没收违法所得、责令改正、暂停或者撤销相关业务许可、行政处分等行政责任。《保险法》第七章"法律责任"规定了取缔、没收违法所得、罚款、责令停业整顿、吊销业务许可证、限制业务范围、责令停止接受新业务、责令改正、行政处分等行政责任。

三、刑事责任

《银行业监督管理法》、《商业银行法》、《证券法》、《保险法》均对金融企业及其工作人员、相关国家机关工作人员的刑事责任作了规定。我国《刑法》"破坏社会主义市场经济秩序罪"一章中规定了"妨害对公司、企业的管理秩序罪"、"破坏金融管理秩序罪"、"金融诈骗罪"。这些规定涉及违规披露信息，擅自发行股票、债券，内幕交易，编造、传播证券市场虚假信息，操纵证券市场等多种严重侵害金融消费者权益的行为。

【经典书目】

1. 陈洁. 投资者到金融消费者的角色嬗变. 法学研究，2011（5）

2. 顾肖荣，陈玲. 试论金融消费者保护标准和程序的基本法律问题. 政治与法律，2012（6）

【思考题】

1. 简述金融商品与金融服务的特点。
2. 简述保护金融消费者的理由。
3. 简述我国金融立法对于保护金融消费者的现状。
4. 简述金融消费者隐私权的内涵。
5. 简述侵害金融消费者公平交易权的表现形式。
6. 案例分析：

南京市民郭先生曾在民生银行南京分行申领过信用卡，后来注销了。但是2011年5月他意外发现，该行在他注销信用卡后仍以信用卡审批和贷款审批的名义，两次未经他授权向中国人民银行南京分行查询他的个人信用信息。民生银行南京分行给予的解释是"二次开发客户"，郭先生不能接受，以隐私权受到侵犯为由起诉到法院。

民生银行南京分行承认曾两次未经授权查询郭先生的信用记录，但基于4点理由认为此举不构成侵权。首先，该行认为信用记录中包含的工作单位、联系电话、家庭住址等信息具有一定的社会属性，不能称为个人隐私。其次，郭先生曾在该行办过4张信用卡和1张借记卡，并在办卡时留下过个人信用信息，该行如要侵权，使用这些信息即可，无须查询银行征信系统再次获取。再次，该行是出于对客户进行二次开发的目的，才对郭先生的征信信息进行查询，虽然未经授权就进行查询，违反了中国人民银行的管理规定，但主观上不存在侵权故意。最后，该行获取信息后没有进行宣扬和披露，其查询行为也不具有任何侵害后果，根据法律规定的侵权构成要件，没有侵害后果，不能认定侵权。

请思考：本案被告“获取信息后没有进行宣扬和披露”的答辩是否合理?

第十一章 电子商务消费者保护制度

内容摘要

电子商务通常仅限于以因特网为运行平台进行的商事交易活动，大致包括B2B、B2C和C2C三类。电子商务消费者主要是B2C电子商务中不以生产经营为目的购买、使用商品或者接受服务的自然人。电子商务有助于降低流通成本和信息获取成本，将给消费者带来价格降低、信息不对称的差距缩小等好处。但它还将导致交易对方身份虚拟、信息过剩与信息不真实、交易过程不确定性程度较高等问题，又可能提高消费者交易成本、拉大信息不对称的差距、加重消费者行为偏见。电子商务经营者应保障真实信息的获取方式是清晰、显著、准确且易于获取的，不得作出欺诈、误导、虚假或不正当的商业行为，应采取技术措施和其他必要措施，确保个人信息安全。我国电子商务消费者保护法律体系以《消费者权益保护法》为核心，内容涉及《电子签名法》、《互联网信息服务管理办法》等诸多法律、法规。

第一节 电子商务消费者保护概述

一、电子商务及其特点

1. 电子商务的概念

我国法律实践中，存在着“电子商务（electronic business）”、“网上交易（web business）”、“网络交易（network transaction）”、“在线交易（on-line transaction）”等用以指称商务活动信息化的不同术语，但各自的内涵和外延并不一致：

（1）“电子商务”指涉的范围最广，是指“基于互联网技术和网络通信手段进行货物或服务交易，并提供相关服务的商业形态”①。这种最广义的界定涵盖了“通过计算机网络

① 国家标准《电子商务模式规范》(SB/T10518—2009)。

及物流电子化和自动化工具，实现从企业生产、管理，到销售、服务，再到个人教育、娱乐和政府行为等所有现代意义的商务活动的全过程”[①]。并且，“电子商务”所涉及的技术手段也涵盖一切电子技术手段，如电讯、数字、磁力、无线、光学、电子技术，以及与之相关或相似的技术。

(2)“网上交易”[②]、“网络交易”[③] 或“在线交易”[④] 所指涉的范围较窄，仅指以因特网为运行平台进行的商事交易活动，包括货物交易、服务交易和知识产权交易，也多被称为狭义的“电子商务”。从消费者权益保护角度来考察，电子商务通常仅限于狭义的以因特网为运行平台进行的商事交易活动，多属于《电信条例》(2000年)中的“增值电信业务”[⑤]。

2. 电子商务的特点

狭义电子商务的技术平台是因特网。从纯粹的技术角度看，因特网具有开放性、数字化、虚拟性和电子化的特点：(1) 开放性是指，因特网中的各个逻辑节点都可以通过一定的协议自由地与该网络中的任何其他逻辑节点进行信息交流，实现信息共享；(2) 数字化是指，以数理逻辑为基础的数字化技术具有逻辑能力，从而实现了由自动化向互动化的过渡，实现交互性；(3) 虚拟性（即非现实性）是指，表面上因特网的主体以网址的方式存在，主体之间的交往是非身份化的，其真实身份隐匿、无形，从而导致了主体行为自由与责任的不对称；(4) 电子化是指，因特网中信息载体电子化，并且传输电子化，速度快、高效率，具有实时性。

这些不同于传统商务的技术特性，决定了电子商务具有如下特点：

(1) 交易范围具备突破时空限制的可能性。开放性与电子化可以为电子商务提供上述能力。

(2) 个性化服务更为普遍。数字化技术可以使因特网进行逻辑运算，从而可对每个客户进行身份识别，并保留其相应交易记录。以 cookie 为例，在访问网站时，访问者的浏览器会自动生成一个记录（即 cookie），保存于访问者硬盘的 cookie 文件夹中。同时，网站服务器也建立一关于该记录的账户。当访问者再次访问该网站时，访问者的浏览器会发送 cookie 到网站服务器，然后网站服务器便根据该账户的记录确定其偏好，对其进行个性化服务。

(3) 交易费用降低，但降低程度受产品特性的影响。信息载体电子化可以缩短信息交流的时间与成本。虚拟化与信息传输电子化，可以缩短生产商与最终消费者之间的距离，减少交易环节。但交易费用的降低受产品特点的影响很大，如其对钢铁产品的影响与对音

---

① 吕兴焕：《电子商务定义的重新界定》，载《天中学刊》，2004 (2)，31 页。

② 《商务部关于网上交易的指导意见（暂行）》（商务部公告 2007 年第 19 号）。

③ 国家标准《网络交易服务规范》(SB/T10519—2009)。

④ 张楚主编：《电子商务法》，3 版，5 页，北京，中国人民大学出版社，2011。

⑤ 《电信条例》将电信业务分为“基础电信业务”和“增值电信业务”。基础电信业务，是指提供公共网络基础设施、公共数据传送和基本话音通信服务的业务，包括固定网络国内长途及本地电话业务，移动网络电话和数据业务，卫星通信及卫星移动通信业务，互联网及其他公共数据传送业务，带宽、波长、光纤、光缆、管道及其他网络元素出租、出售业务，网络承载、接入及网络外包等业务，国际通信基础设施、国际电信业务，无线寻呼业务，转售的基础电信业务。增值电信业务，是指利用公共网络基础设施提供的电信与信息服务的业务，包括电子邮件，语音信箱，在线信息库存储和检索，电子数据交换，在线数据处理与交易处理，增值传真，互联网接入服务，互联网信息服务，可视电话会议服务。

频产品的影响之间，可以说基本没有可比性。

（4）边际成本递减，或者边际收益递增。边际收益递减规律是由于固定要素相对于可变要素减少而造成的。虚拟性与电子化决定了电子商务中无形资产，尤其是知识产权，相对于有形资产更重要。电子商务中固定要素不会相对于可变要素而减少，其结果容易导致边际收益递增，以及边际成本相对于固定成本趋于零。

（5）创新率高，变化快，发展不确定。电子商务中无形资产成为最重要的生产要素，技术进步与创新对于企业发展就更重要，结果导致整个电子商务行业创新率提高，变化更快，发展具有不确定性。同时，信息传输电子化使得电子商务市场更透明，竞争者和消费者获取信息的可能性增大，故其对市场的反应更快。

（6）消费外部性。消费外部性，也可称为网络效应或消费上的规模经济，即在一定程度内，公司产出越大，产出的产品对顾客而言就越有价值。

以上特点使得电子商务有助于降低从生产起点到消费终点间各迂回环节的生产成本与流通成本。

二、电子商务对消费者的影响

对于消费者而言，电子商务不仅可以通过扩展交易范围、更有效地提供更多产品及价格信息，保障消费者获得足够的信息，缩小消费者与经营者间信息不对称的差距；而且，可以通过降低流通成本而使消费者享受更低的产品价格；更可通过提供个性化服务而提高产品或服务的质量。消费者将因流通成本以及信息获取成本的降低而获得价格降低、信息不对称的差距缩小等好处。然而，电子商务这种新的消费方式与传统消费方式不同，消费者主要通过经营者提供的图片、画面或者文字等选择商品，难以辨别商品的真实性，容易受到不当宣传的影响，因此，电子商务也不可避免地存在如下潜在负面影响[①]：

1. 交易成本大幅提升。从纯技术的角度看，电子商务交易双方交互方式的电子化和数字化，有助于减少交易环节、提高交易效率、降低交易成本。但同时，交易主体的虚拟性、合同形式的电子化、合同订立过程的电子化、产品信息的非实物性、支付手段的电子化等所导致的交易风险，又将使消费者始终处于对交易对象、交易过程、支付过程等的担心之中。这种不确定性及其克服，将大幅提升电子商务消费者的交易成本，使得电子商务在整体上提高了交易成本。

2. 信息不对称的差距被拉大。从电子商务中广告、促销等商业行为的角度看，虽然消费者可获得大量信息，但这些信息的真实性处于不确定之中；不仅如此，经营者还多采取垃圾邮件、网络广告、虚假宣传等手段抛给消费者海量信息，造成消费者审查信息的可能性和效率的大幅降低，进而继续拉大信息不对称的差距。

3. 消费者行为偏差被强化。从消费者对电子商务的认知和偏好来看，电子商务交易过程的技术性和专业性较高，消费者认知电子商务运作模式的成本提高，更容易强化电子商务的风险而弱化电子商务的好处；并且，消费者个人信息被侵害的可能性不断提升，侵害方式更具隐蔽性和技术性，消费者寻求救济的成本并未大幅降低。这些也将强化消费者对电子商务负面因素的认知，总体上强化消费者对电子商务的行为偏差，降低消费者运用电

① See Rothchild, John A., "Protecting the Digital Consumer: the Limits of Cyberspace Utopianism", *Indiana Law Journal*, Vol. 74, No. 3, 1999. Available at SSRN: http://ssrn.com/abstract=139452.

子商务的信心和能力。

因此，电子商务在给消费者带来好处的同时，还可能给消费者带来损害，更可能阻碍消费者充分享有这些好处。为了在电子商务中降低消费者交易成本，缩短信息不对称的差距，提升消费者运用电子商务的信心和能力，仍需国家在电子商务中履行经济管理职能，保障消费者权益。

三、电子商务经营者与消费者的概念

1. 电子商务交易模式

按照交易主体的不同，电子商务可具体细分为：企业（或其他组织机构）之间（Business to Business，简称 B2B）、企业（或其他组织机构）和消费者之间（Business to Consumer，简称 B2C）、消费者之间（Consumer to Consumer，简称 C2C）。目前，我国电子商务主要包括 5 种模式，即 B2B 网上交易、B2B 网上交易市场、B2C 网上商厦、B2C 网上商店、C2C 网上个人交易市场：

（1）B2B 网上交易，即指企业（或其他组织机构）法人或法人委派的行为主体在互联网上建立网站，向其他企业（或其他组织机构）法人或法人委派的行为主体提供实物和服务的电子商务平台。

（2）B2B 网上交易市场，即指提供给企业（或其他组织机构）法人或法人委派的行为主体间进行实物和服务交易的，由第三方经营的电子商务平台，如阿里巴巴。

（3）B2C 网上商厦，即指提供给企业（或其他组织机构）法人或法人委派的行为主体在互联网上独立注册、开设网上商店，出售实物或提供服务给消费者的，由第三方经营的电子商务平台，如天猫商城。

（4）B2C 网上商店，即指企业（或其他组织机构）法人或法人委派的行为主体在互联网上独立注册网站、开设网上商店，出售实物或提供服务给消费者的电子商务平台，如当当网、京东网等。

（5）C2C 网上个人交易市场，即指提供给个人间在网上进行实物和服务交易的，由第三方经营的电子商务平台，如淘宝网。

近年来，电子商务领域还出现了 B2B、B2C、C2C 电子商务模式的一种特殊营销形式，即 O2O（Online to Offline），如街库网、饿了么。O2O 这种营销模式，采用线上推广商品或服务，与线下销售相结合的方式，使得消费者可通过线上来筛选需求，在线预订、结算，但在线下进行交易、消费。

2. 电子商务经营者

电子商务经营者主要包括 B2B 网上交易提供者、B2B 网上交易市场提供者、B2C 网上商厦提供者、B2C 网上商店提供者、C2C 网上个人交易市场提供者、商户和在线支付服务提供者。其中，B2B 网上交易市场、B2C 网上商厦和 C2C 网上个人交易市场等这些在电子商务活动中为交易双方或多方提供交易撮合及相关服务的信息网络系统总和，被称为“第三方电子商务交易平台”；相应地，B2B 网上交易市场提供者、B2C 网上商厦提供者、C2C 网上个人交易市场提供者，被称为“第三方电子商务交易平台经营者”。租用电子商务平台进行经营活动的法人、法人委派的行为主体、其他组织机构或自然人，被称为“商户”。

3. 电子商务消费者

电子商务消费者保护所涉及的“消费者”主要指 B2C 电子商务中，不以生产经营为目的购买、使用商品或者接受服务的自然人。例如，1999年《OECD电子商务消费者保护指南》[①] 将其适用范围仅限于B2C电子商务，并明确排除B2B电子商务。至于C2C电子商务中不以生产经营为目的购买、使用商品或者接受服务的自然人，是否应与B2C电子商务中消费者受到同等保护，目前尚无共识。2010年《OECD提升电子商务消费者能力会议：加强互联网经济中的消费者保护》报告提出，虽然C2C中以生产经营为目的的自然人是否应被视为B2C中的经营者仍需讨论，但其应承担与B2C中经营者相同的信息披露义务。[②] 因此，电子商务消费者主要是指B2C电子商务中不以生产经营为目的购买、使用商品或者接受服务的自然人，仅在某些具体情形（如讨论第三方电子商务交易平台、在线支付提供商的义务）时才涵盖C2C电子商务。

第二节　电子商务消费者的权利

一、电子商务消费者的知情权

电子商务中，《消费者权益保护法》中知情权的内容主要具体化为，真实信息的获取方式应当清晰、显著、准确且易于获取，真实信息的内容应涉及交易方、交易产品或服务、交易条件、交易过程等。（1）消费者应能够有效地识别交易方，能够与交易方进行迅速、简单、有效的交流，能够合理、正当地解决纠纷等。（2）消费者应能够清楚地识别广告与销售行为，否则便应被认定为消费者被欺诈或被误导。（3）消费者应能够获得关于产品或服务的准确信息，进而能够有效地决定是否进行交易，并能对这些信息进行恰当的记录。（4）消费者应能够获得关于合同条款、交易成本等的有效信息，进而能够作出关于是否交易的信息充分的决定。涉及消费者权利和义务的条款，应使用对普通消费者而言易于理解的直白陈述。（5）在合同成立之前，消费者应能够撤销交易，能够准确地识别其希望购买的产品或服务，能够识别并纠正错误或修改订单，能够对交易作出信息充分且深思熟虑的决定，能够保留完备、准确的交易记录。

二、电子商务消费者的公平交易权与自主选择权

电子商务中，《消费者权益保护法》中公平交易权和自主选择权的内容主要具体化为，电子商务经营者不得作出欺诈、误导、虚假或不正当的商业行为，不得使用不公平的合同条款。电子商务经营者典型的不正当商业行为包括两大类：

1. 误导性商业行为（misleading commercial practices），包括误导性的行动（misleading actions）和误导性的省略（misleading omissions）。尤其是利用消费者特定的心理误导消费的商业行为，如利用消费者爱美、追求健康的心理误导消费，利用消费者对专家或媒体更信任的心理误导消费，利用消费者迷信、爱婴、注重环保等特殊心理误导消费，等等。

2. 侵犯性商业行为（aggressive commercial practices），即以羞辱、骚扰或造成不当影响等方式逼迫、误导消费的行为。例如，制造某种印象，使消费者以为如果不签订合同就

---

① OECD Guidelines for Consumer Protection in the Context of Electronic Commerce (1999), Part One Scope.

② OECD Conference on Empowering E-consumers: Strengthening Consumer Protection in the Internet Economy, DSTI/CP (2010) 2/FINAL, p. 5.

不能离开其经营场所；私自到消费者的家里，而不顾消费者的意愿；用电话、传真、电子邮件或其他远程媒介不停地并且使人厌烦地推销；制造消费者已经赢得、将要赢得或作出某行为就会赢得奖励或相当的利益的假象，而实际上不存在奖励，或消费者必须付费以领取该奖励，等等。

三、电子商务消费者的隐私权与安全保障权

电子商务中，《消费者权益保护法》中隐私权和安全保障权的内容主要具体化为：电子商务经营者应采取技术措施和其他必要措施，确保个人信息安全；个人数据的收集、共享和使用方式应当是透明的，应获得消费者的同意。尤其是在线支付过程中，电子商务经营者应提供易于使用的、在所有环境下都能保障支付安全的支付系统，并提供关于支付系统安全等级的相关信息；在经营者未履行合同的情况下，支付系统还应当能够实现有效的退款机制。例如，欧盟1997年《远程合同中消费者保护指令》第8条规定：如果消费者的支付卡发生与电子合同相关的错误使用，那么消费者可以不受惩罚地要求取消该支付。而且消费者必须再将所支付的数目记入贷方，或者恢复错误使用前的状态。《OECD关于在线支付和移动支付中的消费者保护研讨会：讨论摘要》［DSTI/CP（2011）11/FINAL］指出：支付系统的安全保障权要求经营者、网络交易平台提供商、网络支付平台提供商应当共同承担安全保障义务；尤其是网络交易平台提供商和网络支付平台提供商，应为消费者取消未经授权的支付，应为消费者提供易于使用且免费的争议解决机制，应为消费者提供关于支付程序、支付风险、支付争议解决机制、与支付相关之消费者权利与义务的教育等。

四、电子商务消费者的依法求偿权与消费教育权

电子商务中，《消费者权益保护法》中依法求偿权的内容主要具体化为，消费者权益保护实施机制的及时、便捷，强调电子商务消费者在不付出过度成本或非必要负担的情况下获得救济。例如，2007年《OECD关于消费者争议解决与救济的建议》提出，消费者不应承担不必要的成本，应能够获得关于救济程序的清晰的、可理解的、准确的信息，并能够尽可能地在没有法律代理人或法律援助的情况下实现救济，等等。

而消费教育权则强调政府、经营者和消费者组织向电子商务消费者提供的教育，应有助于消费者作出信息充分的决定，有助于提高消费者保护意识，等等。《OECD委员会消费者政策中的消费者教育政策建议》［DSTI/CP（2009）5/FINAL］提出：为提升消费者运用电子商务的能力，消费者教育应目标明确，并且该目标应结合电子商务的发展而不断修订；应为消费者理解数字媒介的架构和概念体系提供必要的基础，包括网上交易市场的功能、电子商务的销售技术、消费者网上购物所使用的工具、消费者在电子商务中的权利与义务、新兴技术的好处及风险等。

第三节 电子商务经营者的义务

一、合同订立前交易主体的识别

电子商务交易主体多以网站的方式表现，交互方式是非身份化的，具有虚拟性；网络

行为活动，尤其是那些纯粹的“网上行为活动”，具有无法直观可见、可感的虚拟形态特征。只有保障消费者能够识别虚拟交易主体与现实主体之间的一一对应关系，才能有效保障消费者对于交易主体的知情权，并防止消费者对电子商务的行为偏差，提升消费者使用电子商务的信心。对此，鉴于电子商务经营者主要通过网站提供服务，网站习惯上多被理解为电子商务经营者的代称，我国主要通过网站管制制度来实现交易主体的识别。

1. 网站的设立方式

网站这一概念多使用于万维网之中。与互联网、局域网或因特网不同，万维网并非某种特殊的实体计算机网络，而是一个大规模的、联机式信息储藏所；它是在某种特殊计算机网络（如因特网、某个局域网等）上运行的服务或信息系统。万维网的工作方式是，用链接的方法从网络中的一个站点访问另一个站点。它以客户服务器方式工作，即客户程序向服务器程序发出请求，服务器程序向客户程序送回客户所要的万维网文档，然后在一个客户程序主窗口上显示出被称为页面的万维网文档。在该过程中，需要解决以下几个问题：(1) 如何对整个因特网上的资源予以统一的定位、标识？(2) 如何实现相互之间的链接功能？(3) 如何使不同风格的文档能在不同主机上运行？(4) 如何方便地找到资源？

对于第一个问题，采用“统一资源定位符”(URL) 对所有的文档予以统一的标识。URL的格式为：〈访问方式〉：//〈主机〉：〈端口〉/路径。其中，〈主机〉部分通过域名来标识。对于第二个问题，采用HTTP协议来解决，通过浏览器来实现。对于第三个问题，采用一种统一的语言来实现，如HTML。对于第四个问题，可借助搜索工具，如百度、谷歌等搜索引擎。如此，一台普通的主机若想通过万维网的方式与其他主机进行信息共享，就至少需要申请域名、安装浏览器、制作网页。此外，还需要升级硬件，以便提高计算机处理数据的能力，从而能为更多的客户提供服务。

如果一台主机在万维网中为其他主机提供服务，便被称为“服务器”，即网站。在实践中，网站的设立方式主要有三种：一是自己创建。自己购买硬件、申请域名、制作网页。二是虚拟主机。由于服务器的硬件价格昂贵，因此可通过租用别人服务器中的空间来满足硬件的要求。三是个人主页。网站的设立中，不仅硬件价格昂贵，而且申请域名也需要一定成本，因此，可通过租用他人域名的方式来获取域名，如QQ空间、网易博客、新浪播客等。

2. 自己创建与虚拟主机之网站的直接规制

目前，我国对自己创建和虚拟主机的网站采取直接规制。《互联网信息服务管理办法》(2000年) 规定：国家对经营性互联网信息服务实行许可制度；从事经营性互联网信息服务，应当向省、自治区、直辖市电信管理机构或者国务院信息产业主管部门申请办理互联网信息服务增值电信业务经营许可证；应当在其网站主页的显著位置标明其经营许可证编号；在取得经营许可证后，应当持经营许可证向企业登记机关办理登记手续。消费者可通过电子商务经营者网站主页上的经营许可证编号等相关信息，来识别该网站在现实空间中所对应的主体。

根据《第三方电子商务交易平台服务规范》(2011年)，平台经营者应当在其网站主页面或者从事经营活动的网页显著位置公示以下信息：营业执照、组织机构代码证、税务登记证以及各类经营许可证；互联网信息服务许可登记或经备案的电子验证标识；经营地址、邮政编码、电话号码、电子信箱等联系信息及法律文书送达地址；监管部门或消费者投诉机构的联系方式；法律、法规规定的其他应披露的信息。

3. 个人主页之网站的间接规制

对于个人主页，我国则采取间接规制，将其作为交易平台经营者的用户，通过管制交易平台经营者而对其进行规制。实践中，网络交易平台提供商应履行审查、记录相关信息的义务，以帮助消费者识别那些以个人主页方式进行电子商务的经营者。

《网络交易管理办法》(2014 年) 为电子商务经营者提供了较为细化的指引：

(1) 从事网络商品交易的自然人，应当通过第三方交易平台开展经营活动，并向第三方交易平台提交其姓名、地址、有效身份证明、有效联系方式等真实身份信息。具备登记注册条件的，依法办理工商登记。

(2) 第三方交易平台经营者应当对申请进入平台销售商品或者提供服务的法人、其他经济组织或者个体工商户的经营主体身份进行审查和登记，建立登记档案并定期核实、更新，在其从事经营活动的主页面醒目位置公开营业执照登载的信息或者其营业执照的电子链接标识。第三方交易平台经营者应当对尚不具备工商登记注册条件、申请进入平台销售商品或者提供服务的自然人的真实身份信息进行审查和登记，建立登记档案并定期核实、更新，核发证明个人身份信息真实、合法的标记，加载在其从事经营活动的主页面醒目位置。

(3) 第三方交易平台经营者应当审查、记录、保存在其平台上发布的商品和服务信息内容及其发布时间。平台内经营者的营业执照或者个人真实身份信息记录保存时间从经营者在平台的登记注销之日起不少于两年，交易记录等其他信息记录备份保存时间从交易完成之日起不少于两年。第三方交易平台经营者应当采取电子签名、数据备份、故障恢复等技术手段确保网络交易数据和资料的完整性和安全性，并应当保证原始数据的真实性。

此外，国家工商行政管理总局《关于加强网络团购经营活动管理的意见》还对网络团购领域的经营者作出了特殊规定：团购商品（服务）供应者应当是经工商行政管理部门登记注册并领取营业执照的法人、其他经济组织或者个体工商户；团购网站经营者不得为无营业执照的团购商品（服务）供应者提供服务。

二、合同订立前不正当商业行为的规制

禁止经营者在合同订立前作出不正当商业行为，有利于保障消费者能够作出信息充分的决定，并保障消费者的公平交易权。我国现有法律、法规主要对如下几类问题作出了较为具体的规定：

1. 经营者信息披露义务

我国《消费者权益保护法》要求采用网络、电视、电话、邮购等方式提供商品或者服务的经营者，应当向消费者提供经营地址、联系方式、商品或者服务的数量和质量、价款或者费用、履行期限和方式、安全注意事项和风险警示、售后服务、民事责任等信息。

《网络交易管理办法》将此原则性规定细化为：网络商品经营者向消费者销售商品或者提供服务，应当向消费者提供经营地址、联系方式、商品或者服务的数量和质量、价款和费用、履行期限和方式、支付形式、退换货方式、安全注意事项和风险警示、售后服务、民事责任等信息，采取安全保障措施确保交易安全、可靠，并按照承诺提供商品或者服务。

《第三方电子商务交易平台服务规范》又以推荐性标准的形式强调：平台经营者对涉及违法经营或侵犯消费者权益的站内经营者，可以按照事先公布的程序在平台上进行公

示。在平台上从事经营活动的，应公布所经营产品的名称、生产者等信息；涉及第三方许可的，还应公布许可证书、认证证书等信息。

2. 虚假表示的规制

网络商品经营者和网络服务经营者发布的商品和服务交易信息应当真实、准确，不得作虚假宣传和虚假表示。《电子商务模式规范》规定：经营者必须具备商品合法来源（服务资质）的证明文件，必须在网站上提供合法、真实、详细的商品（服务）描述，所提供的商品（服务）与描述的内容必须一致；网上商店的经营者必须在网站上明码标价。

《第三方电子商务交易平台服务规范》将此细化为：（1）网页上显示的商品信息必须真实：对实物（有形）商品，应从多角度、多方位予以展现，不可对商品的颜色、大小、比例等作歪曲或错误的显示；对于存在瑕疵的商品应给予充分的说明并通过图片显示。（2）发现站内经营者发布违反法律、法规广告的，应及时采取措施制止，必要时可以停止对其提供网上交易平台服务。投诉人提供的证据能够证明站内经营者有侵权行为或发布违法信息的，平台经营者应对有关责任人予以警告，停止侵权行为，删除有害信息，并可依照投诉人的请求提供被投诉人注册的身份信息及联系方式。（3）平台经营者应承担合理、谨慎的信息审查义务，对明显的侵权或违法信息，依法及时予以删除，并对站内经营者予以警告。

【案例11—1】 搜索引擎提供商未有效披露竞价排名是否构成虚假表示①

2001年7月Commercial Alert向美国联邦贸易委员会（FTC）消费者保护局投诉，宣称搜索引擎对竞价排名与竞价显示并未作出清晰且显著的披露，以表明竞价排名或竞价显示具有广告的性质。这种掩饰将误导消费者认为搜索结果仅是按照相关性排序的，而非商业化的结果。

对此，FTC的回应是，建议搜索引擎对竞价排名与竞价显示作出“清晰且显著的披露”：（1）通过清晰且显著的披露能够明确区分竞价排名与非竞价排名的搜索结果；（2）清晰且显著地解释并披露搜索结果中包含竞价显示的结果；（3）没有关于搜索结果的、能够误导消费者的明确陈述。鉴于搜索引擎商业模式的多样性，清晰且显著的披露的方式也是多样的。

3. 垃圾邮件的规制

根据《中国互联网协会反垃圾邮件规范》（2003年），垃圾邮件是指，“收件人事先没有提出要求或者同意接收的广告、电子刊物、各种形式的宣传品等宣传性的电子邮件”，“收件人无法拒收的电子邮件”，“隐藏发件人身份、地址、标题等信息的电子邮件”，“含有虚假的信息源、发件人、路由等信息的电子邮件”。

全国人民代表大会常务委员会《关于加强网络信息保护的决定》（2012年）强调，任何组织和个人未经电子信息接收者同意或者请求，或者电子信息接收者明确表示拒绝的，不得向其固定电话、移动电话或者个人电子邮箱发送商业性电子信息。《消费者权益保护法》第29条第3款规定，经营者未经消费者同意或者请求，或者消费者明确表示拒绝的，不得向其发送商业性信息。《第三方电子商务交易平台服务规范》特别强调，第三方交易

---

① Federal Trade Commission (2002), *Response to Commercial Alert Complaint Requesting Investigation of Various Internet Search Engine Companies for Paid Placement and Paid Inclusion Programs*.

平台应约束站内经营者不得发布虚假的广告信息，不得发送垃圾邮件。

《互联网电子邮件服务管理办法》（2006 年）要求任何组织或者个人不得有下列发送或者委托发送互联网电子邮件的行为：故意隐匿或者伪造互联网电子邮件信封信息；未经互联网电子邮件接收者明确同意，向其发送包含商业广告内容的互联网电子邮件；发送包含商业广告内容的互联网电子邮件时，未在互联网电子邮件标题信息前部注明“广告”或者“AD”字样。

三、合同订立过程中的电子商务消费者保护

电子商务消费合同多采取电子化形式，相关记录用磁性介质保存，易修改且不留痕迹，保存、复制十分方便，并且复制件与原件完全一致；它简化了中间环节，减少了人为差错，降低了人力成本及其他业务成本；但同时也存在着电子化形式是否符合合同法等法律、法规对形式要件的要求，电子化形式所导致的风险预防及分担、格式条款的效力认定等问题，给电子商务消费者带来了诸多不确定性因素。《商务部关于网上交易的指导意见（暂行）》（2007 年）规定，交易各方采用电子邮件、网上交流等方式订立合同，应当遵守合同法、电子签名法的有关规定，注意下列事项：与数据电文确认收讫有关的事项；以数据电文形式发送的要约的撤回、撤销和失效以及承诺的撤回；自动交易系统形成的文件的法律效力；价款的支付，标的物和有关单据、凭证的交付；管辖法院或仲裁机构的选择，准据法的确定；法律、法规规定的其他事项。目前，合同订立过程中电子商务消费者保护主要涉及如下几类问题：

1. 数据电文的形式效力

电子商务消费领域中所采取的电子化形式，在法律实践中被称为“数据电文”。根据《电子签名法》（2004 年）第 2 条第 2 款，数据电文是指以电子、光学、磁或者类似手段生成、发送、接收或者存储的信息。

《合同法》（1999 年）第 11 条认定数据电文属于书面形式。根据《电子签名法》，能够有形地表现所载内容，并可以随时调取查用的数据电文，视为符合法律、法规要求的书面形式。其中，“能够有形地表现所载内容”，是指数据电文应当具有可读性。这是对符合书面形式要求的数据电文的最基本要求。“可以随时调取查用”，是指数据电文的内容应当是固定的，能够在一定的时间内稳定存续，在需要的时候可以重复展示，供当事人随时查阅。[①] 民事活动中的合同或者其他文件、单证等文书，当事人可以约定使用或者不使用电子签名、数据电文。当事人约定使用电子签名、数据电文的文书，不得仅因为其采用电子签名、数据电文的形式而否定其法律效力。前述规定不适用下列文书：（1）涉及婚姻、收养、继承等人身关系的；（2）涉及土地、房屋等不动产权益转让的；（3）涉及停止供水、供热、供气、供电等公用事业服务的；（4）法律、行政法规规定的不适用电子文书的其他情形。

《网络交易管理办法》第 13 条规定：网络商品经营者销售商品或者提供服务，应当按照国家有关规定或者商业惯例向消费者出具发票等购货凭证或者服务单据；征得消费者同意的，可以以电子化形式出具。电子化的购货凭证或者服务单据，可以作为处理消费投诉

---

① 参见黄建初主编：《〈中华人民共和国电子签名法〉释义及实用指南》，45 页，北京，中国民主法制出版社，2004。

的依据。

2. 电子错误的预防

电子错误是指电子商务中的意思表示发生错误，有狭义和广义两层含义。狭义的电子错误，是指电子商务中的传达错误，即“在电子合同订立过程中，双方当事人因使用信息系统产生的错误或变异”①。广义的电子错误，是指在电子商务中所有的意思表示瑕疵，也包括传达错误。

电子商务领域的讨论多集中于狭义的电子错误。对此，目前国际上主要的处理方式是：如果商家的自动交易系统没有提供必要的错误更正设施，那么，在自动交易中，顾客一时错误选择所作出的承诺就不是真实意思的反映，合同就不能成立，所带来的损失应由商家承担。如果商家提供了错误更正设施，则电子错误的发生可归责于交易相对人。如果用户在了解到错误后，及时通知对方，或将对方的所有信息暂停，或在接到对方合理指令后，将发往对方的信息发往另一方或销毁，那么用户就可以不再受到因电子错误而产生的电子信息的约束。另外，如果交易双方事先就错误检验程序达成了协议，那么，不按约定的错误检验程序行事的一方就应承担因错误而造成的不利后果，约定遵守程序的对方可以免受错误的影响。在电子商务领域，应通过赋予消费者抗辩权的方式来保护消费者不受电子错误产生的信息的约束。如果消费者由于错误而输入了非其真实意思表示的资料，而当时的订购系统设有要求消费者对其订购数量予以再确认的程序，且向消费者提供了在发出该订单前更正原有输入数据的机会，而消费者未予以更正的话，就不能再主张电子错误而免责。②

3. 电子商务中意思表示生效的认定

在电子商务领域，根据《合同法》第16条以及《电子签名法》第11条和12条，采用数据电文形式订立合同，收件人指定特定系统接收数据电文的，该数据电文进入该特定系统的时间，视为到达时间；未指定特定系统的，该数据电文进入收件人的任何系统的首次时间，视为到达时间。发件人的主营业地为数据电文的发送地点，收件人的主营业地为数据电文的接收地点；没有主营业地的，其经常居住地为发送或者接收地点。当事人对数据电文的发送地点、接收地点另有约定的，从其约定。

但实践中，电子商务中的表意人一般很难知道意思表示是否已到达受领人，意思表示是否已经进入受领人控制领域对于表意人而言大多情况下都处于不确定状态。为使表意人清楚地知悉意思表示是否已到达，电子商务实践多采用“信息确认收讫”的方法。确认收讫是指在接收人收到发送的信息时，由其本人或指定的代理人或通过自动交易系统向发送人发出表明其已经收到的通知。欧盟《电子商务指令》（2000/31/EC）第11条规定，成员国应确保服务接受者通过技术方式发出订单时，适用下列原则，除非不属于消费者的当事人另有约定：（1）提供的服务须毫不延迟地以电子方式确认收到服务接受者的订单；（2）订单及其确认视为在收件人能够获取它们时被收到。

4. 电子合同成立的认定

在电子商务中，电子合同原则上也应包括要约与承诺。

---

① 张楚主编：《电子商务法》，3版，64页，北京，中国人民大学出版社，2011。

② 参见郭玉军、贺琼琼：《试论电子交易中的电子错误及其责任承担》，载《河南省政法管理干部学院学报》，2007（2），44页。

(1) 要约与要约邀请相区别的关键，仍是传统法所确立的“是否具有确定性”，即要约应当主体确定、意思一致、客体确定且可能。一般而言，价格单、网上超市等应认定为要约邀请，因为其数量、主体都不确定；客户选择、确认后所发出的订购单应认定为要约。

(2) 关于承诺是否必须以通知的方式作出的问题，《合同法》第22条关于承诺的方式规定，承诺应以通知的方式作出，但根据交易习惯或者要约人表明可以通过行为作出承诺的除外。在电子商务消费者保护领域，英国戴恩·罗兰德主张，经营者对消费者的个别请求必须发出“确认收讫”，并且该确认应被视为承诺，除非双方另有约定。①

(3) 关于合同成立的地点，根据《合同法》第34条，承诺生效的地点为合同成立的地点，采用数据电文形式订立合同的，收件人的主营业地为合同成立的地点；没有主营业地的，其经常居住地为合同成立的地点。当事人另有约定的，按照其约定。

5. 电子格式合同的效力认定

电子商务中存在大量的格式合同，其特点是经营者拟订好所有条款，消费者只需按下“接受”或者“拒绝”键，就决定了该购买合同是否成立。这些服务条款中一般包含免除经营者责任或加重消费者责任的条款，且多声明有权随时修改服务条款。消费者通常只在进行注册的时候有机会阅读这些条款，其后的交易中这些条款并不出现在交易流程，经营者也往往并不提供方便的链接，使消费者可以随时查阅服务条款。②

《网络交易管理办法》规定：网络商品经营者、有关服务经营者在经营活动中使用合同格式条款的，应当符合法律、法规、规章的规定，按照公平原则确定交易双方的权利与义务，采用显著的方式提请消费者注意与消费者有重大利害关系的条款，并按照消费者的要求予以说明。网络商品经营者、有关服务经营者不得以合同格式条款等方式作出排除或者限制消费者权利、减轻或者免除经营者责任、加重消费者责任等对消费者不公平、不合理的规定，不得利用合同格式条款并借助技术手段强制交易。

《消费者权益保护法》第26条明确了经营者提醒消费者的具体方式，以及提醒消费者注意的格式条款的具体类型：经营者在经营活动中使用格式条款的，应当以显著方式提请消费者注意商品或者服务的数量和质量、价款或者费用、履行期限和方式、安全注意事项和风险警示、售后服务、民事责任等与消费者有重大利害关系的内容，并按照消费者的要求予以说明。经营者不得以格式条款、通知、声明、店堂告示等方式，作出排除或者限制消费者权利、减轻或者免除经营者责任、加重消费者责任等对消费者不公平、不合理的规定，不得利用格式条款并借助技术手段强制交易。

《合同违法行为监督处理办法》(2010年) 细化了对格式合同之内容的合法性要求。(1) 经营者与消费者采用格式条款订立合同的，经营者不得在格式条款中免除自己的下列责任：造成消费者人身伤害的责任；因故意或者重大过失造成消费者财产损失的责任；对提供的商品或者服务依法应当承担的保证责任；因违约依法应当承担的违约责任；依法应当承担的其他责任。(2) 经营者不得在格式条款中加重消费者下列责任：违约金或者损害赔偿金超过法定数额或者合理数额；承担应当由格式条款提供方承担的经营风险责任；其他依照法律、法规不应由消费者承担的责任。(3) 经营者不得在格式条款中排除消费者下

① 参见［英］戴恩·罗兰德等著，宋连斌等译：《信息技术法》，2版，256页，武汉，武汉大学出版社，2004。

② 参见刘益灯：《我国电子商务中消费者保护的若干法律问题探析》，载《消费经济》，2006 (1)，83页。

列权利：依法变更或者解除合同的权利；请求支付违约金的权利；请求损害赔偿的权利；解释格式条款的权利；就格式条款争议提起诉讼的权利；消费者依法应享有的其他权利。

四、合同订立后的电子商务消费者保护

合同订立后，电子商务消费者还将面临电子商务消费合同的履行、信息产品或服务的质量保障、网络支付的安全保障、个人信息的收集与处理等问题。目前，电子商务消费者保护讨论的主要问题包括如下几个方面：

1. 电子商务消费者的退货权（或撤销权）

电子商务消费者缔结消费合同前通常很难接触产品或服务，并且很容易受到网络广告或经营者其他宣传等的误导，往往导致消费者与经营者之间的信息不对称，不利于消费者作出真正有利于自身利益的决定。为此，电子商务法律实践多通过赋予电子商务消费者退货权，为消费者提供一个认真考虑的期限。例如，欧盟1997年《远程合同中消费者保护指令》(97/55/EC）规定，消费者必须享有至少7个工作日的撤销期间；在该期间撤销合同，消费者既不受惩罚，也不需说明原因，但要支付返还商品所需的直接费用；而商人必须在30天内尽快偿还消费者预先支付的任何费用。

在我国，为了处理好消费者权益保护与新的消费方式健康发展之间的关系，考虑到网络购物等市场发育程度和对经营者的影响，并防止退货权被滥用，《消费者权益保护法》在确认电子商务消费者无理由退货制度的同时，还明确了不宜退货的情形和退货费用的承担问题。[①] 该法第25条规定：经营者采用网络、电视、电话、邮购等方式销售商品，消费者有权自收到商品之日起7日内退货，且无须说明理由，但下列商品除外：(1）消费者定作的；(2）鲜活易腐的；(3）在线下载或者消费者拆封的音像制品、计算机软件等数字化商品；(4）交付的报纸、期刊。除前款所列商品外，其他根据商品性质并经消费者在购买时确认不宜退货的商品，不适用无理由退货。消费者退货的商品应当完好。经营者应当自收到退回商品之日起7日内返还消费者支付的商品价款。退回商品的运费由消费者承担；经营者和消费者另有约定的，按照约定。

为了提升消费者退货权的实效性，《第三方电子商务交易平台服务规范》要求平台经营者为消费者退货权的实现提供便利。(1）平台经营者应调查、核实个人用户小额交易中出现操作错误投诉，并帮助用户取消交易，但因具体情况无法撤销的除外。(2）平台经营者应通过合同或其他方式要求站内经营者依照国家有关规定，实施商品售后服务和退换货制度，对于违反商品售后服务和退换货制度规定的站内经营者，平台经营者应受理消费者的投诉，并可依照合同追究其违约责任。(3）消费者在网络交易平台购买商品或者接受服务，发生消费纠纷或者其合法权益受到损害的，平台经营者应当向消费者提供站内经营者的真实的网站登记信息，积极协助消费者维护自身合法权益。

2. 电子商务消费合同的履行

“从现有电子商务开展情况考察，电子合同主要有三种履行方式：第一种是在线付款，在线交货。此类合同的标的是信息产品，例如计算机软件、音像产品的付费下载等。第二种是在线付款，离线交货。第三种是离线付款，离线交货。后两种电子合同的标的可以是

---

① 参见《全国人民代表大会法律委员会关于〈中华人民共和国消费者权益保护法修正案（草案)〉修改情况的汇报》(2013年8月26日)。

信息产品，也可以是非信息产品。”① 其中，离线交货，尤其是快递服务，是电子商务消费合同的主要履行方式之一。离线交货过程中，应重点保障电子商务消费者的知情权、安全权与公平交易权。

（1）消费者对于电子商务合同履行情况的知情权。《电子商务模式规范》要求网上商厦的经营者，应该具备为市场交易双方提供订单保管、查询、跟踪及运输与寄递服务的解决方案，并且在网站上具体说明使用服务的方法、时间、收费标准及有关注意事项。

（2）消费者在电子商务合同履行过程中的安全权和公平交易权。快递服务是电子商务合同离线交货的主要方式，为了提升快递服务质量，《快递市场管理办法》（2013年）规定：1）经营快递业务的企业接受网络购物、电视购物和邮购等经营者委托提供快递服务的，应当遵守邮政管理部门的规定，与委托方签订安全保障协议，并向颁发快递业务经营许可证的邮政管理部门备案。2）经营快递业务的企业应当按照快递服务标准，规范快递业务经营活动，保障服务质量，维护用户合法权益，并应当符合下列要求：填写快递运单前，企业应当提醒寄件人阅读快递运单的服务合同条款，并建议寄件人对贵重物品购买保价或者保险服务；企业分拣作业时，应当按照快件（邮件）的种类、时限分别处理、分区作业、规范操作，并及时录入处理信息，上传网络，不得野蛮分拣，严禁抛扔、踩踏或者以其他方式造成快件（邮件）损毁；企业应当在承诺的时限内完成快件（邮件）的投递；企业应当将快件（邮件）投递到约定的收件地址和收件人或者收件人指定的代收人。3）按照目前快递服务国家标准，快件投递时间不应超出快递服务组织承诺的服务时限。快递服务时限指快递服务组织从收寄开始，到第一次投递的时间间隔；除了与顾客有特殊约定（如偏远地区）外，同城快递服务时限不超过24小时，国内异地快递服务时限不超过72小时。

3. 在线支付的安全保障

在线支付，也称网络支付，是指依托公共网络或专用网络在收、付款人之间转移货币资金的行为，包括货币汇兑、互联网支付、移动电话支付、固定电话支付、数字电视支付等。根据《电子商务模式规范》，网站应该具备通过银行业金融机构或经国家有关部门批准的非金融企业法人提供电子商务交易支付清算服务的功能，并应确保在线支付的安全有效。

为保障电子商务消费者在网络支付过程中的安全权，《非金融机构支付服务管理办法》（2010年）规定：（1）非金融机构提供支付服务，应当依据本办法规定取得《支付业务许可证》，成为支付机构。（2）支付机构之间的货币资金转移应当委托银行业金融机构办理，不得通过支付机构相互存放货币资金或委托其他支付机构等形式办理。（3）支付机构应当按照审慎经营的要求，制定支付业务办法及客户权益保障措施，建立、健全风险管理和内部控制制度，并报所在地中国人民银行分支机构备案。（4）支付机构应当在客户发起的支付指令中记载下列事项：付款人名称；确定的金额；收款人名称；付款人的开户银行名称或支付机构名称；收款人的开户银行名称或支付机构名称；支付指令的发起日期。客户通过银行结算账户进行支付的，支付机构还应当记载相应的银行结算账号。客户通过非银行结算账户进行支付的，支付机构还应当记载客户有效身份证件上的名称和号码。（5）支付

---

① 张楚主编：《电子商务法》，3版，69页，北京，中国人民大学出版社，2011。

机构应当具备必要的技术手段，确保支付指令的完整性、一致性和不可抵赖性，支付业务处理的及时性、准确性和支付业务的安全性；具备灾难恢复处理能力和应急处理能力，确保支付业务的连续性。

4. 网络个人信息的保护

我国关于网络个人信息保护的规定，仍较为原则，尚未结合诸如“行为广告（behavioral advertising)”等相关产业的发展情况作出更为细化的规定。[①] 根据全国人民代表大会常务委员会《关于加强网络信息保护的决定》，网络个人信息的保护制度主要包括两个方面：

（1）个人信息的收集和使用。网络服务提供者和其他企业、事业单位在业务活动中收集、使用公民个人电子信息，应当遵循合法、正当、必要的原则，明示收集、使用信息的目的、方式和范围，并经被收集者同意，不得违反法律、法规的规定和双方的约定收集、使用信息。网络服务提供者和其他企业、事业单位收集、使用公民个人电子信息，应当公开其收集、使用规则。

（2）个人信息安全的保障。网络服务提供者和其他企业、事业单位应当采取技术措施和其他必要措施，确保信息安全，防止在业务活动中收集的公民个人电子信息泄露、毁损、丢失。在发生或者可能发生信息泄露、毁损、丢失的情况时，应当立即采取补救措施。《电子商务模式规范》要求电子商务经营者应当保护个人注册用户的个人隐私和通讯信息，不能故意或过失泄露公民个人隐私和通讯信息等；电子商务交易平台服务提供者，必须保护交易双方的隐私权，必须建立安全制度，采取安全防范措施。为增强保障消费者个人信息的实效性，《网络交易管理办法》第18条第2款规定：网络商品经营者、有关服务经营者及其工作人员对收集的消费者个人信息或者经营者商业秘密的数据信息必须严格保密，不得泄露、出售或者非法向他人提供。网络商品经营者、有关服务经营者应当采取技术措施和其他必要措施，确保信息安全，防止信息泄露、丢失。在发生或者可能发生信息泄露、丢失的情况时，应当立即采取补救措施。

第四节 法律责任

目前，对于违反法定义务或公认的商业道德，侵犯电子商务消费者合法权益的经营者，我国主要适用《反不正当竞争法》、《消费者权益保护法》、《产品质量法》、《侵权责任法》等一般性规定。与此相关的特别规定主要集中于如下几个方面：

一、民事责任

《消费者权益保护法》对电子商务消费者损害赔偿请求权予以特殊保护，主要包括两方面内容：

（1）若消费者的合法权益因交易平台中的销售者或服务者而遭受损失，消费者可以要求平台经营者承担连带责任。消费者通过网络交易平台购买商品或者接受服务，其合法权益受到损害的，可以向销售者或者服务者要求赔偿。网络交易平台提供者不能提供销售者

---

① See Kuehn, Andreas and Mueller, Milton, Profiling the Profilers: Deep Packet Inspection and Behavioral Advertising in Europe and the United States (September 1, 2012). Available at SSRN: http://ssrn.com/abstract=2014181.

或者服务者的真实名称、地址和有效联系方式的，消费者也可以向网络交易平台提供者要求赔偿；网络交易平台提供者作出更有利于消费者的承诺的，应当履行承诺。网络交易平台提供者赔偿后，有权向销售者或者服务者追偿。网络交易平台提供者明知或者应知销售者或者服务者利用其平台侵害消费者合法权益，未采取必要措施的，依法与该销售者或者服务者承担连带责任。

（2）若消费者的合法权益因网络广告而受到损害，消费者可要求提供网络广告的经营者承担连带责任。消费者因经营者利用虚假广告或者其他虚假宣传方式提供商品或者服务，其合法权益受到损害的，可以向经营者要求赔偿。广告经营者、发布者发布虚假广告的，消费者可以请求行政主管部门予以惩处。广告经营者、发布者不能提供经营者的真实名称、地址和有效联系方式的，应当承担赔偿责任。广告经营者、发布者设计、制作、发布关系消费者生命、健康的商品或者服务的虚假广告，造成消费者损害的，应当与提供该商品或者服务的经营者承担连带责任。社会团体或者其他组织、个人在关系消费者生命、健康的商品或者服务的虚假广告或者其他虚假宣传中向消费者推荐商品或者服务，造成消费者损害的，应当与提供该商品或者服务的经营者承担连带责任。

二、行政责任

经营者因损害电子商务消费者合法权益而应承担的行政责任，除应适用《消费者权益保护法》的一般性规定外，还应适用互联网信息服务领域、快递服务领域或网络支付领域等的特别规定。这些行业规制法中的行政责任主要包括以下内容：

（1）与交易主体识别相关的行政责任。《互联网信息服务管理办法》规定，未取得经营许可证，擅自从事经营性互联网信息服务，或者超出许可的项目提供服务的，由省、自治区、直辖市电信管理机构责令限期改正，有违法所得的，没收违法所得，处违法所得 3 倍以上、5 倍以下的罚款；没有违法所得或者违法所得不足 5 万元的，处 10 万元以、100 万元以下的罚款；情节严重的，责令关闭网站。未在其网站主页上标明其经营许可证编号或者备案编号的，由省、自治区、直辖市电信管理机构责令改正，处 5 000 元以上、5 万元以下的罚款。《网络交易管理办法》第 50 条规定，违反本办法第 7 条第 2 款、第 23 条、第 25 条、第 26 条第 2 款、第 29 条、第 30 条、第 34 条、第 35 条、第 36 条、第 38 条规定的，予以警告，责令改正，拒不改正的，处以 1 万元以上 3 万元以下的罚款。

（2）与垃圾邮件相关的行政责任。《互联网电子邮件服务管理办法》第 24 条规定，违反本办法第 13 条规定发送垃圾邮件的，由信息产业部或者通信管理局依据职权责令改正，并处 1 万元以下的罚款；有违法所得的，并处 3 万元以下的罚款。

（3）与格式合同相关的行政责任。根据《合同违法行为监督处理办法》，经营者违反格式合同相关义务的，法律、法规已有规定的，从其规定；法律、法规没有规定的，工商行政管理机关视其情节轻重，分别给予警告，处以违法所得额 3 倍以下，但最高不超过 3 万元的罚款，没有违法所得的，处以 1 万元以下的罚款。当事人合同违法行为轻微并及时纠正，没有造成危害后果的，应当依法不予行政处罚；主动消除或者减轻危害后果的，应当依法从轻或者减轻行政处罚；经督促、引导，能够主动改正或者及时中止合同违法行为的，可以依法从轻行政处罚。

（4）与快递服务相关的行政责任。《快递市场管理办法》规定，经营快递业务的企业违反快递服务标准，严重损害用户利益，由邮政管理部门责令改正，处 5000 元以上、3 万元以下的罚款。违反本办法第16条第2项“企业分拣作业时，应当按照快件（邮件）的种类、时限分别处理、分区作业、规范操作，并及时录入处理信息，上传网络，不得野蛮分拣，严禁抛扔、踩踏或者以其他方式造成快件（邮件）损毁”的规定，由邮政管理部门处1万元罚款；情节严重的，处1万元以上、3万元以下的罚款。

（5）与在线支付相关的行政责任。《非金融机构支付服务管理办法》规定，对于无正当理由中断或终止支付业务，其他危及支付机构稳健运行、损害客户合法权益或危害支付服务市场的违法、违规行为，中国人民银行分支机构责令其限期改正，并处3万元罚款；情节严重的，中国人民银行注销其《支付业务许可证》；涉嫌犯罪的，依法移送公安机关立案侦查；构成犯罪的，依法追究刑事责任。

三、刑事责任

关于电子商务消费者个人信息的保护，全国人民代表大会常务委员会《关于加强网络信息保护的决定》第11条规定，对有违反本决定行为的，构成犯罪的，依法追究刑事责任。《刑法》第253条之一关于“非法泄露公民个人信息罪”规定、国家机关或者金融、电信、交通、教育、医疗等单位的工作人员，违反国家规定，将本单位在履行职责或者提供服务过程中获得的公民个人信息，出售或者非法提供给他人，情节严重的，处3年以下有期徒刑或者拘役，并处或者单处罚金。窃取或者以其他方法非法获取上述信息，情节严重的，依照前款的规定处罚。单位犯前两款罪的，对单位判处罚金，并对其直接负责的主管人员和其他直接责任人员，依照各该款的规定处罚。

【经典书目】

1. 1999年《OECD电子商务消费者保护指南》
2. 刘益灯. 欧盟消费者保护法的最新发展及其启示. 政治与法律，2009（5）

【思考题】

1. 简述电子商务对消费者的影响。
2. 简述电子商务消费者知情权的内涵。
3. 简述电子商务经营者误导性商业行为的表现形式。
4. 简述电子商务消费者退货权的内涵。
5. 简述我国电子商务消费者损害赔偿请求权的保护制度。
6. 案例分析：

来云鹏于2001年4月22日在北京四通利方信息技术有限公司所有和运作的新浪网上注册了会员号为LAIYUNPENG的50M免费电子信箱。2001年9月16日零时，新浪网将原来的50M容量的邮箱变更为5M。来云鹏将新浪网诉至法院，认为新浪网变更邮箱容量的行为违约。新浪网认为，电子邮箱服务合同中有关于变更权的约定，故其变更容量的行为并不构成违约。

本案中，被告新浪网主张其行为不构成违约的根据在于，《新浪网北京站服务条款》第3条规定，新浪网有权在必要时修改服务条款，新浪网服务条款一旦发生变动，将会在重要页面上提示修改内容。如果不同意所改动的内容，用户可以主动取消获得的网络服务。如果用户继续享用网络服务，则视为接收服务条款的变动。新浪网保留随时修改或中断服务而不需知照用户的权利。新浪网行使修改或中断服务的权利，不需对用户或第三方负责。

原告来云鹏则认为，如果被告提供的服务条款属于合同内容的一部分，那么，该服务条款应属于我国《合同法》所称的格式条款，因为该条款是被告为了重复使用而预先拟定，并在订立合同时未与原告协商的条款。该服务条款第3条有关修改和中断服务的规定显然绝对化了被告的权利，使得原告方使用信箱的权利，包括信箱容量、服务质量，甚至能否享受到服务等，完全由被告的意愿决定，属于典型的免责条款。对此，按照我国《合同法》的有关规定，该项条款应为无效，被告依合同的无效条款而单方面大幅度地缩减信箱容量的行为不能免除其应当承担的违约责任。

请思考：《新浪网北京站服务条款》第3条所规定的变更权是否应当有效？

第十二章
旅游者保护制度

内容摘要

《中华人民共和国旅游法》的出台，标志着我国旅游业实现了“有法可依”。今后的工作重点就是要切实有效地实施旅游法，以保障旅游者和旅游经营者的合法权益，规范旅游市场秩序，保护和合理利用旅游资源，促进旅游业持续、健康发展。本章结合旅游法的相关规定，对于旅游者的保护进行全面的介绍。作为特殊的消费者，旅游者不仅享有消费者一般所享有的权利，而且依据旅游法的规定享有一些特殊的权利。旅游者享有广泛的权利，同时也负有一定的义务。旅游经营者包括旅行社、景区及其他提供辅助服务的经营者，旅游经营者在保护旅游者方面负有广泛的义务。我国旅游法规定了健全的旅游纠纷解决机制，纠纷双方应严格依法解决纠纷，相关责任方需依据旅游法的规定承担相应的法律责任。

第一节　旅游者保护概述

一、旅游业的发展

旅游是人的一种较高层次的消费。随着生活水平的提高，人们也日益重视自己的生活质量。当今有越来越多的人选择在节假日外出旅游，放松身心，领略大自然的鬼斧神工以及绚丽多彩的人文景观。为了满足人们的消费需求，旅游业逐渐发展起来并呈现出日益繁荣的态势。随着经济的不断发展，作为一个新兴的产业，旅游业必定有更为广大的发展前景。据统计，“截至2011年年底，全国各类旅游景区景点达到两万多处，旅行社达到两万多个，星级饭店达到一万多家，旅游直接从业人数超过1 300万人，国内旅游人数超过26亿人（次），接待入境旅游超过1.35亿人（次），公民出境旅游超过7 000万人（次），国内旅游市场规模居全球第一位，接待入境旅游人数和公民出境旅游消费居全球第三位”①。

我国政府也不断采取一系列措施来推动旅游业的发展。1999年，国务院对1949年发布的《全国年节及纪念日放假办法》进行了修订，决定将春节、劳动节和国庆节的假期与前后双休日拼接，便有了“七天长假”之说，也即诞生了“十一黄金周”、“五一黄金周”。虽然2007年国务院对《全国年节及纪念日放假办法》进行第二次修订时将劳动节的法定假期改为一天，这也意味着“五一黄金周”被取消，但在一些传统节日如春节、清明节、端午节、中秋节等也设定假期，这不仅对民众来说有了更多的闲暇时间进行旅游，而且对于旅游业的发展也是一个契机。

二、旅游立法

早在1982年，国务院有关部门就已经开始了旅游法的起草工作。1988年，旅游法曾被列入第七届全国人大常委会立法规划，但旅游法制定的时机仍然不是很成熟，因为当时旅游业发展尚处于起步阶段，旅游被认为是“超前消费”，此外，对于旅游立法中涉及的一些重要问题也有重大分歧，而且在20世纪90年代立法机构的立法主要集中在与建立社会主义市场经济紧密相关的法律，旅游法这一稍显“边缘”的法的立法工作，自然就会受到很大的影响，从而导致旅游法一直难以出台。随着社会主义市场经济的不断发展，人们逐渐认识到旅游业对于国民经济的发展以及个人发展都具有十分重要的意义，为了更好地保障旅游者和旅游经营者的合法权益，规范旅游市场秩序，保护和合理利用旅游资源，促进旅游业持续、健康发展，2009年全国人民代表大会启动了旅游法的起草工作。2013年4月25日，第十二届全国人民代表大会常务委员会第二次会议最终通过了《中华人民共和国旅游法》（以下简称《旅游法》），这是我国旅游业法治化进程中的一个里程碑。《旅游法》适用于在中华人民共和国境内的和在中华人民共和国境内组织到境外的游览、度假、休闲等形式的旅游活动以及为旅游活动提供相关服务的经营活动。凡是从事上述经营活动的旅游经营者，都必须严格遵守《旅游法》的规定。

三、旅游消费

旅游消费是一种特殊的消费活动，它必须满足两个方面的条件：

（1）通过旅游的方式来完成的，旅游是这一消费方式的载体。所谓旅游，通常是指旅游者离开自己的常住地，前往某自然景点、人文景点或其他具有旅游价值的地点进行游览、观光、休闲、度假或进行其他形式的旅游活动。

（2）满足消费的一般特征。消费是指消费者不以生产经营为目的而从事的购买、使用商品或者接受服务的活动。

因此，我们可以将旅游消费定义为：旅游者为娱乐身心、陶冶情操、休闲等目的而接受旅游服务，以及在此过程中附带购买商品的活动。而旅游者，则是进行该活动的自然人。鉴于旅游业已发展成为一个产业，可以将旅游者进行的旅游消费视作是旅游经营者所提供的一种旅游产品和旅游服务。

---

① 《关于〈中华人民共和国旅游法（草案）的说明〉》，载中国人大网，http：//www.npc.gov.cn/huiyi/lfzt/lyflfzt/2012－08/31/content＿1735773.htm。

四、旅游消费主体

旅游消费活动至少涉及两类主体，即旅游消费者和旅游经营者。

1. 旅游消费者

旅游消费者是指离开其居所前往某一旅游景区，接受旅游服务或购买旅游商品，从而满足自身精神需要的自然人。对旅游消费者的界定需要重点注意以下两点：第一，旅游消费者需要离开其居所前往某一旅游景区，也即其必须从事旅游活动。对于其从事旅游活动的旅游景区的地域性没有限制，该景区既可以是位于其居所附近的，也可以距离很远。此外，旅游者从事旅游活动也无时间性限制，既可以是“半日游”、“一日游”，也可以是“数日游”、“数月游”等。第二，旅游消费者需要接受旅游服务或者购买旅游商品，即必须满足消费的特征，否则，不属于旅游消费者的范畴。旅游消费者接受的这种旅游服务，既可以是旅行社及相关履行辅助人提供的，也可以是旅游景区提供的。因此，自然人接受旅行社及相关辅助人的旅游服务前往某一非景区，或者未接受旅行社及相关辅助人的旅游服务而独自前往某一旅游景区，都属于旅游消费者。需要指出的是，旅游景区是否免费并不影响旅游消费者的认定。

在《旅游法》中并没有使用旅游消费者的概念，而是采用“旅游者”的表述。事实上，旅游者的范畴要大于旅游消费者，旅游者并非都是旅游消费者。在现实中，有些人未接受任何旅行社或其他履行辅助人的旅游服务，独自或者结伙前往某一非景区如原始森林进行游玩探险，在这种情形下他们虽然是旅游者，但却不是旅游消费者，因为不存在旅游经营者，没有接受旅游服务。可见，《旅游法》是在狭义上使用“旅游者”一词的，我们在本章中也采用“旅游者”的表述。

2. 旅游经营者

旅游经营者，是指旅行社、景区以及为旅游者提供交通、住宿、餐饮、购物、娱乐等服务的经营者。旅行社是指从事招徕、组织、接待旅游者等活动，为旅游者提供相关旅游服务，开展国内旅游业务、入境旅游业务或者出境旅游业务的企业法人。旅行社包括组团社、接地社等类型。所谓组团社，是指与旅游者订立包价旅游合同的旅行社。所谓接地社，是指接受组团社委托，在目的地接待旅游者的旅行社。景区，是指为旅游者提供游览服务、有明确的管理界限的场所或者区域。旅游经营者还包括为旅游者提供交通、住宿、餐饮、购物和娱乐等服务的经营者，也即履行辅助人。所谓履行辅助人，是指与旅行社存在合同关系，协助其履行包价旅游合同义务，实际提供相关服务的法人或者自然人。旅游经营者是为旅游者提供服务的主体。

五、旅游消费的法律保护

旅游业的发展对于拉动我国经济增长、推动经济结构调整、增加劳动就业、扩大消费需求、带动旅游资源的保护和开发利用具有十分重要的作用。然而，目前我国旅游市场的发展也暴露出了许多问题，旅游安全不容乐观，“零负团”等落后的经营模式愈演愈烈，各种旅游欺诈案件也频见报端，等等。这都严重损害了旅游者和旅游经营者的合法权益。因此，2013年统一的《旅游法》出台对于规范旅游行业秩序，确保旅游业持续、健康发展具有十分重要的意义。

《旅游法》重点规定了旅游者的权利和旅游经营者的义务，这是因为旅游者与旅游经营者相比，一般而言，后者无论是掌握的信息还是经济实力方面都要强于旅游者。因此，根据旅游活动的特点，有针对性地对旅游者的权利进行特别规定，同时要求旅游经营者承担一些特殊的义务，有利于实现旅游者与旅游经营者之间利益的大致平衡，并不存在偏袒。

第二节 旅游者的权利和义务

作为旅游领域的基本法，《旅游法》体现了以人为本的思想，对旅游者所享有的权利进行了具体而全面的规定。同时，由于旅游活动具有异地性，旅游者的不正当行为可能会对旅游资源、当地居民以及其他相关主体的利益构成损害，因此，《旅游法》还明确规定了旅游者所必须履行的义务，体现了权利、义务相统一的原则。

一、旅游者的权利

（一）安全保障权

旅游者的安全保障权，就是旅游者所享有的，在接受旅游经营者提供的旅游产品、服务时其人身、财产安全不受损害的权利。安全保障权是旅游者享有的最基本的权利，是旅游者通过旅游达到休闲、娱乐等目的的根本保障。如果旅游安全不能得到保障，则其他的一切权利都失去了存在的基础。

旅游者的安全保障权包括两个方面的内容，即人身安全权及财产安全权。

1. 旅游者人身安全权

旅游者所享有的人身安全权，是指旅游者在旅游消费的过程中其生命、健康不受损害的权利。有一些自然景观往往以其雄伟、陡、险等特点而吸引旅游者，在这些地区如果缺少必要的安全保障设施，则旅游者不仅不能享受自然界的雄伟壮观，反而会给自己的人身安全造成损害。有的旅游景点设有危险刺激性的游乐项目，旅游经营者也应当确保这些游乐项目的安全性，对游乐设施、索道缆车等进行经常性的检查，以消除安全隐患。旅游景区内的旅店应当严格依照消防法的规定安装消防设施，以确保旅游者的安全，等等。总之，凡是可能危及旅游者人身安全的，旅游经营者都应当尽到相应的义务，旅游经营者对于可能危及旅游者人身安全的事项，应当向旅游者作出真实的说明和明确的警示，并采取防止危害发生的必要措施。旅游者有权要求旅游经营者提供的旅游产品、服务及相关的旅游设施符合保障人身安全的要求。

【案例 12—1】 漂流发生意外致游客十级伤残[①]

2011 年 8 月 14 日，伍女士与同事一起参加某旅行社组织的漂流“一天游”。漂流过程中，伍女士的船被卡住，不能动，当时没有景区人员来处理，船上也没有配备船桨等器具让伍女士自行排险。随后伍女士的船被后面冲下来的船撞翻，伍女士掉到水里受伤，住院 70 天。经鉴定，伍女士伤情已构成十级伤残。为赔偿事宜，伍女士在 2012 年 4 月将旅行社以及经营景点的旅游公司告上法院。

法院经审理认为，景区应保证所提供的漂流旅游服务符合保障旅游者在漂流旅游活动

---

① 参见中国经济网，http：//travel. ce. cn/jd/201211/13/t20121113 _ 23842759. shtml。

中的人身及财产安全的要求，应在漂流工具上放置足够的救生设备，并应在易发生事故的危险地段安排专人负责安全监护。在本案中，伍女士受伤的原因在于，景区在伍女士漂流过程中未履行上述安全保障义务，侵害了伍女士的人身、健康权利，应对伍女士的损失承担赔偿义务。但在本案中，伍女士未有证据证明组织漂流活动的旅行社有过错致其受伤，故对其主张旅行社承担责任的请求不予支持。

2. 旅游者财产安全权

旅游者的财产安全，主要是指旅游者在旅游的过程中自身所携带的财物享有不被非法损害的权利。在旅游消费的过程中，旅游者的财产可能会面临种种潜在的损害危险，而旅游经营者对于这些潜在的危险一般而言较之消费者更为熟知，为了保护旅游者的财产，旅游经营者应当尽到相应的告知义务。

旅游者在人身、财产安全遇有危险时，有权请求旅游经营者、当地政府和相关机构进行及时救助。旅游经营者、相关国家机构以及其他有关主体，对于旅游者的请求必须高度重视，并提供及时、有效的救助和保护，以尽可能地避免或减轻给旅游者造成的损害。国家根据旅游活动的风险程度，对旅行社、住宿、旅游交通以及高空、高速、水上、潜水、探险等高风险旅游项目的经营者实施责任保险制度。中国出境旅游者在境外陷于困境时，有权请求我国驻当地机构在其职责范围内给予协助和保护。旅游者接受相关组织或者机构的救助后，应当支付应由个人承担的费用。

（二）知悉真情权

旅游者的知情权，是指旅游者所享有的知悉其购买的旅游产品和服务的真实情况的权利。旅游者有权就包价旅游合同中的行程安排、成团最低人数、服务项目的具体内容和标准、自由活动时间安排、旅行社责任减免信息，以及旅游者应当注意的旅游目的地相关法律、法规和风俗习惯、宗教禁忌，依照中国法律不宜参加的活动等内容，要求旅行社作详细说明，并有权要求旅行社在旅游行程开始前提供旅游行程单。

旅游者是否了解有关旅游产品、服务的真实情况，以及了解的信息的多少，将直接影响其作出旅游消费的决策。一般而言，旅游活动具有异地性，旅游产品和服务具有无形性的特点，一旦旅游者作出消费决策，往往难以撤销。然而，在旅游消费中，存在着信息不对称的问题，旅游者对于旅游产品、旅游服务的了解往往需要借助于旅游经营者所提供的宣传资料，而旅游经营者出于自身利益的考虑，常常进行夸大性宣传或者虚假性宣传，从而使消费者违背自己的真实意愿作出错误的消费决定。因此，对于旅游者知情权的保障十分重要。

在现实生活中，许多旅游者选择随团出游，这种旅游方式可以节省时间，获得更为优惠的价格，而且安全也更有保障，旅游线路一般而言也较优，因此这种方式受到了许多消费者的青睐。但为了更好地保护自身的合法权益，消费者在选择这种旅游方式时，更应当注意知情权的实现。消费者享有了解旅行社资质的信息的权利，有权查看旅行社的营业执照以及旅行社业务经营许可证。在与旅行社签订合同时，消费者享有知悉旅行社所提供服务的详细信息的权利，如旅游的线路、景点、日程、价格、交通以及住宿等信息。旅游者有权要求旅游经营者按照约定提供产品和服务。

（三）自主选择权

旅游者的自主选择权，是指其在进行旅游活动时享有根据自己的意愿自由选择旅游产品及旅游服务的权利。旅游者有权自主选择旅游产品和服务，有权拒绝旅游经营者的强制交易行为。旅游者根据自身的需要作出旅游消费的决策，其他任何人都不得进行不正当的干涉。如果旅游经营者强迫旅游者进行某种消费，则违背了旅游者的真实意愿，损害了旅游者的利益。

旅游者的自主选择权，主要体现为其有权决定是否进行消费以及进行何种消费。一般说来，旅游者的自主选择权包括以下几个方面的内容：

1. 自主选择旅游经营者。具体而言，包括自主选择旅行社、旅游景点等。

2. 自主选择旅游产品及旅游服务方式。旅游经营者可能提供不同的旅游方案，不同方案在旅游目的地、旅游方式、时间安排、旅游项目等方面存在差异。旅游经营者有权根据自身的喜好，进行权衡之后作出选择。

3. 自主决定购买或不购买一种商品、接受或不接受任何一项服务。旅行社未与旅游者协商一致或未经旅游者要求，指定购物场所、安排旅游者参加另行付费项目，以及旅行社的导游、领队强迫或者变相强迫旅游者购物、参加另行付费项目的，旅游者有权拒绝，也可以在旅游行程结束后30日内，要求旅行社为其办理退货并先行垫付退货货款、退还另行付费项目的费用。

4. 在自主选择商品或服务时，旅游者有权进行比较、鉴别和挑选。俗话说“货比三家”，在众多的旅游产品以及旅游服务中，只有进行一定的比较，才能作出最符合自身需求的选择。旅行社在经营活动中应当遵循自愿、平等、公平、诚信的原则，提高服务质量，维护旅游者的合法权益，对旅游者的自主选择权予以尊重。

(四) 公平交易权

我国的旅游业是在市场经济体制改革的进程中不断发展起来的，作为旅游市场的主体，旅游者和旅游经营者应当按照市场经济的要求进行交易。事实上，与旅游者一样，旅游经营者也享有公平交易权，但鉴于与旅游经营者相比，旅游者无论是在信息的获取方面，还是在经济实力等方面，一般而言都处于弱势的地位，因此，为了加强对旅游者的保护，需要特别强调其享有的公平交易权。

旅游者的公平交易权，实质上是指消费者有权要求旅游经营者所提供的旅游产品、旅游服务的价值与消费者所支付的价款大致相等。旅游者和旅游经营者作为交易的双方，从利益上讲是对立的，为了实现双赢，应当在双方之间寻求一种利益的平衡。但在现实中，旅游经营者往往利用自己的优势侵害旅游者的利益，向旅游者收取高额的价款，而提供的旅游产品及服务却大打折扣，使公平交易的要求荡然无存。公平交易权能否真正得到实现，直接关系到旅游者的消费目的能否得到实现、其利益能否得到保障。现实中，旅游者因为在与旅游经营者交易的过程中受到了不公平的待遇而投诉的数量比较多，维护旅游者享有公平交易权是保障旅游者利益的重要方面。

但旅游消费具有特殊性，旅游产品和服务具有无形性，从而导致其价值无法像一般的商品那样较为容易衡量，因此，是否公平也就缺乏客观的认定标准，这就需要当事人双方本着诚实信用的原则进行交易。旅游者的公平交易权，还表现在其有权要求旅游经营者对消费者不得有歧视性的待遇，不得因旅游者的年龄、性别等方面的差异而给予不公平的交易条件。据浙江省消费者协会的调查结果，许多旅游公司在旅游合同中对于老人、儿童参加旅游的，加价300～800元，这就涉嫌价格歧视，是违反公平交易要求的。

（五）依法求偿权

旅游者在旅游的过程中，如果因旅游经营者的原因而人身、财产受到损害的，享有依法获得赔偿的权利。依法求偿，是指旅游者要求旅游经营者承担相应的民事责任，从而弥补自身遭受的损失。

旅游者有权要求旅游经营者按照约定提供产品和服务。旅游者在人身、财产受到损害时，有依法获得赔偿的权利。

景区、住宿经营者将其部分经营项目或者场地交由他人从事住宿、餐饮、购物、游览、娱乐、旅游交通等经营的，旅游者有权要求景区、住宿经营者对于实际经营者给旅游者造成的损害承担连带责任。

旅行社具备履行条件，经旅游者要求仍拒绝履行合同，造成旅游者人身损害、滞留等严重后果的，旅游者还可以要求旅行社支付旅游费用1倍以上、3倍以下的赔偿金。

（六）合同转让及解除权

1. 合同转让权

除旅行社有正当的拒绝理由外，旅游者有权在旅游行程开始前，将包价旅游合同中自身的权利、义务转让给第三人，因此增加的费用由旅游者和第三人承担。

2. 合同解除权

包价旅游合同订立后，因未达到约定人数不能出团时，旅游者不同意组团社委托其他旅行社履行合同的，有权解除合同，并要求退还已收取的全部费用。

包价旅游合同在旅游行程中被解除的，旅游者有权要求旅行社协助旅游者返回出发地或者旅游者指定的合理地点。由于旅行社或者履行辅助人的原因导致合同解除的，旅游者有权要求旅行社承担返程费用。

旅游行程结束前，旅游者解除合同的，组团社应当在扣除必要的费用后，将余款退还旅游者。

因不可抗力或者旅行社、履行辅助人已尽合理注意义务仍不能避免的事件，导致旅游合同不能继续履行，旅行社和旅游者均可以解除合同；导致合同不能完全履行，旅游者不同意旅行社变更合同的，有权解除合同；合同解除的，旅游者有权获得扣除组团社已向地接社或者履行辅助人支付且不可退还的费用后的余款。

（七）特殊群体利益权

尊老爱幼是中华民族的传统美德，扶助残疾人也是每一个公民的义务。残疾人、老年人以及未成年人等群体属于弱势群体，应当对其利益进行特殊的保护，只有这样才能真正实现其在旅游过程中的合法权益。残疾人、老年人、未成年人等旅游者在旅游活动中依照法律、法规和有关规定享有便利和优惠。然而，在现实中这些特殊群体的利益不仅无法得到特殊保护，反而更容易受到损害。如有的旅游经营者规定残疾人、老年人和儿童需要额外缴付费用，这即是违背法律、法规的规定的，应当坚决予以取缔。有的景区在保护特殊群体利益方面做得较好，如开辟专门的通道，以便残疾人、老年人通行，或者在票价上给予优惠或者免费的政策，这些都是需要鼓励的。

（八）投诉举报权

旅游者发现旅游经营者有违法行为的，有权向旅游、工商、价格、交通、质监、卫生等相关行政主管部门举报；旅游者与旅游经营者发生纠纷的，有权向相关行政主管部门或旅游投诉受理机构投诉、申请调解，也可以向人民法院提起诉讼。

如果旅游者认为旅游经营者违反合同约定，或者因旅游经营者的责任致使旅游者的人身、财产受到损害的，或者因不可抗力、意外事故致使旅游合同不能履行或者不能完全履行，旅游者与旅游经营者发生争议时，旅游者可以向旅游投诉受理机构进行投诉。旅游者进行投诉时，必须确保自己与投诉事项有直接利害关系，以及有明确的被投诉人、具体的投诉请求、事实和理由。但是，下列情形下进行的投诉将会不予受理：

（1）人民法院、仲裁机构、其他行政主管部门或者社会调解机构已经受理或者处理的；（2）旅游投诉受理机构已经作出处理，且没有新情况、新理由的；不属于旅游投诉受理机构职责范围或者管辖范围的；（3）超过旅游合同结束之日90天的；（4）与投诉事项没有直接的利害关系或者没有明确的被投诉人、具体的投诉请求、事实和理由。

（九）其他权利

除了上述权利外，旅游者还享有其他的一些权利，如人格尊严受尊重权：旅游者的人格尊严、民族风俗习惯和宗教信仰应当得到尊重；旅游者有权要求旅游经营者对于其在经营活动中知悉的旅游者个人信息予以保密。旅游者还享有结社权、接受教育权、监督权等等，这些一般性的权利并不因为旅游者的特殊身份而丧失，这些权利共同构成一个整体，为旅游者的权益提供全面的保护。

二、旅游者的义务

旅游者不仅享有广泛的权利，而且需履行一定的义务，这也是其所应当承担的一种责任。“消费者的责任，并非指与具体责任形式相联系的法律上的义务，而是消费者应有的一种自我保护意识、社会意识和社会责任。”①

（一）文明旅游义务

旅游具有异地性，对当地居民的生活及社会秩序会带来一定的影响，这就要求旅游者严格约束自己的行为，做一个文明的旅游者，尽量减少或避免给旅游目的地带来不良影响。旅游者应当严格约束自己的行为，具体而言，应当做到以下几点：

1. 遵守社会公共秩序和社会公德，遵守旅游文明行为规范。公共秩序的维护不仅关系到旅游地当地居民的生活，而且直接影响到旅游者自身的利益。遵守社会公共秩序是公民的一项基本义务，旅游者应当注重自身的修养，以自己的实际行动维护良好的公共秩序。同时，旅游者也应当遵守社会公德，在旅游的过程中做到文明礼貌、尊老爱幼、乐于助人，等等。

2. 旅游者应当尊重当地的风俗习惯、文化传统和宗教信仰。我国是一个多民族国家，各民族之间应当团结、互相尊重；我国国土广袤，“百里不同风，千里不同俗”正形象地反映了不同地区风俗习惯的差异。旅游者在前往少数民族地区或者其他特定的文化区域内旅游时，应当尤为注意尊重当地的民族风俗、节日习俗、传统礼仪。我国奉行宗教信仰自由的基本政策，高度重视保护个人的宗教信仰自由，宗教信仰是我国公民所享有的一项基本自由，任何人都不得侵犯。旅游者应当高度重视尊重当地居民的宗教信仰，不得采取任何方式对当地居民的宗教信仰进行贬低或其他任何形式的侵犯。

3. 爱护旅游资源，保护生态环境。旅游资源是旅游业发展的基础，包括自然风景旅游

---

① 孙颖：《消费者保护法律体系研究》，16页，北京，中国政法大学出版社，2007。

资源和人文景观旅游资源。对旅游资源的保护关系到旅游业的可持续发展。旅游者应当克服破坏旅游资源的陋习，如许多旅游者都曾在旅游景点留下“×××到此一游”的字样，这是对旅游资源的一种极大破坏。旅游者不仅要严格要求自己，而且对于其他旅游者的不文明行为也应当积极予以禁止，共同保护旅游资源及当地的生态环境。

【案例12—2】 游客素质仍有待提高

2013年5月据有关媒体报道，来自南京的一位学生在埃及旅游时，在埃及卢克索千年神庙的浮雕上刻上了“×××到此一游”的字样，在中国引起了较大的社会反响。该中学生的父母主动认错道歉，指出：“孩子犯错误，主要责任在大人，是我们监护不到位，平时教育得不好，我们和孩子向关注此事的人道歉，也向埃及方面道歉。”由于有的游客素质和修养还不高，在国外的种种不文明行为不仅会对古迹文物造成损害，而且还会有损国人形象。当前，还有许多游客具有一些陋习，随处在景区文物上乱刻乱画，可以说“到此一游”的现象在国内自然人文景区随处可见，例如，香港某记者在敦煌壁画上刻有“二〇〇〇年立夏，香港文汇报高级记者××到此参观考察”；2013年年初，故宫工作人员发现太和门附近的一口铜缸上被人刻上了“×××到此一游”；长城上更是有无数的类似刻画。可见，游客的素质还有待提高，在旅游过程中必须严格律己，不做有损文物古迹的事情。

（二）不损害他人合法利益的义务

旅游者的合法权益受到保护，但旅游者同样不能损害旅游经营者及他人的合法权益。旅游者应当做到理性维权。旅游者在旅游活动中或者在解决纠纷时，不得损害当地居民的合法权益，不得干扰他人的旅游活动，不得损害旅游经营者和旅游从业人员的合法权益。旅游者在旅游活动中或者在解决纠纷时，损害旅行社、履行辅助人、旅游从业人员或者其他旅游者的合法权益的，应当依法承担赔偿责任。

旅游者从事违法或者违反社会公德的活动，或者从事严重影响其他旅游者权益的活动，且不听劝阻、不能制止的，旅行社可以解除合同，组团社应当在扣除必要的费用后，将余款退还旅游者；给旅行社造成损失的，旅游者应当依法承担赔偿责任。

（三）个人健康信息告知义务

旅游者购买、接受旅游商品服务时，应当向旅游经营者如实告知与旅游活动相关的个人健康信息，审慎选择参加旅游行程或旅游项目。旅游者患有传染病等疾病，可能危害其他旅游者的健康和安全的，旅行社可以解除合同，组团社应当在扣除必要的费用后，将余款退还旅游者；给旅行社造成损失的，旅游者应当依法承担赔偿责任。

旅游者应当向旅游经营者提供个人真实的基本信息，只有这样，旅游经营者才能够根据旅游者的具体情况提供与之相符的旅游商品和服务。许多旅游项目具有高风险性，如果旅游者不提供或者提供虚假信息，最终会损害旅游者自己的利益。旅游者购买、接受旅游商品服务时，应当向旅游经营者如实告知与旅游活动相关的个人健康信息。

（四）安全配合义务

旅游者应当遵守旅游活动中的安全警示规定，不得携带危害公共安全的物品。旅游者携带危害公共安全的物品且不同意交有关部门处理的，旅行社可以解除合同，组团社应当在扣除必要的费用后，将余款退还旅游者；给旅行社造成损失的，旅游者应当依法承担赔偿责任。

旅游者对于国家应对重大突发事件暂时限制旅游活动的措施以及有关部门、机构或者旅游经营者采取的安全防范和应急处置措施，应当予以配合。旅游者违反安全警示规定，或者对于国家应对重大突发事件暂时限制旅游活动的措施、安全防范和应急处置措施不予配合的，依法承担相应责任；旅游者在接受相关组织或者机构的救助后，应当支付应由个人承担的费用。

（五）遵守出入境管理义务

出境旅游者不得在境外非法滞留，随团出境的旅游者不得擅自分团、脱团；入境旅游者不得在境内非法滞留，随团入境的旅游者不得擅自分团、脱团。

第三节　旅游经营者的义务

旅游经营者与旅游者相比处于强势地位，现实中的许多损害旅游者利益的行为通常都是旅游经营者滥用自身优势所致，因此，必须对旅游经营者的义务进行详细规定，以规范旅游经营者的经营行为，维护旅游市场秩序。当然，强调旅游经营者的义务并不否定其所享有的相应权利。

一、安全保障的义务

旅游者的人身、财产安全是旅游者最为重要的权利，也是其他权利行使的前提。只有在安全得到保障的前提下，旅游消费的目的才能够得以实现。旅游安全管理工作应当贯彻“安全第一，预防为主”的方针，强化“安全是旅游的生命线”的理念，建立、健全旅游安全制度，强化旅游经营者的责任意识。

1. 采取安全保障措施

旅游经营者应当严格执行安全生产管理和消防安全管理的法律、法规和国家标准、行业标准，具备相应的安全生产条件，制定旅游者安全保护制度和应急预案。旅游经营者应当对直接为旅游者提供服务的从业人员开展经常性应急救助技能培训，对提供的产品和服务进行安全检验、监测和评估，采取必要措施防止危害发生。旅游经营者组织、接待老年人、未成年人、残疾人等旅游者，应当采取相应的安全保障措施。

旅游经营者应当保证其提供的商品和服务符合保障人身、财产安全的要求。旅游经营者取得相关质量标准等级的，其设施和服务不得低于相应标准；未取得质量标准等级的，不得使用相关质量等级的称谓和标识。

此外，旅游经营者还应当保障旅游者的个人信息安全。旅游经营者对于其在经营活动中知悉的旅游者个人信息，应当予以保密。

2. 作出安全警示

旅游经营者应当就旅游活动中的下列事项，以明示的方式事先向旅游者作出说明或者警示：（1）正确使用相关设施、设备的方法；（2）必要的安全防范和应急措施；（3）未向旅游者开放的经营、服务场所和设施、设备；（4）不适宜参加相关活动的群体；（5）可能危及旅游者人身、财产安全的其他情形。突发事件或者旅游安全事故发生后，旅游经营者应当立即采取必要的救助和处置措施，依法履行报告义务，并对旅游者作出妥善安排。

3. 事故救助处置

突发事件或者旅游安全事故发生后，旅游经营者应当立即采取必要的救助和处置措施，依法履行报告义务，并对旅游者作出妥善安排。

旅游安全始终是旅游工作的重中之重，旅游经营者应当高度重视保护旅游者人身、财产安全，依照相关法律、法规的规定履行自身的职责，进一步强化对游客的安全保障和服务工作。

【案例12—3】 凤凰塌桥，百余人落水[①]

2013年5月1日晚9点10分左右，凤凰县桃花岛篝火晚会跨河吊桥因受力桥墩断裂，出现桥面倾斜，从篝火晚会散场的游客经过吊桥时落水。据现场工作人员目击，桥上约有40人，其中二十多人落水。游客落水处水深约1.2米，从水里自救上岸的游客有15人左右。落水游客中有老人和小孩。据凤凰县政府办通报，截至5月2日零点30分，落水游客已基本搜寻上岸，其中24人送往医院检查，2人轻微伤留院观察，其余22人返回宾馆休息。当地政府后已要求全县篝火晚会及乡村游景点停业，进行安全检查。此次事故的原因是景区工作人员未对吊桥进行定期检查，安全防护措施未到位。

二、诚信交易的义务

1. 不做虚假宣传

旅游经营者为了扩大自身的影响力，吸引旅游者的注意，从而争取更多的交易机会，往往会采取广告等方式来加以宣传。随着旅游业的不断发展，旅游经营者之间的竞争也更为激烈，旅游广告也成为旅游经营者增强自身竞争优势的一种方式。

但是，在现实生活中虚假广告泛滥，令旅游者防不胜防。有些旅游经营者在广告中使用模糊的词语，或者虚构事实，从而误导旅游者；部分旅游公司在广告宣传中使用“准三星”、“相当于三星”等模糊用语；不少旅游公司在价格上使用“豪华游”等虚假宣传误导消费者，把一些修建或正在筹划的旅游景点描绘得惟妙惟肖；有的声称旅游费用里包含门票费，但是实际上不少景点都设置了景中景、园中园，且票价不菲，等等。旅游经营者必须保证旅游广告的真实、准确，不得借此误导旅游者。

2. 摒弃“零负团”等落后的经营方式

所谓“零负团”，即指旅行社在接待旅客团体时，往往声称只收取成本价，有的甚至以低于成本的价格来揽客，然后在游客旅游的过程中通过向旅游者增加自费景点或者强迫其购物来赚取“回扣”。“零负团”这一操作模式实际上就是以低价来诱骗旅游者，这种虚假宣传的做法不仅严重侵害了旅游者的利益，而且严重扰乱了旅游市场秩序。

在我国，“零负团”这一模式的危害最初并没有引起重视，在2001年修订的《旅行社管理条例》中对此就没有涉及。在2009年制定的《旅行社条例》中，第34条对“零负团”作出了明确的禁止性规定。2013年制定的《旅游法》也明确禁止“零负团”的经营模式，例如第35条就规定，旅行社不得以不合理的低价组织旅游活动，诱骗旅游者，并通过安排购物或者另行付费旅游项目获取回扣等不正当利益。第38条规定，旅行社应当与其聘用的导游依法订立劳动合同，支付劳动报酬，缴纳社会保险费用。应该说，这从法律上消除了“零负团”存在的最主要原因。旅游经营者应当严格遵守《旅游法》及相关法律、法规的规定，摒弃低于成本的旅游宣传、招徕和组织接待，抵制旅游商店、旅游景区严重质价不符合和高价格、高“回扣”的经营行为。同时，旅游者也应当自觉抵制“零负团”、非法

---

① 参见新华网，http：//news. xinhuanet. com/fortune/2013－05/02/c＿124653226. htm。

经营、强迫消费等行为。

【案例 12—4】　“零负团”的真相[①]

2012 年旅游淡季期间，天津某旅行社推出了报价仅为 1 280 元的港澳六日游。一业内人士表示，旅游也是产品，是产品就得有成本和合理利润。即便是在淡季，天津到深圳的往返机票至少也要 1 500 元左右，再加上住宿，一趟 1 280 元的港澳游肯定低于成本。既然提出了“零负团”，组团社就不会赔钱，他们会把游客“倒卖”给地接社，收取相应费用，旅行社的利润就赚出来了。地接社也不想赔钱，就把这个团继续倒给带团的导游，导游只要带游客进店就会有人头费，如果买了东西还有 10%～50%的提成。参加这样的团队，游客每天不是在购物店就是在去购物店的路上。

三、依法订约、履约的义务

1. 依法订约

旅游经营者与旅游者往往都需要签订旅游合同，以明确各自的权利义务关系，从而避免纠纷的发生，或者在纠纷发生时作为处理纠纷的根据。然而在现实中，旅游经营者往往借助于自身的优势地位以及旅游者的不知情，在旅游合同、行程单、旅客须知等中规定不利于旅游者的条款，加重旅游者的责任，减轻自身的义务。这些条款也就是所谓的“霸王条款”。如果旅游经营者以格式合同、通知、声明、告示等方式作出对旅游者不公平、不合理的规定，或者减轻、免除其损害旅游者合法权益的责任，旅游者可以请求确认该内容无效。

2. 依法履约

旅游经营者不得拒绝履行旅游合同中双方约定的义务，非因不可抗力不得改变旅游合同安排的行程，不得欺骗、胁迫旅游者购物或者参加需要另行付费的游览项目。如果旅游经营者因某种原因需要将旅游业务委托其他旅游经营者代为履行，则应当征得旅游者的同意，并保证受委托的旅游经营者具有相应的资质。景区、住宿经营者将其部分经营项目或者场地交由他人从事住宿、餐饮、购物、游览、娱乐、旅游交通等经营的，应当对实际经营者的经营行为给旅游者造成的损害承担连带责任。

为旅游者提供交通、住宿、餐饮、娱乐等服务的经营者，应当符合法律、法规规定的要求，按照合同约定履行义务。旅游经营者销售、购买商品或者服务，不得给予或者收受贿赂。

四、旅行社的义务

1. 主体适格

从事旅游业的经营者必须达到一定的资质，只有实行严格的旅游业市场准入制度才能规范旅游业的经营，保护旅游者的合法权益。旅行社是最为重要的旅游经营者之一，必须对旅行社的设立规定严格的条件。

设立旅行社，招徕、组织、接待旅游者，为其提供旅游服务，应当具备下列条件，取得旅游主管部门的许可，依法办理工商登记：(1) 有固定的经营场所；(2) 有必要的营业

---

① 参见中国日报网，http://caijing.chinadaily.com.cn/xfly/2012-12-11/content_7740900.html。

设施；(3) 有符合规定的注册资本；(4) 有必要的经营管理人员和导游；(5) 法律、行政法规规定的其他条件。

2. 依法从事旅游业务

旅行社可以经营下列业务：境内旅游；出境旅游；边境旅游；入境旅游；其他旅游业务。旅行社经营出境旅游和边境旅游业务的，应当取得相应的业务经营许可，具体条件由国务院规定。旅行社不得出租、出借旅行社业务经营许可证，或者以其他形式非法转让旅行社业务经营许可。

旅行社及其从业人员组织、接待旅游者，不得安排参观或者参与违反我国法律、法规和社会公德的项目或者活动。

旅行社组织团队出境旅游或者组织、接待团队入境旅游，应当按照规定安排领队或者导游全程陪同。旅行社等旅游经营者组织、接待出入境旅游，发现旅游者从事违法活动；出境旅游者在境外非法滞留，随团出境的旅游者擅自分团、脱团；入境旅游者在境内非法滞留，随团入境的旅游者擅自分团、脱团，应当及时向公安机关、旅游主管部门或者我国驻外机构报告。

3. 依约履行义务

(1) 严格执行包价旅游合同

旅行社应当按照包价旅游合同的约定履行义务，不得擅自变更旅游行程安排。旅行社不履行包价旅游合同义务或者履行合同义务不符合约定的，应当依法承担继续履行、采取补救措施或者赔偿损失等违约责任；造成旅游者人身损害、财产损失的，应当依法承担赔偿责任。旅行社具备履行条件，经旅游者要求仍拒绝履行合同，造成旅游者人身损害、滞留等严重后果的，旅游者还可以要求旅行社支付旅游费用1倍以上、3倍以下的赔偿金。由于旅游者自身原因导致包价旅游合同不能履行或者不能按照约定履行，或者造成旅游者人身损害、财产损失的，旅行社不承担责任。在旅游者自行安排活动期间，旅行社未尽到安全提示、救助义务的，应当对旅游者的人身损害、财产损失承担相应责任。

旅行社根据旅游者的具体要求安排旅游行程，与旅游者订立包价旅游合同，旅游者请求变更旅游行程安排，因此增加的费用由旅游者承担，减少的费用退还旅游者。

因不可抗力或者旅行社、履行辅助人已尽合理注意义务仍不能避免的事件，影响旅游行程的，如果合同不能完全履行，旅行社经向旅游者作出说明，可以在合理范围内变更合同，合同变更的，因此增加的费用由旅游者承担，减少的费用退还旅游者。

(2) 审慎委托其他旅游经营者的义务

经旅游者同意，旅行社将包价旅游合同中的接待业务委托给其他具有相应资质的地接社履行的，应当与地接社订立书面委托合同，约定双方的权利和义务，向地接社提供与旅游者订立的包价旅游合同的副本，并向地接社支付不低于接待和服务成本的费用。地接社应当按照包价旅游合同和委托合同提供服务。由于地接社、履行辅助人的原因导致违约的，由组团社承担责任，组团社承担责任后可以向地接社、履行辅助人追偿。由于地接社、履行辅助人的原因造成旅游者人身损害、财产损失的，旅游者可以要求地接社、履行辅助人承担赔偿责任，也可以要求组团社承担赔偿责任；组团社承担责任后可以向地接社、履行辅助人追偿。但是，由于公共交通经营者的原因造成旅游者人身损害、财产损失的，由公共交通经营者依法承担赔偿责任，旅行社应当协助旅游者向公共交通经营者索赔。

旅行社委托其他旅行社代理销售包价旅游产品并与旅游者订立包价旅游合同的，应当在包价旅游合同中载明委托社和代理社的基本信息。旅行社依照相关法律、法规的规定将包价旅游合同中的接待业务委托给地接社履行的，应当在包价旅游合同中载明地接社的基本信息。安排导游为旅游者提供服务的，应当在包价旅游合同中载明导游的服务费用。旅行社应当提示参加团队旅游的旅游者按照规定投保人身意外伤害保险。

（3）勤勉完成旅游者委托事项

旅行社接受旅游者的委托，为其代订交通、住宿、餐饮、游览、娱乐等旅游服务，收取代办费用的，应当亲自处理委托事务。因旅行社的过错给旅游者造成损失的，旅行社应当承担赔偿责任。旅行社接受旅游者的委托，为其提供旅游行程设计、旅游信息咨询等服务的，应当保证设计合理、可行，信息及时、准确。

4. 依法缴纳旅游服务质量保证金

为了加强对旅行社服务质量的监督和管理，保护旅游者的利益，保证旅行社规范经营，维护我国旅游业的声誉，按照旅行社的经营特点，参照国际惯例，对旅行社实行质量保证金制度，旅行社等旅游经营者必须严格依照相关法律、法规的规定确保自身的资质达到要求。旅行社应当按照规定交纳旅游服务质量保证金，用于旅游者权益损害赔偿和垫付旅游者人身安全遇有危险时紧急救助的费用。

旅行社质量保证金对于保护旅游者的利益具有极为重要的作用，它相当于旅行社预先支付了一定的保证金，以避免旅行社因自身资金等问题而无法向旅游者履行赔偿的责任。旅行社违反旅游合同的约定，侵害旅游者的合法权益，经旅游行政主管部门查证属实的，或者旅行社因解散、破产或者其他原因造成旅游者预交的旅游费用损失的，旅游行政主管部门可以使用旅行社的质量保证金。人民法院判决、裁定及其他生效法律文书认定旅行社损害旅游者合法权益，旅行社拒绝或者无力赔偿的，人民法院可以从旅行社的质量保证金账户上划拨赔偿款。

5. 公平交易

旅行社组织旅游活动应当向合格的供应商订购产品和服务。旅行社不得以不合理的低价组织旅游活动，诱骗旅游者，并通过安排购物或者另行付费旅游项目获取回扣等不正当利益。

旅行社组织、接待旅游者，不得指定具体购物场所，不得安排另行付费旅游项目，但是，经双方协商一致或者旅游者要求，且不影响其他旅游者行程安排的除外。

如果旅行社从事了上述行为，则旅游者有权在旅游行程结束后30日内，要求旅行社为其办理退货并先行垫付退货货款，或者退还另行付费旅游项目的费用。

6. 保障旅游者的知情权

（1）告知合同内容

旅行社与旅游者之间可以签订包价旅游合同，包价旅游合同应当采用书面形式，包括下列内容：1）旅行社、旅游者的基本信息；2）旅游行程安排；3）旅游团成团的最低人数；4）交通、住宿、餐饮等旅游服务安排和标准；5）游览、娱乐等项目的具体内容和时间；6）自由活动时间安排；7）旅游费用及其交纳的期限和方式；8）违约责任和解决纠纷的方式；9）法律、法规规定和双方约定的其他事项。订立包价旅游合同时，旅行社应当向旅游者详细说明2）至8）项中所载内容。

（2）告知相关注意事项

订立包价旅游合同时，旅行社应当向旅游者告知下列事项：1）旅游者不适合参加旅游活动的情形；2）旅游活动中的安全注意事项；3）旅行社依法可以减免责任的信息；4）旅游者应当注意的旅游目的地相关法律、法规和风俗习惯、宗教禁忌，依照中国法律不宜参加的活动等；5）法律、法规规定的其他应当告知的事项。在包价旅游合同履行过程中，如果遇到上述规定事项，旅行社也应当告知旅游者。

（3）提供旅游行程单

旅行社应当在旅游行程开始前向旅游者提供旅游行程单，旅游行程单是包价旅游合同的组成部分。当前有许多旅行社不向旅游者提供旅游行程单，从而使得实际的旅游行程较之于其所宣传的旅游行程大大“缩水”，损害了旅游者的利益。因此，必须要求旅行社提供旅游行程单，以保护旅游者的合法权益。

7. 保障导游的利益

旅行社应当与其聘用的导游依法订立劳动合同，支付劳动报酬，缴纳社会保险费用。旅行社临时聘用导游为旅游者提供服务的，应当全额向导游支付包价旅游合同中载明的导游服务费用。旅行社安排导游为团队旅游提供服务的，不得要求导游垫付或者向导游收取任何费用。

8. 依法解除合同的义务

旅行社必须严格依照《消费者权益保护法》及相关法律、法规的规定解除旅游服务合同，如未出现法定解除合同的情形，则不得解除合同。

（1）因未达约定人数而解除

旅行社招徕旅游者组团旅游，因未达到约定人数不能出团的，组团社可以解除合同。但是，境内旅游应当至少提前7日通知旅游者，出境旅游应当至少提前30日通知旅游者。

因未达到约定人数不能出团的，组团社经征得旅游者书面同意，可以委托其他旅行社履行合同；组团社对旅游者承担责任，受委托的旅行社对组团社承担责任。旅游者不同意的，可以解除合同。

因未达到约定的成团人数解除合同的，组团社应当向旅游者退还已收取的全部费用。旅游行程结束前，旅游者解除合同的，组团社应当在扣除必要的费用后，将余款退还旅游者。

（2）因不可抗力而解除合同

因不可抗力或者旅行社、履行辅助人已尽合理注意义务仍不能避免的事件，影响旅游行程的，按照下列情形处理：1）合同不能继续履行的，旅行社和旅游者均可以解除合同。合同不能完全履行的，旅行社经向旅游者作出说明，可以在合理范围内变更合同；旅游者不同意变更的，可以解除合同。2）合同解除的，组团社应当在扣除已向地接社或者履行辅助人支付且不可退还的费用后，将余款退还旅游者。3）危及旅游者人身、财产安全的，旅行社应当采取相应的安全措施，因此支出的费用，由旅行社与旅游者分担。4）造成旅游者滞留的，旅行社应当采取相应的安置措施，因此增加的食宿费用，由旅游者承担；因此增加的返程费用，由旅行社与旅游者分担。

旅游行程中解除合同的，旅行社应当协助旅游者返回出发地或者旅游者指定的合理地点。由于旅行社或者履行辅助人的原因导致合同解除的，返程费用由旅行社承担。

五、导游及领队的义务

参加导游资格考试成绩合格，与旅行社订立劳动合同或者在相关旅游行业组织注册的人员，可以申请取得导游证。取得导游证，具有相应的学历、语言能力和旅游从业经历，并与旅行社订立劳动合同的人员，可以申请取得领队证。导游和领队为旅游者提供服务必须接受旅行社委派，不得私自承揽导游和领队业务。

导游和领队从事业务活动，应当佩戴导游证、领队证，遵守职业道德，尊重旅游者的风俗习惯和宗教信仰，应当向旅游者告知和解释旅游文明行为规范，引导旅游者健康、文明旅游，劝阻旅游者违反社会公德的行为。

导游和领队应当严格执行旅游行程安排，不得擅自变更旅游行程或者中止服务活动，不得向旅游者索取小费，不得诱导、欺骗、强迫或者变相强迫旅游者购物或者参加另行付费旅游项目。

六、景区的义务

1. 应当具备开放条件

旅游景区只有具备一定的条件才能够向旅游者提供良好的旅游服务。景区开放应当具备下列条件，并听取旅游主管部门的意见：（1）有必要的旅游配套服务和辅助设施；（2）有必要的安全设施及制度，经过安全风险评估，满足安全条件；（3）有必要的环境保护设施和生态保护措施；（4）法律、行政法规规定的其他条件。

2. 依法遵守相关价格规定

利用公共资源建设的景区的门票以及景区内的游览场所、交通工具等另行收费项目，实行政府定价或者政府指导价，严格控制价格上涨。拟收费或者提高价格的，应当举行听证会，征求旅游者、经营者和有关方面的意见，论证其必要性、可行性。利用公共资源建设的景区，不得通过增加另行收费项目等方式变相涨价；另行收费项目已收回投资成本的，应当相应降低价格或者取消收费。公益性的城市公园、博物馆、纪念馆等，除重点文物保护单位和珍贵文物收藏单位外，应当逐步免费开放。

景区应当在醒目位置公示门票价格、另行收费项目的价格及团体收费价格。景区提高门票价格应当提前6个月公布。将不同景区的门票或者同一景区内不同游览场所的门票合并出售的，合并后的价格不得高于各单项门票的价格之和，且旅游者有权选择购买其中的单项票。景区内的核心游览项目因故暂停向旅游者开放或者停止提供服务的，应当公示并相应减少收费。

3. 坚持可持续发展原则

景区接待旅游者不得超过景区主管部门核定的最大承载量。景区应当公布景区主管部门核定的最大承载量，制订和实施旅游者流量控制方案，并可以采取门票预约等方式，对景区接待旅游者的数量进行控制。旅游者数量可能达到最大承载量时，景区应当提前公告并同时向当地人民政府报告，景区和当地人民政府应当及时采取疏导、分流等措施。

【案例12—5】 不堪重荷的景区①

据报道，2013年10月2日，北京市重点监测的24个景区共接待游客90.25万人次，比前日增长176.01%，同比增长11.91%。截至10月2日15时为止，丰台园博园接待游客9.1万人，比前日增长203.33%；故宫接待15.94万人，比前日增长170.75%；颐和园接待9.8万人，比前日增长156.54%；天坛公园接待7.52万人，比前日增长106.52%；

---

① 参见《北京日报》，2013-10-03，3版。

十三陵接待2.327万人，比前日增长11.57%；动物园接待7.91万人，比前日增长291.58%；八达岭接待4.37万人，比前日增长171.93%。北京主要景点都面临着超负荷运行的局面。

七、其他旅游经营者的义务

1. 高风险旅游经营许可

经营高空、高速、水上、潜水、探险等高风险旅游项目，应当按照国家有关规定取得经营许可。这些旅游项目都具有高风险的特点，为了确保旅游者的安全和合法权益，必须对这些项目实行严格的市场准入制度，经营这些旅游项目的旅游经营者必须事先获得相关国家机构的批准，否则，不得经营。

2. 网络旅游经营许可

当前有许多旅游经营者利用网络对旅游者进行诈骗，骗取旅游者的钱财。对此必须实行严格的网络监管。通过网络经营旅行社业务的，应当依法取得旅行社业务经营许可，并在其网站主页的显著位置标明其业务经营许可证信息。发布旅游经营信息的网站，应当保证其信息真实、准确。

3. 旅游客运的安全保障

从事道路旅游客运的经营者应当遵守道路客运安全管理的各项制度，并在车辆显著位置明示道路旅游客运专用标识，在车厢内显著位置公示经营者和驾驶人信息、道路运输管理机构监督电话等事项。

4. 旅游住宿保障

住宿经营者应当按照旅游服务合同的约定为团队旅游者提供住宿服务。住宿经营者未能按照旅游服务合同提供服务的，应当为旅游者提供不低于原定标准的住宿服务，因此增加的费用由住宿经营者承担；但由于不可抗力、政府因公共利益需要采取措施造成不能提供服务的，住宿经营者应当协助安排旅游者住宿。

第四节　法律责任

一、民事责任

旅游经营者在提供旅游商品或者服务的过程中，违反相关旅游法律、法规，损害旅游者的合法权益的，应当依照旅游法律、法规或其他法律、法规的规定，承担消除危险、退还费用、赔偿损失等民事责任。一般而言，民事责任可以分为违约责任与侵权责任。旅游者可以直接根据相关的旅游法律、法规要求旅游经营者承担民事责任，如果相关旅游法律、法规没有明确规定，也可以根据《合同法》、《侵权责任法》要求旅游经营者承担相应的民事责任。

（一）违约责任

旅游纠纷中的违约责任，是指旅游经营者违反旅游合同的规定，不履行旅游合同义务或者履行旅游合同义务不符合合同约定时所应当承担的民事责任。

旅游违约责任的构成首先需要旅游经营者从事了违约的行为，这种违约行为既可以表现为积极的作为，如旅游经营者违反旅游合同约定，擅自改变旅游行程，也可以表现为消极的不作为，如在旅游的过程中故意遗漏旅游景点，减少旅游服务项目，等等。

违约责任的构成除了需要有违约行为外，还需要没有免责的事由。免责事由一般包括不可抗力以及双方当事人约定的免责事由。当这些免责事由出现时，违约的一方可以免责。因不可抗力等不可归责旅游经营者、旅游服务者的客观原因导致旅游合同无法履行，旅游经营者、旅游者可以解除旅游合同但不能请求对方承担违约责任；旅游者可以请求旅游经营者退还尚未实际发生的费用。

（二）侵权责任

旅游纠纷中的侵权责任，是指旅游经营者侵害旅游者合法权益所应当承担的侵权责任。当然，旅游者如果侵害了旅游经营者的合法权益，构成侵权的，也应当承担侵权责任。

根据《侵权责任法》，承担侵权责任的方式主要有：停止侵害；排除妨碍；消除危险；返还财产；恢复原状；赔偿损失；赔礼道歉；消除影响、恢复名誉。这些承担侵权责任的方式，可以单独适用，也可以合并适用。过错原则是一般责任条款，行为人有过错造成他人利益受损的，就应当承担侵权责任。如果其他法律、法规推定行为人有过错或者规定了无过错责任的，侵权人也应当承担相应的侵权责任。

总之，旅游纠纷中民事责任是一种主要的担责方式，大多数旅游纠纷是以当事人一方，其中主要是旅游经营者，承担相应的民事责任而得以解决的。民事责任的承担，可以使得旅游者的利益得到及时的维护，实现双方当事人之间的利益平衡。旅游纠纷的及时解决，可以使旅游市场内的秩序重新得到恢复，从而有利于旅游业的发展。

二、行政责任

旅游行政责任，是指行政相对人因违反旅游法及其他相关的法律、法规而应当承担的不利行政法律后果。当然，如果旅游行政主管部门及工作人员在旅游监管中存在违法行为，尚不构成犯罪的，也应当依法承担相应的行政责任。

（一）旅行社的相关行政责任

1. 未经许可经营业务

违反旅游法规定，未经许可经营旅行社业务的，由旅游行政主管部门或者工商行政管理部门责令改正，没收违法所得，并处1万元以上、10万元以下罚款；违法所得10万元以上的，并处违法所得1倍以上、5倍以下罚款；对有关责任人员，处2 000元以上、2万元以下罚款。

旅行社违反旅游法规定，未经许可经营出境旅游、边境旅游业务，或者出租、出借旅行社业务经营许可证，或者以其他方式非法转让旅行社业务经营许可的，除依照上述规定处罚外，并责令停业整顿；情节严重的，吊销旅行社业务经营许可证；对直接负责的主管人员，处2 000元以上、2万元以下罚款。

2. 违反有关导游及领队业务的规定

旅行社违反旅游法规定，有下列行为之一的，由旅游行政主管部门责令改正，没收违法所得，并处5 000元以上、5万元以下罚款；情节严重的，责令停业整顿或者吊销旅行社业务经营许可证；对直接负责的主管人员和其他直接责任人员，处2 000元以上、2万元以下罚款：（1）未按照规定为出境或者入境团队旅游安排领队或者导游全程陪同的；（2）安排未取得导游证或者领队证的人员提供导游或者领队服务的；（3）未向临时聘用的导游支付导游服务费用的；（4）要求导游垫付或者向导游收取费用的。

3. 违反诚信交易原则

旅行社违反旅游法规定，有下列行为之一的，由旅游行政主管部门或者有关部门责令改正，没收违法所得，并处5 000元以上、5万元以下罚款；违法所得5万元以上的，并处违法所得1倍以上、5倍以下罚款；情节严重的，责令停业整顿或者吊销旅行社业务经营许可证；对直接负责的主管人员和其他直接责任人员，处2 000元以上、2万元以下罚款：(1) 进行虚假宣传，误导旅游者的；(2) 向不合格的供应商订购产品和服务的；(3) 未按照规定投保旅行社责任保险的。

4. 从事“零负团”经营

旅行社违反旅游法规定，以不合理的低价组织旅游活动，诱骗旅游者，并通过安排购物或者另行付费旅游项目获取回扣等不正当利益；或者未经与旅游者协商一致或应旅游者要求，指定具体购物场所，安排另行付费旅游项目的，由旅游行政主管部门责令改正，没收违法所得，责令停业整顿，并处3万元以上、30万元以下罚款；违法所得30万元以上的，并处违法所得1倍以上、5倍以下罚款；情节严重的，吊销旅行社业务经营许可证；对直接负责的主管人员和其他直接责任人员，没收违法所得，处2 000元以上、2万元以下罚款，并暂扣或者吊销导游证、领队证。

5. 未履行报告义务

旅行社发现旅游者从事违法活动，或者有非法滞留的行为，或者擅自分团、脱团，未依照旅游法履行报告义务的，由旅游行政主管部门处5 000元以上、5万元以下罚款；情节严重的，责令停业整顿或者吊销旅行社业务经营许可证；对直接负责的主管人员和其他直接责任人员，处2 000元以上、2万元以下罚款，并暂扣或者吊销导游证、领队证。

6. 未依法履行合同

旅行社违反旅游法规定，有下列行为之一的，由旅游行政主管部门责令改正，处3万元以上、30万元以下罚款，并责令停业整顿；造成旅游者滞留等严重后果的，吊销旅行社业务经营许可证；对直接负责的主管人员和其他直接责任人员，处2 000元以上、2万元以下罚款，并暂扣或者吊销导游证、领队证：(1) 在旅游行程中擅自变更旅游行程安排，严重损害旅游者权益的；(2) 拒绝履行合同的；(3) 未征得旅游者书面同意，委托其他旅行社履行包价旅游合同的。

7. 旅游活动违法

旅行社违反旅游法规定，安排旅游者参观或者参与违反我国法律、法规和社会公德的项目或者活动的，由旅游行政主管部门责令改正，没收违法所得，责令停业整顿，并处2万元以上、20万元以下罚款；情节严重的，吊销旅行社业务经营许可证；对直接负责的主管人员和其他直接责任人员，处2 000元以上、2万元以下罚款，并暂扣或者吊销导游证、领队证。

(二) 导游及领队的相关行政责任

违反旅游法规定，未取得导游证或者领队证从事导游、领队活动的，由旅游行政主管部门责令改正，没收违法所得，并处1 000元以上、1万元以下罚款，予以公告。

导游、领队违反本法规定，私自承揽业务的，由旅游行政主管部门责令改正，没收违法所得，处1 000元以上、1万元以下罚款，并暂扣或者吊销导游证、领队证。

导游、领队违反旅游法规定，向旅游者索取小费的，由旅游行政主管部门责令退还，处1 000元以上、1万元以下罚款；情节严重的，并暂扣或者吊销导游证、领队证。

违反旅游法规定被吊销导游证、领队证的导游、领队和受到吊销旅行社业务经营许可证处罚的旅行社的有关管理人员，自处罚之日起未逾3年的，不得重新申请导游证、领队证或者从事旅行社业务。

(三) 景区的相关行政责任

景区不符合旅游法规定的开放条件而接待旅游者的，由景区行政主管部门责令停业整顿，直至符合开放条件，并处2万元以上、20万元以下罚款。景区在旅游者数量可能达到最大承载量时，未依照旅游法规定公告或者未向当地人民政府报告，未及时采取疏导、分流等措施，或者超过最大承载量接待旅游者的，由景区行政主管部门责令改正，情节严重的，责令停业整顿1个月至6个月。

景区违反旅游法规定，擅自提高门票或者另行收费项目的价格，或者有其他价格违法行为的，由有关主管部门依照有关法律、法规的规定处罚。

(四) 相关行政主体的行政责任

旅游行政主管部门和有关部门的工作人员在履行监督管理职责时，滥用职权、玩忽职守、徇私舞弊，尚不构成犯罪的，依法给予处分。

三、刑事责任

刑事责任是法律责任当中最为严厉的一种，它不仅可以对违法者施以严厉的惩罚，而且还能形成强烈的威慑。当行为人的行为性质或者造成的损害严重到一定程度，触犯了刑法时，就必须承担相应的刑事责任。在旅游法律、法规中，很少直接规定刑事责任，往往只是作一种宣示性的规定：违反旅游法规定，构成犯罪的，依法追究刑事责任。并没有具体规定哪些行为构成犯罪，这与我国法律部门的划分有关：关于犯罪及刑事责任，由刑法予以规定。但为了保护旅游者的利益及打击旅游业内的违法犯罪行为，今后有必要在相关的旅游法律、法规中对典型的犯罪及其刑事责任予以规定。

【经典书目】

1. 杨富斌. 旅游法学教程. 北京：中国旅游出版社，2006
2. 孙颖. 消费者保护法律体系研究. 北京：中国政法大学出版社，2007
3. 刘云亮. 旅游法学. 北京：法律出版社，2011
4. 焦承华. 旅游法教程. 北京：高等教育出版社，1998

【思考题】

1. 旅游业发展的原则是什么？国家在旅游业的发展中应发挥什么作用？
2. 旅游者享有哪些权利和义务？
3. 旅游经营者包括哪些主体？不同旅游经营者分别负有何种义务？
4. 旅游服务合同的签订应注意哪些事项？
5. 旅游服务合同的履行中应注意哪些事项？

6. 旅游服务合同如何解除？

7. 旅游纠纷如何处理？

8. 旅游经营者承担行政责任的方式包括哪些？

9. 案例分析：

2009年7月18日，徐州市国家粮食储备局职工周继德携带家人参加由单位组织的“日照二日游”，由圣亚国际旅行社提供旅游服务。旅程原本要前往第三海滨浴场，后因无停车位旅行社中途更改旅行安排，决定前往太公岛浴场，并安排旅客在此游泳。周继德在游泳中发生溺水事故，后经抢救无效不幸身亡。后经查，旅行社安排的太公岛浴场为一已停止营业的浴场，无任何防护措施，严禁游客下海游泳、冲浪。周继德的妻子许景敏及家人在多次与旅行社协商无果后向法院提起诉讼。庭审中，旅行社主张导游曾向游客作出书面提示，提示海水浴不在服务范围内，属自愿项目，发生意外责任自负，包括周继德在内的17名游客在提示上签字。许景敏等认为，该提示是在更改旅行计划前签订的，因此并不针对周继德溺水事件发生的太公岛浴场。一审法院认为，周继德作为一个具有完全民事行为能力的人，应具备一定的安全防范意识，应意识到在海里游泳的危险性，但其却过于自信，不顾危险地到海里游泳，以致发生意外，对意外的发生应承担主要责任。被告作为旅游服务方，对游客的人身安全应尽到充分的注意和保障义务，虽然被告方的当地导游已经告知下海游泳不在服务范围，但被告方在周继德下海游泳时未进行劝阻，对意外的发生应承担一定责任。最后法院酌定被告对周继德死亡所造成的损失承担20%的赔偿责任。二审支持了一审判决。

请思考：旅游合同的变更效力以及双方责任承担的关系。

后 记

2010年10月“中国法学会经济法学研究会年会（2010年）”期间，正值全国人大常委会《消费者权益保护法（修订稿）》征求意见，我与参会的中国人民大学出版社编辑方明先生聊及此事并就消费者保护相关问题进行了切磋。因两人旨趣相同，方明先生邀我组织撰写一本消费者权益保护法方面的教材。盛情难却，我便欣然应允。一来可以宣传《消费者权益保护法》、提高消费者权益保护意识；二来可以针对修法和消费者纠纷解决中相关热点、难点问题表达一些看法和建议，以推动我国消费者保护事业发展；三来也好借此机会对我这些年在教学与研究中有关消费者权益保护方面的思考和观点进行梳理、总结。

消费者权益保护法是关涉消费者权益的基础性法律，其根本宗旨是保障消费者合法权益。现代市场经济条件下，强调尊重人权、保护人权最直接的体现便是尊重和保护消费者，确保其合法权益不受侵害。与经营者相比，消费者在经济实力、组织结构以及信息获取等方面天然地处于弱势地位，且随着经济社会化、市场全球化、公司跨国化等趋势加剧，两者之间的差距愈发明显，因而需要国家超越其两者利益而对消费者进行特别保护，此即，制定消费者权益保护法之初衷。为此，我们在撰写本教材时力求贯彻这一思想，并从理论基础和具体制度角度进行阐释和分析，试图全面地展现消费者的概念、权利及其保护途径。

经过三年多的努力，书稿终于形成。这期间，我国《消费者权益保护法（修订稿）》亦由征求意见到最终出台，进而在制度和机制方面进一步完善了我国消费者权益保护体系。2013年修订的《消费者权益保护法》不仅对既有的但难以有效保护消费者合法权益的制度规范进行了修订，如对有关消费者权利相关条款进行了完善；而且，针对经济生活中新出现的消费者问题予以关注并将其纳入规范和保护范畴，如增设了消费者精神损害赔偿、网络购物7日无理由退货等规定。这从制度和理论上为我国保护消费者合法权益提供了重要依据。

我国经济尚处于转型之中，实际生活中各地侵犯或损害消费者权益的案件仍频繁见诸报端，消费者权益保护依旧是个沉重且不容忽视的课题，从理论和制度角度为完善消费者权益保护机制建言献策是必要的，也是应该的，对《消费者权益保护法》进行解读和宣传更具实际意义。因此，希望本教材的出版，能够在一定程度上为解读和宣传《消费者权益保护法》、提高消费者权益保护意识等作出应有的贡献。

本书编写的具体分工为（以撰写章节为序）：

吴宏伟（中国人民大学法学院教授，博士生导师，法学博士）：序言，第二、三章；

金善明（中国社会科学院法学研究所助理研究员，法学博士）：第一章；

谭　袁（中国人民大学法学院博士）：第四、十二章；

王辉霞（山西财经大学法学院法学博士，副教授）：第五、六、七章；

吴长军（北京物资学院讲师，法学博士；北京师范大学博士后）：第八、九章。

董笃笃（中国人民大学法学院博士，讲师）：第十章、第十一章。

本书由我负责统稿和审校。尽管我们全力以赴，但囿于主、客观因素，书中难免有诸多不足与疏漏，尚请读者批评、指正。

吴宏伟

2014年3月

于中国人民大学

图书在版编目（CIP）数据

消费者权益保护法/吴宏伟主编．—北京：中国人民大学出版社，2014.3
21世纪法学系列教材
ISBN 978-7-300-18843-0

Ⅰ.①消… Ⅱ.①吴… Ⅲ.①消费者权益保护法-教材-中国 Ⅳ.①D923.8

中国版本图书馆CIP数据核字（2014）第021877号

21世纪法学系列教材
总主编 曾宪义 王利明
消费者权益保护法
主编 吴宏伟
Xiaofeizhe Quanyi Baohufa

出版发行	中国人民大学出版社		
社 址	北京中关村大街31号	邮政编码	100080
电 话	010－62511242（总编室）		010－62511770（质管部）
	010－82501766（邮购部）		010－62514148（门市部）
	010－62515195（发行公司）		010－62515275（盗版举报）
网 址	http://www.crup.com.cn		
	http://www.ttrnet.com(人大教研网)		
经 销	新华书店		
印 刷	北京市鑫霸印务有限公司		
规 格	185 mm×260 mm 16开本	版 次	2014年5月第1版
印 张	14.25 插页1	印 次	2021年12月第7次印刷
字 数	346 000	定 价	28.00元

《　　　　　　》※任课教师调查问卷

为了能更好地为您提供优秀的教材及良好的服务，也为了进一步提高我社法学教材出版的质量，希望您能协助我们完成本次小问卷，完成后您可以在我社网站中选择与您教学相关的1本教材作为今后的备选教材，我们会及时为您邮寄送达！如果您不方便邮寄，也可以申请加入我社的**法学教师QQ群：83961183（申请时请注明法学教师）**，然后下载本问卷填写，并发往我们指定的邮箱（cruplaw@163.com）。

邮寄地址：北京市海淀区中关村大街31号中国人民大学出版社411室收

邮　　编：100080

再次感谢您在百忙中抽出时间为我们填写这份调查问卷，您的举手之劳，将使我们获益匪浅！

基本信息及联系方式：※

姓名：__________ 性别：__________ 课程：__________

任教学校：__________ 院系（所）：__________

邮寄地址：__________ 邮编：__________

电话（办公）：__________ 手机：__________ 电子邮件：__________

调查问卷：※

1. 您认为图书的哪类特性对您使用教材最有影响力？（　　）（可多选，按重要性排序）
   A. 各级规划教材、获奖教材　　B. 知名作者教材
   C. 完善的配套资源　　D. 自编教材
   E. 行政命令
2. 在教材配套资源中，您最需要哪些？（　　）（可多选，按重要性排序）
   A. 电子教案　　B. 教学案例
   C. 教学视频　　D. 配套习题、模拟试卷
3. 您对于本书的评价如何？（　　）
   A. 该书目前仍符合教学要求，表现不错将继续采用。
   B. 该书的配套资源需要改进，才会继续使用。
   C. 该书需要在内容或实例更新再版后才能满足我的教学，才会继续使用。
   D. 该书与同类教材差距很大，不准备继续采用了。
4. 从您的教学出发，谈谈对本书的改进建议：__________

____

____

选题征集：如果您有好的选题或出版需求，欢迎您联系我们：

联系人：黄　强　联系电话：010-62515955

索取样书：书名：__________

书号：__________

备注：※ 为必填项。